面向战略的项目组合管理

白思俊 白礼彪 李随科 王林 郭云涛 著

西北工业大学出版社

西安

【内容简介】 本书提出一套实现项目和组织战略有效结合的机制,探索基于组织战略导向的项目组合管理模式,达到整合组织资源以最小成本实现组织的战略目标。本书共分六章,包括导论、理论综述、组织战略导向下的项目组合配置研究、项目组合配置战略贴近度研究、面向战略的项目组合全过程收益管理研究以及总结。本书在内容编排上既反映了项目组合管理的基础理论及研究现状,又包含了创新性的基于战略视角的项目组合配置及管理优化理论成果。

本书主要适合项目管理理论研究者、企业项目管理与多项目管理者阅读,也可作为项目管理实践者的参考书。

图书在版编目(CIP)数据

面向战略的项目组合管理/白思俊等著. —西安:西北工业大学出版社,2019.12
ISBN 978-7-5612-6806-3

Ⅰ.①面… Ⅱ.①白… Ⅲ.①项目管理 Ⅳ.①F224.5

中国版本图书馆 CIP 数据核字(2019)第 276963 号

MIANXIANG ZHANLUE DE XIANGMU ZUHE GUANLI
面 向 战 略 的 项 目 组 合 管 理

责任编辑:胡莉巾	策划编辑:杨 军
责任校对:雷 鹏	装帧设计:李 飞

出版发行:西北工业大学出版社
通信地址:西安市友谊西路 127 号　　邮编:710072
电　　话:(029)88491757,88493844
网　　址:www.nwpup.com
印 刷 者:兴平市博闻印务有限公司
开　　本:787 mm×1 092 mm　　1/16
印　　张:14.5
字　　数:380 千字
版　　次:2019 年 12 月第 1 版　　2019 年 12 月第 1 次印刷
定　　价:48.00 元

如有印装问题请与出版社联系调换

前　言

随着经济全球化进程的不断加快,企业市场竞争愈发激烈,这为企业发展带来了巨大的机遇和挑战。然而,现阶段大多数企业依然采取单项目管理模式,缺乏基于战略层面的项目并行管理思想,忽视了项目间的相互关系。为了弥补单项目管理模式的不足以应对迅速变化的复杂环境,获得竞争优势,谋求长期发展,企业亟须新的项目管理模式。基于此,本书提出面向战略的项目组合管理模式。

为了探索基于组织战略导向的项目组合管理模式,本书提出一套实现项目和组织战略有效结合的机制,整合组织资源,以最小的成本实现组织的战略目标。本书共分为六章,具体如下：

第一章导论,分析传统项目管理的局限性,阐述保持项目与战略高度一致的重要性以及项目组合管理的优越性；阐释优化项目组合配置对实现组织战略目标的促进作用；论证组织战略实施的项目化管理是实现战略"落地管理"的有力工具。

第二章理论综述,评估项目组合战略对应度,保证项目组合行进方向与组织战略导向一致；提出项目组合配置优化理论,阐释资源-进度优化在项目组合配置方面的应用优势；分析项目组合管理效能度量方面的理论,探明度量项目组合战略贴近度的新视角；阐述项目组合收益管理理论对实现各层次项目收益的重要性。

第三章组织战略导向下的项目组合配置研究,概括现阶段项目组合配置的研究成果,分析项目组合管理的概念和特征并总结其与组织战略的关系；基于组织战略导向创新的视角,刻画项目组合配置的实施路径,提出项目组合配置框架、模式及核心要素,构建并分析不同战略导向情景下的项目组合配置模型。

第四章项目组合配置战略贴近度研究,构建项目组合配置战略贴近度评价指标体系,测定基于目标协同、要素协同和组件协同的项目组合配置战略贴近度,为组织战略目标的实现提供理论依据。

第五章面向战略的项目组合全过程收益管理研究,研究项目组合收益管理过程,构建项目组合全过程收益管理总体框架及项目组合收益均衡配置模型,分析项目组合实施管理中的不确定因素及协同要素对项目组合实施管理的影响,构建两个项目收益动态管理系统,阐明在项目组合层面项目间的协同关系与环境中的不确定性产生交互作用的机理。

第六章总结,凝练本书的研究成果,提出战略导向下的项目组合管理模式,确保项目目标与组织战略目标的一致,实现有限资源的合理分配及项目组合的优化配置。

本书是国家自然科学基金(71172123)"基于战略导向的项目组合管理及其优化模型研究"

的研究成果总结。本书第一章、第二章、第六章由白思俊、郭云涛撰写,第三章由李随科撰写,第四章由白礼彪撰写,第五章由王林撰写。全书由白思俊、白礼彪统稿。

在本书编写过程中参阅了大量资料及有关人员的研究成果,在此对他们的工作、贡献表示感谢。

由于本书为笔者最新的研究成果,许多理论方法的研究也在探索之中,难免有疏漏、欠妥之处,期待各位读者批评、指正。

著 者

2019 年 4 月

目 录

第一章 导论 ·· 1
   1.1 项目管理 ··· 1
   1.2 项目组合管理 ··· 2
   1.3 项目组合配置 ··· 9
   1.4 组织战略实施的项目化管理 ·· 13
   1.5 本章小结 ·· 16

第二章 理论综述 ·· 17
   2.1 项目组合管理理论 ·· 17
   2.2 项目组合配置优化理论 ··· 19
   2.3 项目组合管理效能度量理论 ·· 21
   2.4 项目组合收益管理理论 ··· 23
   2.5 本章小结 ·· 27

第三章 组织战略导向下的项目组合配置研究 ·· 28
   3.1 组织战略导向下的项目组合配置框架设计与核心要素分析 ······················ 28
   3.2 权衡战略导向下的项目组合模糊多目标配置模型 ···································· 35
   3.3 分期战略导向下的项目组合滚动配置模型 ·· 53
   3.4 多元战略导向下的项目组合协同配置模型 ·· 66
   3.5 本章小结 ·· 84

第四章 项目组合配置战略贴近度研究 ··· 86
   4.1 项目组合配置战略贴近度评价指标体系 ··· 86
   4.2 模糊情境下基于目标协同的项目组合配置战略贴近度研究 ······················ 98

  4.3 基于要素协同的项目组合配置战略贴近度研究 …………………… 108

  4.4 基于组件协同适配的项目组合配置战略贴近度研究 ……………… 122

  4.5 本章小结 ……………………………………………………………… 135

第五章 面向战略的项目组合全过程收益管理研究……………………………… 137

  5.1 面向战略的项目组合全过程收益管理总体框架 …………………… 137

  5.2 面向战略衔接的项目组合收益均衡配置研究 ……………………… 152

  5.3 面向战略执行的项目收益动态管理研究 …………………………… 167

  5.4 面向战略协同的项目组合收益动态管理研究 ……………………… 180

  5.5 本章小结 ……………………………………………………………… 198

第六章 总结……………………………………………………………………… 200

 参考文献……………………………………………………………………………… 206

第一章 导 论

1.1 项目管理

项目管理作为管理技术、工具和方法最早由美国军方创立和使用,从20世纪40年代使用横道图(甘特图,Gantt chart)对第一颗原子弹研制("曼哈顿计划")项目的计划和协调,50年代使用计划评审技术(Program Evaluation and Review technique,PERT,)缩短"北极星"导弹的研制时间,到60年代"矩阵组织管理技术"在"阿波罗登月计划"项目的立项、规划、评价和实施的全面成功使用,项目管理的技术和理念逐渐被接受和广泛使用,目前已被广泛应用于基础设施建设、制造、研发等诸多领域。

历经70余年的发展,项目管理理论从起初的对"一次性任务"实践经验的总结,到满足进度、成本、质量三重目标约束的传统项目管理技术与方法,再到以"利益相关者满意"为目标的现代项目管理体系,实现了从面向临时性组织的"项目的管理(Management of Projects,MOP)"到面向长期性组织的"项目化管理(Management by Projects,MBP)"模式的演变。随着国内外众多企业和组织引入和应用项目管理,人们已经认识到项目管理的理念和方式可以带来有益的变革,项目管理已经被企业或组织作为应对复杂多变的市场环境、保持持续创新能力和获取市场竞争优势的有力武器。但是传统的项目管理以"单项目"的运作作为主要的项目运作方式,只关注"单项目"目标的实现,项目的最终选择主要是依靠决策层的主观判断,不能对整个组织范围内资源进行统一的分配和管理,造成了多个项目之间为得到关键资源而发生冲突和争论。这种注重"单项目"目标实现的项目管理思想已经很难满足组织长远发展的需求。对于战略层面如何管理项目,如何有效地分配有限的资源,保证整个组织的长期性目标的实现,从而使得组织获得最大的收益成为探讨的重点。

现在,国内外研究机构和学者总结了项目管理相关知识和经验,它具备了科学的架构和系统完整的知识体系。尤其是近20年来,越来越多的实践者意识到项目在实现战略价值、提升组织核心竞争力上的关键作用,对项目化管理的关注上升到新的高度。调查表明,全球范围内约有30%的商业价值是由项目创造的,在我国,这一比例高达41%;绝大多数组织中,超过50%的活动具备项目特性,这些活动往往需要跨部门、跨专业的协调,采取项目化的工作方式能够提高资源配置的灵活度、增加战略收益。项目化管理站在高层管理者的视角,将传统作业中一次性的、具有明确目标的任务作为项目进行统一管理;它突破了传统项目管理局限于执行层面的单项目管理边界,提出以战略为导向、从组织层面对所有项目进行系统性组合管理、进而依靠项目实施来创造战略价值的新思路。对于采取项目化管理的组织,即项目型组织(Project-based Organization)来说,完善的战略规划作为组织对未来的设想,能够为其指明发展方向;而只有通过与战略相关的一组项目的完成,才能将这些设想转变为实实在在的产品或服务。为促进项目管理与战略管理二者的有机融合,世界多个组织都对此进行了积极的探索(见表1-1)。如英国工程和自然科学研究委员会(The Engineering and Physical Sciences Research Council,EPSRC)资助的"项目管理再思考"课题,指明项目管理的发展方向将由关注执行层的产品转变为获取战略层的核心价值;2017年,由世界主流项目管理协会——美国项目管理协会(Project Management Institute,PMI)、国际项目管理协会(International Project Management Association,IPMA)以及中国(双法)项目管理研究委员会(Project Management Research Committee China,PMRC)所举办的国际项目管理大会,均以项目与战略的一致性为讨论焦点。

表1-1 项目管理领域有关项目化管理的部分探索

年份(年)	组织	项目/事件	简介
2017	PMI	PMI全球项目管理大会"寻求转变:项目管理角色的演变"	探讨项目、项目群与项目组合实践在动态环境中对组织收益的提升作用
2017	IPMA	IPMA全球项目管理大会:管理变更的突破性能力	探讨如何通过项目、项目群与项目组合管理实现有益的变更
2017	IPMA、PMRC等	中国项目管理应用与实践大会:项目化管理与企业新动能	探讨如何保持项目与战略的一致,推动项目化管理,实现企业创新发展
2011—2016	西北工业大学白思俊团队	研究项目"基于组织战略导向的项目组合管理及其优化模型研究"	以组织战略为导向,探讨项目组合管理的组织模式、资源与进度优化
2002—2012	挪威科技大学	研究项目"政府大型投资项目的前端管理研究"	通过不确定性分析、项目组合管理、构建与选择等提高资源配置的有效性和政府投资项目的效率
2004—2006	英国EPSRC	研究项目"项目管理再思考"	提出现代项目管理的发展方向,明确"创造价值"是主要项目目标
1992—2006	德国Manfred Saynisch团队	研究项目"跨越传统项目管理边界"	基于组织理论、复杂性科学、行为理论和项目管理研究成果,提出二阶项目管理新范式

1.2 项目组合管理

1.2.1 项目组合管理提出的背景

随着世界经济一体化和企业规模全球化进程的不断加快,多项目并行管理已经成为企业实行可持续发展的必经之路。面临管理日益复杂、数量逐渐增加的多项目管理现状,大多数企业却依然处于隔离、孤立的单项目管理模式中,不能将所有项目作为整体进行系统管理,忽视了项目间的相互关系。这种落后的管理模式既不利于企业资源的整体优化,也不利于组织战略目标的有效实现。因此,世界各国和企业围绕"如何科学管理和优化"展开了一系列研究、探索、设计和形成了很多新的工具与方法。项目组合管理,以其能够从战略层面充分考虑项目组件之间的关系、实现组合优化配置的独特优势,得到了越来越多学者和专家的关注。2002年,西雅图的PMI会议上,项目组合管理(project)作为项目管理最热门的"六个问题"之首被正式提了出来,并于2003年7月,形成了统一的项目组合管理理论标准,促进了项目组合管理的标准化、规范化和科学化进程,实现了项目组合管理在全球范围内的有效推广。

在激烈的市场竞争环境中,企业为了获得竞争优势、谋求长期发展,就要争取大量的项目,这些项目有不同的规模、不同的重要程度,需要的技术、资源也可能不同。环境的复杂性、各异的项目目标和项目之间的相互关系加大了项目管理的难度。单一的项目管理的任务是围绕项目的要求,确保独立项目目标的实现,相比协调项目资源,它更重视短期目标的实现。但是一个企业不仅要关注单项目目标的实现,更要关注的是在全局范围内配置和优化企业的有限资源,获取和规划能够支持企业长远发展的项目,使企业利益最大化。单项目管理弥补不了企业战略和项目目标之间的缺口。而项目组合管理则能实现企业战略同项目目标之间的衔接。

关于项目组合管理(Project Portfolio Management,PPM),其概念最早来源于金融领域的研究。马科维茨在20世纪50年代提出现代资产组合理论(Modern Portfolio Theory,MPT)。现代资产组合理论重点分析了投资的因素与效果,认为投资应组合投资,也即要分散投资,从而可以避免单一投资的高风险。该理论一经提出就引起了经济学界的共鸣。"不把所有鸡蛋放在同一个篮子里"就是描述这一思想的谚语。80年代,麦克法兰教授将现代资产组合理论首次运用到计算机项目的选择及其管理中,通过组合思想的运用来实现在既定风险下的收益最大化。

项目组合管理理论吸收了现代资产组合理论的优点,同时以三个重要评估标准来评价项目,即项目运行成本、运行风险及可能带来的收益。在这种意义下,如何选择项目成为对组织投资能力的考量,项目选择决策脱离了以往的单一项目,变成了多项目的组合选择。随着企业规模的不断扩大,选择项目和实施项目面临的不确定性也越大。如何在符合企业战略的基础上使项目选择和实施的收益最大化,在并行项目管理中,要实现项目投资收益最大化,应该如何协调项目管理人员以决定项目优先级等,成为企业管理人员面临巨大问题。当然问题出现及解决问题的过程对项目组合管理理论的发展具有重要的贡献。

一方面,项目组合管理提供了一种问题看待视角,即企业不同程序、项目及不同资源的协调组合,这种协调组合可以是顶层的也可以是其他低层次的;另一方面,项目组合管理提供了一种问题管理视角,即管理人员通盘考虑后选择合适的项目组合,实现企业及利益相关者的利益最大化。

1.2.2 项目组合管理的概念

目前项目组合管理没有一个特定、统一的概念,下面给出一些具有代表性的定义:

(1)美国项目管理协会(PMI)对项目组合管理的定义是:"Project portfolio management refers to the selection and support of projects or program investments. These investments in projects and programs are guided by the organizational strategic plan and available resources."即项目组合管理就是在战略导向下，利用有限的资源对项目或者项目群投资进行选择和支持。

（2）"Project portfolio management is about more than running multiple projects. Each portfolio of projects needs to be assessed in terms of its business value and adherence to strategy. The portfolio should be designed to achieve a defined business objective or benefit."即项目组合管理不仅是对多个项目运行进行管理，而是每一个项目组合都要根据自身的商业价值以及与企业战略的契合程度进行评价，从而达到一定的企业目标和商业利益。

（3）"Project portfolio management organizes a series of projects into a single portfolio consisting of reports that capture project objectives, costs, timelines, accomplishments, resources, risks and other critical factors, Executives can then regularly review entire portfolios, spread resources appropriately and adjust projects to produce the highest departmental returns."即项目组合管理是将一组项目安排在一个项目组合中，以期获得统一的项目目标，有共同的成本、时间进度、完工时间、资源风险及其他的关键因素的约束，管理者从整体上把握整个项目组合，然后对项目进行调度并进行合理的资源配置以产生最大的部门效益。

（4）有学者认为项目组合管理是科学和艺术地把知识、技巧、工具和方法运用到项目集中去，以达到或超过组织投资战略的需要和期望；项目组合管理是从高层决策者的角度，对组织同存的多个项目的选择优化。根据组织战略，识别和选择项目纳入到项目组合。根据项目为组织带来的收益划分项目优先级，进而能够合理利用组织的有限资源，争取效益最大化，并与组织战略保持一致。或者说项目组合管理是对企业所拥有的项目组合，在企业所拥有的资源约束条件下，按照企业的战略目标进行项目确定、评价、选择和管理的动态决策过程。也有学者提出项目组合是指在项目主体的可控范围内，具有增加收益和降低风险等统一战略目标的一组项目，且项目之间具有收益依赖、资源依赖、技术依赖和风险依赖等其他相互依赖关系。

目前，对项目组合管理最广泛的解释是指对已经实施或计划实施的一系列项目组件（项目、项目集、组合和其他一些工作）进行组合的方法和模式，其主导思想就是对实现组织战略的项目组件实施动态配置和优化管理。项目组合管理强调组织投资决策方向的优化、组织资源的调配和优化，保证了拟实施的项目组件与组织战略保持高度一致、贴近组织的整体和局部战略目标。

虽然上述项目组合管理的定义各不相同，但它们包含以下几方面的核心特征：

（1）具有战略属性，项目组合管理是为实现组织战略而服务的，是将战略通过项目活动进行贯彻实施的一组措施、流程与方法；

（2）管理范围较广，是对项目、项目群与其他工作的集中管理；

（3）具有长期性与动态性，包含一系列复杂的持续决策过程；

（4）通过资源在项目组合部件间的协调分配有效实现战略收益。

对于项目组合管理中涉及的项目群管理与单项目管理的概念，需要在战略实施的背景下加以定义与区分，避免这些理论的混淆。项目组合管理与项目群管理同属于多项目管理的范畴，均是战略项目化管理的重要途径。二者的不同是，项目组合管理更接近于战略层次，它通过选择并监控符合组织战略的一组项目或项目群，以及将资源有效分配到这些组合部件上，达到均衡匹配战略目标的目的,组合内的部件可能并不具备相似性或资源依赖关系;而项目群管理更接近于执行层次,解决的是如何对具有相似性的一组项目进行协调管理,最大化获取项目群目标收益的问题,这些项目可能具有目标上的相似性,或者资源上的共享关系等。而单项目管理则立足于执行层,所关注的是如何实现进度、成本、质量等绩效目标,具有生命周期的一次性与短期性特征。从管理层级上来看,项目群与单项目管理活动都包含于项目组合管理的范围之内,项目组合管理者需要在项目与项目群经理之间进行有效的沟通与协调。项目组合、项目群与单项目管理的对比见表1-2。

表1-2 项目组合、项目群与单项目管理的对比

类别	项目组合	项目群	单项目
范围	项目组合的范围随着战略的变化而进行调整	范围相对于单项目较广,包含能够实现项目群预期收益的主要工作	依据明确的项目目标界定有限的范围
应对变更	期待变更,并应对变更进行持续的监控与调整	期待来自项目群外的变更,并进行有效管理	避免变更,通过对项目的监控缩小变更带来的影响
规划过程	项目组合经理需要对外界环境、战略目标的变化以及组合内部件的计划进行持续的协调与管理	项目群经理制定项目群的整体规划,为单项目的详细计划提供持续的指导	项目经理将来自高层次的信息转化为具体的项目计划
管理层次	项目组合经理需要管理或协调组合成员,涉及战略层、组合层与执行层	项目群经理需要全面指导团队中的项目群成员与项目经理	项目经理对项目团队成员进行管理,从而实现项目目标
度量成功	依据项目组合对战略收益的整体实现情况度量项目组合是否成功	依据项目群满足收益和需求的程度度量项目群是否成功	依据项目的进度、成本、质量等是否满足预期目标与顾客满意度度量项目是否成功
监控内容	项目组合经理监控项目组合内的部件以及战略的变更,监控组合整体绩效和价值指标。	项目群经理需要监控项目群组件,确保项目群能够实现整体的收益。	项目经理需要监督与控制项目完成产品与服务所需工作

1.2.3 项目组合管理的特征

在激烈的市场竞争环境中,组织为了获得持续的发展,在利益的驱使下,需要承接更多的项目,但这些项目有不同的规模和重要程度,所需技术、资源也可能不同,这就为多项目的管理带来了较大困难。同时项目所处环境的复杂性、项目目标的差异性以及项目之间的交互关系也大大提升了项目管理的难度。而单一项目管理的任务是围绕项目要求,确保独立项目目标的实现,其关注的是短期目标。但对于组织而言,其不仅关注单个项目目标的实现,更加重视有限资源在全局范围内的配置和优化,通过选择和实施能够支持组织战略的项目,最大化效益。鉴于项目组合管理能有效实现组织战略同项目目标之间的衔接,因此,项目组合管理理论得到了长久发展。项目组合管理与传统项目管理的比较见表1-3。

表1-3 项目组合管理和传统项目管理的比较

类别	项目组合管理	项目管理
管理目标	项目选择和优化	项目完成交付
管理方式	自上而下,战略性的	自下而上,战术性的
管理范围	企业的所有项目或者部分项目	单个项目
管理周期	长期,企业只要有项目存在	短期,从项目启动到项目结束
管理决策层次	高层管理者/组织级管理者	项目经理
管理内容	根据战略目标进行项目组合范围定义,进行项目分析选择、多项目组合分析、动态管理组合	项目管理的十大领域(PMI):综合、范围、时间、成本、质量、人力资源、风险、沟通、采购、利益相关者

项目组合管理关注"应该做什么",强调通过优化组织投资决策方向和组织资源调配,实现项目组合与战略目标的高度一致。因此,基于战略导向的项目组合管理研究可以实现组织资源的合理利用,科学选择和实施符合组织战略的项目组合,能够实现收益最优化,为组织带来竞争优势。项目组合管理是从企业整体出发,动态地选择不具类似性的项目,对企业所拥有或可获得的生产要素和资源进行优化组合,有效地、最优地分配企业资源,以实现企业效益最优化,提高企业核心竞争能力。项目、项目集和项目组合管理的对比见表1-4。

表1-4 项目、项目集和项目组合管理的比较

类别	项目	项目集	项目组合
范围	项目具有特定目标,在项目生命周期中,范围逐步实现	项目集范围较广,提供了重要的效益	项目组合有一个业务范围,它随着组织战略目标的调整而变化
变更	项目经理期望变更,并执行实施变更流程来监控变更	项目集经理必须期待来自项目集内外的变更,且准备对变更进行管理	项目组合经理在较广的范围内对变更进行持续监控
规划	在整个生命周期中,项目经理逐步将高级的信息描述为详细的计划	项目集经理制定整体项目集计划,制定高级计划对组件层面的详细规划提供指导	相对于项目组合总体,项目组合经理制定并维持必要的流程和沟通
管理	项目经理对项目团队进行管理,以实现项目目标	项目集经理管理项目集人员和项目经理,为团队提供愿景和全面领导	项目组合经理需要管理或协调组合管理成员
成功	衡量成功的标准是:产品和项目质量、时间、预算、客户满意度	衡量成功的标准是:项目集满足需求和效益的程度	根据项目组合中组件的总体绩效来度量是否成功
监控	项目经理监督并控制完成项目产品、服务或结果所需的工作	项目集经理对项目集组件进行监控,确保满足项目集的整体目标、变更、预算和效益	项目组合经理监控整体绩效和价值指标

1.2.4 项目组合管理过程

项目组合管理是一套内在相关的业务管理过程，支持基于信息的决策和目标投资决策。对项目组合组件的选择及对组合管理过程的选择，都是为了产生某种特定的组织效益（累计的绩效），因此，对组合管理过程的选择是一种战略决策。

美国项目管理协会认为组合管理过程可归结为两个组合管理过程，这两个项目组合管理过程组、项目组合管理过程和组织战略计划之间的基本流向和相互关系如图 1-1 所示。两个项目组合管理过程组指项目的组合建立过程组、监督和控制过程组。组合的建立过程组主要是确定组合组件如何被分类、被评估、被选择和被管理。监督和控制过程组主要是定期评审绩效指标，确定项目组合和战略目标的一致程度，验证组合组件给组织带来的效益。这两个组之间有相互关系，这种相互关系可能是同一组内的过程之间的，也可能是不同组的过程之间的。

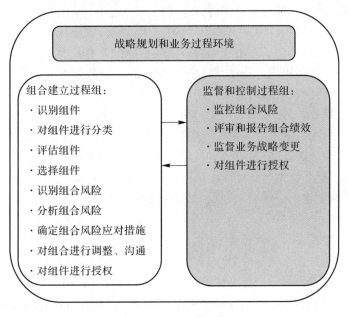

图 1-1 项目组合管理过程图

1.2.5 项目组合管理在组织中应用的地位与益处

1. 项目组合管理在组织中应用的地位

传统的项目管理关注的是战术层目标的实现，而项目组合管理将项目管理提升到了战略层次，体现的是企业高管在战略层面上的决策，既具有项目管理特点，如复杂性、周期性，又具有独有的特点，具体如下：

（1）项目组合管理是企业战略与项目联系的纽带。企业在同一时间会面对多个项目，相应的协调工作包括两个层面：首先是战略层，其次是执行层。企业的战略层主要是指企业的高层根据企业长期战略以及短期规划，展开项目组合管理，评估符合企业战略发展的项目集（包括可行性以及可能的收益和风险），确定好选择的项目集后，由企业的执行层接手工作。执行层主要指企业的中层干部，他们在项目组合管理思想的指导下，进一步评估项目的时间因素及重要性因素,确定项目集中每个项目执行的先后顺序,当然有些项目可能需要并行执行,展开项目实施工作。在很多企业实际操作中,项目的选择以及时间安排和重要性分级均在战略层完成,执行层只需要对项目的具体实施过程进行监督、控制。可见,项目组合管理既与战略接轨,是企业战略的延续和支撑,又和项目相连,是具体项目的指导思想和监督措施,起到承上启下的作用,项目组合管理对企业的战略及绩效起到至关重要的作用。

(2)企业战略是项目组合管理的信息渠道。项目组合管理需要从企业的战略高层获得信息,企业的战略高层同时为其提供支持,这种支持主要指项目选择标准和项目评价标准的制定与提供方面。项目选择标准主要是在项目组合初始阶段使用,在其他阶段也有一些使用。比如,在项目开始选择阶段,战略高层经过研究,确定项目选择标准;在项目排序阶段,战略高层经过研究,确定项目先后顺序标准;在项目评估阶段,项目选择标准表现在项目的运营状况评估、项目的效果评估上等。描述项目选择标准的指标包括收益/成本比率、净利润/投资年限比率、折现值、资本边际效率、客户评价等。

(3)项目组合管理是单一项目管理的集线器。项目组合管理将各个单一项目联系到一起,进行综合分析比较,好比是用一根集线器将多个项目串成整体。集线器在计算机系统里起到集中信息并且传达下去的作用。同样,项目组合管理也具有集线器的这种功能,而且项目组合管理能通过多个方面发挥作用。首先,实现项目资源共享的功能,即一个项目组合管理模块下的所有项目可以实现资源共享,具体可通过项目组合管理小组的服务协调职能实现。其次,利用网络计划技术中的网络图可以实现同一项目组合管理下不同项目的排序,既可以按照时间顺序又可以按照重要性级权进行排序,而且能实现项目空间安排上的合理布局。

不仅如此,项目组合管理的集线器作用在其他方面也发挥着作用,它可以连接不同项目组合管理过程,既可以支持单个项目的机会识别和目标实现,又可以实现单个项目资源的科学配置。

2.项目组合管理给组织带来的益处

传统项目的管理方式是自下而上,即从项目管理的底层开始收集数据,传送至高层经过分析后对项目进行管理和控制。这是一种偏向于战术性的项目管理方式,不能及时发现与企业的目标发生偏差或不能超越企业执行和控制能力的项目。项目组合管理采取的是自上而下的管理方式,即先确定企业的战略目标,优先选择符合企业战略目标的项目,在企业的资源和能力范围内实施项目。项目组合管理给企业带来的益处是多方面的,具体说来,主要体现在以下几个方面:

(1)项目组合管理确保项目与战略目标保持一致。在项目选择过程中,战略目标决定哪些项目将会纳入项目组合,哪些项目将会排除在外。只有那些与企业发展战略相一致,适应企业远景目标的项目才能被列入项目组合。那些仅属于企业某部门的工作范围,不能给企业长远发展带来效益的项目则被删除。

在项目执行过程中,项目与战略目标的一致性需要定期被评审。如果发现外界环境的变化或者项目自身的错误执行使得项目不能为企业的战略目标做出预期的贡献,项目将被停止或者更正,这种定期评审确保了项目与企业战略的一致性。

(2)项目组合管理有助于在企业内引进一个连贯统一的项目评估与选择机制。项目组合是通过对项目的特性以及成本、资源、风险等项目要素(选择一项或多项因数)按统一计分评定标准进行优先级别评定,实现符合企业战略目标项目的科学选择的。在现实工作中,许多企业的战略目标最终会分解成为一个个需要独立实施的项目,但在项目选择过程中通常会碰到各种各样的问题。项目组合管理要做到的是根据企业战略目标制定项目选择准则,然后根据这些准则判断新的项目是否符合企业战略,这种选择模式可以提高项目选择的客观性和科学性,减少主观性和盲目性。

(3)项目组合管理可以实现对项目实施的有效监控。借助计算机信息系统,项目组合管理可以实现对项目的有效监控,提高项目管理的透明度,因为传统项目的管只能依靠下层经理的数据报告。实施组合管理后,决策层可以清楚地了解到组合内所有项目的状况,加强对项目的控制。

目前企业中在普遍存在项目管理各自为政、自成体系的状况,不同的项目经理可能采取不同的项目控制流程。项目组合管理强调在同一企业内同类型的项目管理必须采取相同的管理流程,这样可以使项目管理的流程进一步实现标准化,有利于项目实施过程的控制以及明确责任。因此,项目组合管理通过固化项目管理流程提高了高层管理者对项目的监控。

(4)项目组合管理在企业内部实现了知识共享。从某种程度上说,项目组合管理的关键是让项目经理与企业高层管理者紧密合作以保证多个项目之间的紧密协作,实现资源的充分利用。资源的有效利用是项目组合管理的核心,这些资源不仅指人、财、物,还包括项目中产生的知识。知识不同于其他资源,知识的共享能产生数倍的效益,也正因为知识的这种特殊性,使得越来越多的项目型企业关注项目之间的知识共享。

项目实施中所形成的大量知识经验,对企业内部的信息化建设、管理提升、项目管理都尤为重要,传播与学习这些知识可以有效促进整个企业管理信息化水平的提高,为企业人才培养提供直接学习材料。许多企业在项目完成后未能有效地知识化他们在项目实施过程中所获得的经验,随着时间的推移、人员的变动,造成宝贵的智力资产的损耗。在面临类似的项目和问题时,企业不得不再次花费大量时间和金钱邀请外部专家,对内部员工进行再次培训。如果管理好项目实施中形成的"知识资产",则可以很大程度上降低企业的这些费用。

1.3　项目组合配置

1.3.1　项目组合配置的定义

项目组合配置是作为解决组合内部资源、能力和组件配置优化的工具逐渐进入人们视野的。项目组合配置(Project Portfolio Configuration,PPC)首先由美国项目管理协会提出,虽然这个概念从项目组合的资源配置方面对组合配置进行了说明,但涉及项目级和工序级组合配置的问题,美国项目管理协会却并没有进行详细说明进而分析,国内外学者也没有形成统一的项目组合配置管理定义。然而通过对多数项目组合配置定义的分析,不难发现它们存在很大共性,因此,项目组合配置的定义应主要包括以下几个方面:

(1)与组织战略相联系。项目组合配置不仅需要完成项目自身任务,还需要将组合配置所承载的战略目标加以实现。战略导向下的项目组合配置必须将战略进行层层分解,使之承载每一个项目,并通过项目与项目之间的组合配置,将组织战略与项目组合配置联结为一体,实现战略的分散和汇总管理,保证组织战略目标的有效实现。组织战略的制定和项目组合配置管理的实施是一个相互促进、共同提升的过程。组织通过已经制定好的战略指导企业正在实施的项目组合配置,实现对组织资源利用率的提高,加强项目目标和战略目标之间的关联;而项目组合配置管理的过程的实质就是组织战略的执行实施过程,对组织未来发展前景和方向,有着明确的促进作用。因此,组织战略和项目管理配置管理可以总结为:组织战略指导项目组合配置,项目组合配置促进战略执行、实现战略落地管理。

(2)不局限于资源配置,还应包括项目甚至组合的优化配置。现有项目组合配置的研究主要集中于组织资源的优化配置,其配置对象也主要集中于任务层面的项目组合进度优选和项目调度,虽然取得了不少的研究成果,但是上升到组织从项目层面甚至于组合层面的项目组合配置,无论是国内还是国外,研究都比较缺乏,严重阻碍了组织对项目组合整体目标的系统把控。因此,项目组合配置不仅需要充分考虑任务层面的资源配置,还需要从项目和组合配置角度系统地进行管理组合,实现其真正承载组织战略目标,保证组织的可持续发展。

(3)项目组合配置作为系统整体,实施"协同化管理"模式。尽管现在很多组织实施了以"项目组合"为代表的项目集成化管理模式,但取得的效果却不尽人意,究其原因是大多数"项目组合"管理仅局限于项目的纵向集成,忽略了项目组合的内部关系,不能最大限度挖掘项目的使用价值,无法发挥各种多项目资源、能力的横向集成,不能保证项目组合管理目标的实现。"协同"是具有共同目标事物之间的特别联合,是联合建立的共同理解并同意执行的集成目标。"项目组合协同"贯穿组织各部门和成员,有利于项目资源的整合和各个系统的协作,能够促进项目群管理的横向集成,保证项目组合管理的各个环节都以整体效益最优化的方式去运作,实现项目组合的协同效应和超值收益。因此,项目组合的"协同化管理"是解决现有项目组合管理问题、实现组织战略和项目群共同目标的有效手段。

综上所述,项目组合配置作为项目组合管理的重要组成部分,(Project Portfolio Configuration,PPC)是指在组织战略目标约束下,在充分考虑一系列项目组件(包括工序、项目、项目集以及其他一系列工作)间内在关系的基础上进行组合管理的模式和方法,项目组合配置的主导思想是对实现组织战略的项目组合动态配置和优化管理,在突出和强调组织能力调配和优化、组件功能选择与分级、资源调配和优化的同时,采取科学措施保证项目组合与战略目标的一致。

1.3.2 项目组合配置的内容

项目组合配置是"主动式"配置过程,在项目和项目组合层次配置的内容主要包括项目组织能力配置、项目资源配置、项目"组件"级权和功能配置四个方面,其配置内容如图1-2所示。

(1)组织能力配置。随着组织规模的不断扩大,组织机构全球化趋势越来越明显,同一组织的附属机构可能遍布全球各个地方,不同区域的不同机构所具有的组织能力也是参差不齐的,形成了不同程度、不同效率的管理现状。组织要求管理者根据区域实际状况制定科学合理的管理方法和措施,实现区域发展的平衡,同时也希望将组织最精英、最优秀的管理力量集中于最需要的区域,随时保持组织能力调度的机动性,保证组织各区域的组织能力需求能及时得到满足,提升组织综合竞争力。因此,如何根据组织管理需求,对组织内部的所有能力进行合理配置,成了项目组合配置的重要内容之一。

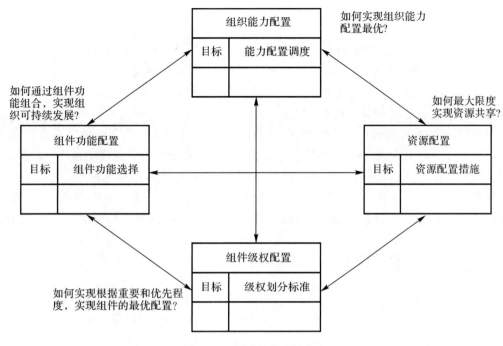

图 1-2 项目组合配置内容

(2)项目资源配置。资源配置问题是项目管理中的重点,从项目管理理论诞生以来,无论是单项目调度还是多项目配置,项目资源的配置和管理一直都是不可忽视的重点和难点。资源配置管理,顾名思义就是在满足组织管理需求的前提下,对组织内部资源进行动态调整和调度,以保证项目能够按照计划执行。

项目组合中的资源管理是将所有组织内所有资源进行统一管理,从而实现资源的更好利用。然而,在实际中,组织的资源是十分有限的,项目组合配置组件之间不可避免地会出现资源冲突的情况,这就需要科学、合理的方法手段调配组织资源,最大限度满足各利益相关方的需求。因此,为了应对复杂多变的全球化市场环境,更为了解决组织内部冲突,保证组织综合实力的进一步提升,资源配置已经成为组织管理和项目组合管理的重要内容之一。

(3)"组件"级权和功能配置。项目组合配置中并不是所有项目组件的地位和重要性都是一致的,以组织战略为导向的项目组合配置管理中,需要识别出项目组件的重要程度。在进行项目组合配置和优化管理的开始阶段,邀请组织内外部的专家、管理者进行判断,通过经验分析方法赋予每类组件相应的级别权重,实现各项目组件的权重和级别科学界定,为组件的分级分类管理奠定基础;同时,组织所实施的项目组件的目标和功能也是不同的,有些项目组件是为了实现组织的市场占有率目标,有些项目组件是为组织运营提供资金来源,有些项目组件甚至在不盈利的情况下依旧运行从而提升组织的社会声誉。如何对不同功能和目标的项目组件进行科学、有效地组合配置,保证各组合配置方案始终为实现组织战略目标而服务,是项目组合配置必须考虑的重要问题。

1.3.3 项目组合配置的优化理论

项目组合配置是组织实现可持续发展的重要支撑之一,其管理优化对组织战略目标实现的促进作用主要体现在以下两方面:资源优化和进度优化。这两方面是以组织整体为对象。项目组合配置资源优化源自传统项目组合管理理论,强调资源的配置是组织实施项目管理的决定性因素,只要资源数量足够且能够得到合理配置,项目就能够得到顺利实施,项目目标就可以有效实现。在项目组合配置优化中,进度是衡量项目是否取得成功的主要标志之一。随着项目管理理念的发展,单独考虑资源和进度的研究已经不能满足当前管理实践的需求,无法全面反映项目组合配置的有效信息,必须将二者进行综合考虑,才能保证配置目标的有效实现。

(1)项目组合配置资源优化。20世纪90年代,组织资源优化理论逐渐确定了其在组织战略和项目管理中的主导地位,否定了传统企业管理理论中关于组织资源流动和同质的假设,为组织项目组合配置管理研究奠定了新基础。企业可以看做是资源的完全综合体,组织能否得到有效发展的决定性因素是管理者能否充分利用组织已有资源。根据资源决定论的思想,除常规企业资源类别之外,组织的能力、知识、过程、信誉度等均包含在组织资源中,为组织战略目标实现提供有力帮助。

解决项目组合配置中资源优化问题的角度有很多种,此处简要介绍两种:

1)定量分析角度。针对项目组合配置中的资源分配问题,形成了较多定量分析的方法。如挣值分析法,用于解决失败项目资源再分配问题;动态计划评审技术(PERT),用于研究多项目的有限资源分配问题;排队网络、马尔科夫链,用于解决多项目、多目标资源最优分配问题;局部网络任务试探法,帮助组织解决项目在实施过程中的资源冲突问题。

2)过程优化角度。通常是利用模型以及算法进行求解,随着职能算法的广泛应用,项目组合中的资源分配问题得到了很大程度上的优化,形成了面对独特复杂情况的有效针对性工具。如形成了项目间资源转移矩阵,侧重分析项目组合资源分配项目的重要程度;设计了启发式算法、关键链技术等,优化初始调度计划的资源流网络;提出了阶段分解算法,解决资源冲突消解问题;构建了EDSM模型,探讨资源受限的项目组合配置管理问题。

(2)项目组合配置进度优化。组织管理者在探索过程中发现,如果能够及时地提供客户所需要的产品,则能够极大地促进项目组合和组织目标的实现,因此,项目组合配置进度优化理论得到了广泛的重视。利用进度来反映项目组合配置和组织战略的实现度,是衡量项目目标实现的重要标准之一。

关于项目组合配置进度优化问题的研究,主要是通过各类智能算法的运用,解决单项目、多项目以及项目组合调度与进度优化。如遗传算法,可以有效地平衡项目组合进度优化的目标;mPOEMS算法,可以很好地改善复杂项目组合和多目标标准进度实现效率;"最大流最小截"理论与网络计划技术,能够很好地解决项目组合进度管理;粒子群算法,可以有效解决迭代关系资源受限项目调度问题;分类加权方法,较好地评价了项目总体进度方面。

(3)项目组合配置资源——进度优化。在一段时间内,学者曾将资源和进度看作是对立存在的要素,认为组织追求进度必须增大对资源量的投入。但是在项目组合配置管理研究中,学者们发现资源和进度管理也是相互补充、相互促进的。大量研究成果提出了科学分析框架,把这两种看似对立的管理要素进行了有效的融合,认为在资源约束条件下,探讨项目组合配置进度管理更适应组织管理实际,有利于实现组织的管理优化。

纵观资源和进度优化对项目组合配置管理的研究,可以看出以往的研究不仅区分了组织范围内项目组合资源供给能力和进度调整能力两种不同性质的管理要素,而且为项目组合配置实现战略目标提供了基本研究对象和方法。通过对这两种要素的融合研究,有助于我们分析项目组合配置各要素间的关系，也有助于我们采用正确研究视角选择科学的项目组合配置组件进行战略贴近度研究。

1.4 组织战略实施的项目化管理

1.4.1 组织战略实施的项目化管理背景

随着战略项目化趋势的加强以及项目管理和战略理论的不断发展，项目与组织战略的关系受到了越来越多学者和专家的重视。众多学者和研究机构认为项目组合是为了满足组织战略目标而进行有效管理的项目或项目群及其工作的集合体，是承载组织战略目标的有效载体。因此，越来越多的组织决策者不仅希望组织能够针对企业实际制定科学合理的战略，而且能够制定相应的战略实施措施，将"悬于高堂"的战略落实到具体的项目组合方案甚至于项目上，将战略执行转化为项目层次的控制手段，通过制定面向项目的管理制度、标准、流程和原则实现战略的"落地管理"。这种"项目战略化"管理模式的提出，不仅可以打破固有的项目和战略管理模式，将二者进行有效的融合，在"联系"的视角下看待二者的关系，使之更具客观性和科学性，而且能够为组织提供更具实用性和可操作性的战略规划，实现战略规划的落地管理。因此，该理论一经提出就得到了众多组织和机构的认同，迅速在国内外相关行业中得到了应用，而且该趋势随着项目组合管理的不断推广也在不断加深。

1.4.2 组织战略实施项目化可能性

战略是为了形成组织持久竞争而制定的。然而大多数组织只是将经过周密计划和编制的组织战略悬于高堂之上，缺乏有效的战略执行模式，不能发挥战略的指导作用。而项目组合配置可以将分解后的战略子目标进行有效承载，有序、科学地通过实现各项目组件，实现组织战略目标，因此组织战略进行项目化管理理论得到了众多学者专业的认可。

(1)组织战略执行模式。组织战略实施模型（Organizational Strategy Implementation Model）是指企业管理人员在战略实施过程中所采用的手段。在20世纪80年代初，美国哈佛大学教授提出了三种"基本竞争战略"后，组织战略实施模型研究的重要性也逐渐引起学者们的关注。

(2)组织项目管理配置实施。影响项目组合配置的因素有很多，包含了组合实施方方面面，科学的项目组合配置模式可以为组合配置管理提供有效的基础保障。

(3)战略和项目管理配置的融合。战略管理认为组织战略是企业前进的方向，是管理的灵魂，战略对项目组合配置的影响是多方面的，特别是对项目组件的选择和项目资源配置的影响程度更深，指导和规范项目组合配置实施的全生命周期。项目组合配置能够通过配置中的组件将分解后的战略子目标进行有效承载，保证组织战略的有效实现，这就为二者的有效融合研究提供了可能。

1.4.3 组织战略实施的趋势

战略，作为组织经营管理和前进方向的指导者，从最初的战略分析与制定逐步延伸至涵盖战略分析、选择、实施、评价和调整的全生命过程，形成了纵贯公司、业务和职能的三层战略管理体系。战略虽然为组织实现可持续发展提供持久动力,然而着重组织全范围资源配置的公司层战略却不能得到很好的贯彻落实,严重阻碍了组织的进一步发展。战略实施关注"把事情做正确",体现的是成果实现的行动过程,强调权变方法,并且需要激励和领导。随着世界经济全球化的加快及随之而来的国际竞争的加剧,战略在竞争中发挥着越来重要的作用。虽然组织战略有多种,但是其基本属性都是相同的,组织通过定期的战略规划,形成整体性、长期性的规划。众多学者在关注如何在竞争的市场上制定出科学、有效的竞争战略,并且提出了比较系统的理论框架和技术方法,用于从不同的角度分析多样化产品或者服务所具备的相对优势。这些战略理论形成了组织竞争战略的理论丛林,极大促进了人们理解和认识组织战略定位及其形成方式。然而,直接对组织战略如何实施进行相关研究的文献不多,现有文献多集中关注职能战略具体实施上,如技术创新战略、品牌战略、营销管理战略等。对于如何有效的执行和控制组织确定的战略相关研究较少,更缺少科学有效的系统分析方法。目前的管理实践都是直接将战略与绩效联系起来探讨企业战略对于经营业绩的影响,而将战略执行过程加以简略。实际情况是,在当今企业中,战略的实施比制定战略面临更多的困难,战略实施经常被认为是战略的墓地,且往往被忽略,组织战略实施已经成为困扰组织最高层管理者最紧迫的问题之一。

战略的本质是获得持续的竞争优势以创造价值,如果组织不能将制定好的战略,企业将面临前所未有的市场竞争的挑战。有学者对美国的企业进行研究指出,70%的企业失败并不是因为制定的战略有问题,只有在不到10%的企业实现了战略的有效执行。战略的有效实施已经成为组织发展必须面对的问题,并且已经成为投资者判断企业价值最重要的非财务因素。目前的研究往往都直接将战略与绩效联系起来探讨企业战略对于经营业绩的影响,而将执行加以简略,假定输入正确的战略自然会输出理想的结果,导致了目标和结果之间存在"缺失的一环"。然而组织战略实施的项目化是其主要的解决方法。尽管目前越来越多的组织采用项目组合管理的方式对所属的项目进行管理,但是并没有很大程度地促进组织战略目标的有效实施和实现。如何确保项目目标与组织战略目标的一致,如何实现组织战略目标的项目化,如何在资源有限而项目众多的情况下使资源配置最优成为影响组织发展的重要问题。其实这些问题归纳起来就是由缺乏项目化与项目组合管理组织战略实施思维导致的,尤其是缺乏战略导向的项目组合配置的模式与方法。这个问题不仅仅是大多数组织面临的一个共同性问题,也是理论界一直尝试解决的问题。

随着组织规模的不断壮大,组织必然会面临着在同一时间内实施多个项目的局面。面对多项目管理的处境,大多数组织还停留在以分散的项目为基础的单一项目管理阶段,而不是将所有项目视为一个整体进行管理,忽视了组织是一个系统的战略整体,因此没能从战略层次考虑所有项目的综合收益,还只停留在关注单个项目的短期财务收益阶段,忽视了项目的财务收益和非财务收益之间的平衡。这种在组织层级项目管理观念上的落后,导致在项目的选择过程中缺乏统一评估方法和科学量化的选择标准,项目的最终选择更多地依靠决策层的主观判断;在资源配置方面,也不能在整个组织的范围内对所有项目进行统一的资源管理和分配,结果造成资源(财务和人力资源)的浪费,在组织资源非常有限的情况下,造成多个项目之间为得到关键资源而发生冲突和争执。问题的根源在于组织没能从战略的角度看待项目管理,在管理项目的过程中缺乏战略性视角,造成了战略目标和结果之间执行过程的"真空",战略执行管理有形无实。

1.4.4 项目化管理的优势

随着研究和应用的不断深入,人们发现以项目经理领导的项目团队这类临时性组织与长期性组织之间关系的协调成为组织面临的主要问题之一,如何协调组织长期发展战略与项目目标实现之间的关系成为企业这类长期性组织关注的焦点。在此基础上提出了项目化管理(Management By Projects,MBP)模式,项目化管理作为变化环境中长期性组织的一种有效管理方式已得到人们的普遍认同。因此,项目管理也被作为一种面向对象(Object-oriented)的变化管理方法论,它源于管理项目,走向项目化管理。因而依据其管理对象的不同,分为面向临时性项目组织和面向长期性组织两个不同组织层次的项目管理,称前者为"项目的管理"(MOP),称后者为"项目化管理"(MBP)。项目化管理是一种新的处理"职能工作"的方式,它是由组织内部的项目管理发展演化而来的。不仅具有项目型特点的IT和咨询行业在采用项目化管理,许多制造型企业也开始使用项目化来解决在传统管理中遇到的难题。组织内部大量的工作是创新性、一次性的,可以定义为项目或者当作项目进行管理。有研究表明,企业中50%的活动是具有项目性质的。

随着竞争加剧,产品升级、市场创新速度的不断加快,创新性的活动越来越多,但大部分组织并没有充分认识到对这部分工作进行系统管理的重要性。这类工作往往需要协调调动多个部门的资源和人力,而协同和配合往往是职能组织中困难最大、效率最低的活动。项目化管理的工作方式在企业中的兴起给传统的职能式管理注入了一股新的活力。将原来管理项目的方法上升为管理组织中一次性工作的方法,把组织中临时性的、具有明确目标、预算和进度要求的复杂任务从原有的职能式工作中分离出来,组织跨部门的矩阵式团队,按照项目的技术和方法进行管理,从而能够比常规方法更好、更快地实现目标。将这种组织的管理实践方式称为"组织项目化管理",相对应的英文可以翻译成为OPM(Organization Projectification Management)。对应的矩阵型组织结构称为项目化组织。它的本质是把组织中的一次性任务按项目进行管理,其核心是把职能工作转化为项目。目前还没有组织或个人对"组织项目化"做出定义,以至于我们到现在还在研究准确的英文译法。"化"在中文的含义中有变化、转化的意思,转化是项目化存在的基础,是区别组织常规项目管理的重要特征。项目化管理的重大突破是它将组织中单个任务、工作、工程、事件的分散的、孤立的管理上升为对组织整体的所有一次性事务的系统管理。

1.4.5 战略的项目化实施遇到的问题

(1)战略与项目所处层次与决策主体不同,二者难以衔接。战略对项目的导向作用,往往通过战略与项目目标的匹配来实现。战略是面向整个组织的高层次、粗线条的未来长期发展规划;而项目是执行层较为具体的临时性活动。项目目标需要针对项目的实际情况,切实可操作、可衡量,是更为细化的短期计划,将战略与项目目标进行衔接需要填补二者之间的"断层",解决战略制定层与项目执行层、长期规划与短期计划、较为抽象的信息与具体的目标之间的冲突。此外,由于战略规划主体(高层管理者)与战略实施主体(项目管理者)不一致,信息不对称的问题较为突出。高层管理者对宏观的战略和市场信息较为了解,但可能无法完全获知项目的实施情况;而项目管理者大多缺乏战略意识,只沉浸于完成既定项目计划,不了解所执行的工作能否给组织带来战略收益。由于从战略到项目执行的实施路径尚不明确,各层次的管理者之间缺乏沟通与理解,项目目标与战略无法协同成为一大难题。

(2)项目在动态环境中面临诸多扰动因素,导致实施结果偏离战略预期。项目实施所处的动态环境及相关参数均存在多方面的不确定因素，如市场与技术环境的变化、组织战略的调整、资源的短缺等，这些因素对项目造成不可忽略的干扰，造成其实施结果偏离战略目标，从而导致失败。相关研究显示，美国70%的信息技术应用开发项目中途夭折，除了前期评价过程欠妥外，重要原因之一就是在执行过程中随着环境的变化，项目失去了必要的支撑条件，造成了资源的巨大浪费。当前，多项目并行实施的情境下，项目实施结果偏离战略预期情形尤为突出，造成这种情况出现的原因主要包括以下两方面：一方面，项目与项目、项目内部组件间存在复杂的相关关系，不确定因素的影响可能通过这些关联网络扩散，难以预估它对组织整体产生的后果；另一方面，多层次的决策主体立场与行为偏好均不相同，造成管理者决策方案与效果的不统一，例如项目经理对局部利益的关注可能导致整个组织收益的损失。因此，从战略视角进行项目管理需要应对扰动性强、可控性低的情境特征，传统的以实现既定项目计划为目标的线性控制模式无法适应动态、复杂的项目管理需求，组织急需多层次、系统性的新方法支撑项目实施过程决策。

1.5 本章小结

项目组合管理是解决企业级项目管理配置优化问题的有效方式。但目前项目管理领域的研究成果主要集中在项目层面，忽略了组织整体发展战略层面的项目管理模式的研究。因此，如何构建基于组织战略导向的项目组合管理模式，对拓宽项目管理领域的研究视角具有重要意义。本章主要内容是分析传统项目管理的局限性，阐述保持项目与战略高度一致的重要性；对比项目管理、项目群管理与项目组合管理的特征，分析项目组合管理在组织中的应用地位、应用效益，突出项目组合管理的应用优势。同时，基于项目组合配置的优化理论，阐释优化项目组合配置对实现组织战略目标的促进作用；分析组织战略实施的趋势、项目化管理的优势以及战略的项目化实施遇到的问题，论证组织战略实施的项目化管理是实现战略"落地管理"的有力工具。

本章主要研究内容如下：

(1) 回顾了项目管理的发展历程，分析了传统项目管理的局限性，阐释了从组织战略层面管理项目、分配资源，进而实现组织长期性目标、促使组织获得最大收益的重要性，结合对项目管理与战略管理协调发展研究的论述，明确了保持项目与战略高度一致的重要性。

(2) 阐述了项目组合管理的产生背景与概念，对比了项目组合管理与项目集、项目管理之间的特征，突出了项目组合管理的理论优势；分析了项目组合管理过程与组织战略计划之间的关系，并从项目组合管理在组织中的应用地位以及应用效益两个方面凸显了项目组合管理的应用优势。

(3) 界定了项目组合配置的定义，从项目组合能力配置、项目资源配置、项目"组件"级权和功能配置四方面，阐述了项目组合配置的具体内容；从资源优化和进度优化两方面说明了优化项目组合配置对实现组织战略目标的促进作用，并通过融合资源供给能力和进度调整能力两种要素，为分析项目组合配置各要素之间的关系与研究项目组合配置组件的战略贴近度提供了新工具与新视角。

(4) 介绍了组织战略实施的项目化管理背景，分析了组织战略实施项目化的可能性及目前组织战略与企业绩效之间存在的"真空"问题，得到了组织战略实施的项目化是解决该问题的有效方法这一结论；分析了组织战略实施的趋势、项目化管理的优势以及战略的项目化实施遇到的问题，论证了组织战略实施的项目化管理是实现战略"落地管理"的有力工具。

第二章 理论综述

2.1 项目组合管理理论

项目组合管理模型是项目组合配置实现的具体方式和手段,包括理论模型和数学模型。针对项目组合配置模型的研究,国内外已经有许多的研究成果,从不同的视角,运用不同的方法,对项目组合配置的过程进行探讨,有效地解决了项目组合配置中的问题。

项目组合管理的目的是为了更好地实现企业的战略目标,在探讨项目组合配置模型时,首先,要合理地对项目组合战略对应进行评估,保证项目组合是基于组织战略导向进行的;接着,从项目选择与配置、资源分配、风险约束能力等多个方面研究当前的项目组合管理。

2.1.1 项目组合战略对应度评估

对组织备选项目及其组合进行战略对应(strategic alignment)评估,是在组织战略导向下,保证组织进行项目组合选择配置、管理与执行实施项目等经营业务活动同时也可以帮助组织制定并执行有效的项目组合配置与项目实施计划,最终实现组织的战略目标。相关实证和案例研究指出,战略对应的评估和确定能够使项目及项目组合的目标与组织战略尽量保持一致、符合,使组织的资源能够投放在组织战略导向下的项目及项目组合,从而实现组织经营效益的最大化。

(1)SAM 和 CSFs 评估框架。针对组织需要开展的项目(如 IT 项目、R&D 项目、工程项目等),很多学者提出了战略对应度模型(Strategic Alignment Model,SAM)或者关键成功因素(Critical Success Factors,CSFs)的方法,对项目与战略的对应度及项目绩效等进行评估。SAM 模型最开始提出于 IS/IT 项目与组织战略目标的对应,即针对 ERP 项目,将 SAM 与网络层次分析法(Analytic Network Process,ANP)相结合提出了基于 SAM 的层次结构的战略对应评估模型。CSFs 方法是通过分析组织战略和项目之间的关系,找出项目成功与组织战略成功实现的关键要素,确定出战略实施与项目执行的路径,是组织项目组合目标与组织战略对应的有效方法。比如针对 IT 项目组合问题,可以分析组织战略与 IT 战略的相互关系,将二者的具体内容进行融合可以得到 IT 项目战略对应评估的 SAM - ANP 模型;或者为了解决 IT 项目之间存在的收益相关性问题,确定组织总体战略的 CSFs 和 IT 组合战略,考虑 IT 项目组合的各利益相关者对 CSFs 产生的不同影响,提出 IT 项目组合与组织战略对应的 CSFs - ANP 评估框架。

层次分析法和多准则决策法在基于战略导向进行项目选择排序时,由于元素的相关性可能存在一些偏差,因此引进网络分析法。在网络层次中各元素相互影响的情况下以战略为导向对项目进行选择和配置从而实现最优配置效果,为评价项目组合配置与组织战略之间一致性提供了新思路。组织战略和其他变量也可以被描述为一种线性函数,收集数据利用调和回归分析法计算线性函数,以变量系数一致性得分来衡量项目组合与组织战略的一致性程度。

(2)基于BSC的评价指标。SAM和CSFs为组织项目组合战略对应评估提供了框架思路和依据,然而不同的项目对应度模型中的CSFs不尽相同,需要设定出一个相对通用和比较标准的组织战略对应指标进行战略对应评估,因此引入平衡计分卡(Balanced Score Card,BSC)。BSC作为战略绩效评价、战略实施管理的工具被提出后得到了快速发展和完善,在商业、IT、R&D、NPD、建筑、电力和化工等各个专业领域得到了广泛的应用,被用于组织战略绩效评价和项目战略对应考核评估。在对国内外R&D项目组合评价与选择研究分析的基础上,通过企业战略的视角,建立基于战略导向的项目组合选择流程模型,综合考虑企业项目组合选择的财务和非财务指标,得到战略对应度的项目组合评价指标,构建基于DEA和BSC的R&D项目组合的企业战略对应度评价模型,也是R&D项目组合选择与配置的新思路。

目前构建的项目及项目组合综合评价体系主要是用在对项目的评价、排序和优选上,能够对单个项目对组织战略目标的贡献做出相对合理的评价,但对项目之间的影响考虑较少,项目组合配置需要的是选择一组项目而不是单个项目的排序,项目组合的战略对应度是项目组合配置模型的核心要素之一。

2.1.2 项目组合选择与配置

项目组合选择和配置模型是将项目及项目组合的价值贡献作为目标函数,将项目、项目组合资源能力需求情况、项目组合风险状况与组织自身的资源能力和风险承受能力作为限制约束条件。依据得到组织、项目及项目组合相关参数信息是否准确的判断和处理,分为确定环境和不确定环境的项目组合选择与配置模型。

(1)在确定环境下的项目组合选择与配置。在企业状况容易把握、各要素状态相对明确的环境下,常见的项目组合模型考虑了项目、资源、收益、结果、决策者偏好等要素之间影响、依赖等相互关系,主要包含项目间相关性的项目组合模型,能够有效检验各参数对组合过程的影响;多目标0-1整数规划模型,合理解决了相互影响条件下的项目组合配置问题;mPOEMS (multiobjective Prototype Optimization with Evolved iMprovement Steps)有效实现了项目组合配置的多目标优化过程;排序法和分层序列法,对组织中的项目组合选择和配置问题提供了新的思路。

(2)在模糊环境下的项目组合选择与配置。模糊环境反映的是与项目组合相关的外部环境、各参数、要素、影响因素等方面具备不确定性的环境状况。在面对模糊环境时,通常的项目组合配置模型是单独考虑一个或少数几个参数处于不确定或者动态变化的情况。一部分研究主要集中于在特定的约束条件下,通过使用遗传算法、多单元组合拍卖算法、启发式算法、模拟退火算法以及其他智能算法等算法,来优化项目组合选择和配置过程;另一部分运用模糊理论、整数规划、层次灰色方法、非线性规划等理论或数学模型,有效地解决了模糊情况下的项目组合选择及配置问题。

2.1.3 项目组合资源及风险约束处理

现实中,组织的资源能力及风险承受能力是有限的,这就决定了在同一时间段为实现一定的目标不可能无限制开展很多项目。面对组织存在的众多的备选项目,在考虑项目及项目组合对组织战略贡献的同时,必须考虑项目组合的资源及风险约束条件,进而进行合理的资源分配过程。

(1)项目组合资源约束处理。典型的资源受限项目调度问题,在数学和运筹学理论上被认为是属于强 NP 一类的数学难题,如上所述,许多学者从不同的方面对其进行了扩展,形成了资源约束条件下的项目调度问题的诸多分支。然而从目前的文献综述来看,对资源受限项目调度问题都隐含着这样一个假设,即项目计划完全取决于组织自有的每种独立资源,没有考虑项目资源之间的可转换性,认为项目组合资源的约束是刚性的。

目前已有的研究成果,主要是考虑项目优先级、工作关系、多阶段性、资源特点等方面开展具体的资源配置工作,通过运用改进遗传算法、模拟退火算法、迭代算法、粒子群算法等算法,参考整数规划、排队网络、模糊关键链、博弈论等多领域理论与思想,对项目组合配置中的资源分配过程进行了合理的优化。

(2)项目组合风险分析与处理。项目组合风险管理是对组织项目组合各种风险因素发生的概率和可能引发的后果进行识别、综合分析及评估。从管理工作任务和过程来看,项目信息搜集、项目组合风险因素探测、评估以及风险预警是项目风险管理的重要组成部分。在对风险的分析和应对中,针对不同类型的企业和项目,深入分析组织项目组合的风险,提出多元化战略下的项目组合风险管理体系,并强调收益与风险的平衡的关系,建立多元化战略下的项目组合和组合风险管理模型。

2.2 项目组合配置优化理论

项目组合是组织实现可持续发展的重要支撑之一,其配置优化对组织战略目标实现的促进作用主要体现在两方面,即资源优化和进度优化。这两方面都是以组织整体为对象。项目组合配置资源优化源自传统项目组合管理理论,强调资源的配置是组织实施项目管理的决定性因素,只要资源数量足够且能够得到合理配置,项目就能够得到顺利实施,项目目标就可以有效实现;项目组合配置进度优化调度是近些年的研究热点,在补充资源优化研究不足的基础上,提出了进度是衡量项目是否取得成功的主要标志之一。随着项目管理技术的发展,专家、学者们逐渐意识到单独考虑资源和进度的研究都是片面的,都无法全面反映项目组合配置的有效信息,必须将二者进行综合考虑,才能保证配置目标的有效实现,并基于此丰富和扩展了项目组合配置的优化研究。针对这几种研究,本节首先介绍前人的理论基础;然后根据前人的研究,举例说明资源和进度优化在实现项目目标方面的不同作用;最后分析这两种研究的优、缺点以及整合它们的可能性。

2.2.1 项目组合配置资源优化

20 世纪 90 年代,组织资源优化理论逐渐确定了其在组织战略和项目管理中的主导地位,否定了传统企业管理理论中关于组织资源流动和同质的假设,这为组织项目组合配置管理研究奠定了新基础。

国际学者在相关研究伊始就提出企业可以看作是资源的完全综合体,组织能否得到有效发展的决定性因素是管理者能否充分利用组织已有资源;之后,在此理论的基础上对资源决定论进行了具体定量化描述,将组织的能力、知识、过程、信誉度等均定义为组织资源的一种,为组织战略目标实现提供有力帮助。在这种背景下,项目组合资源配置优化得到了较大的发展:在考虑时间和资源限制的研究基础上,使用局部网络任务试探法,解决项目在实施过程中的资源冲突、项目调度和设备管理问题;为实现项目组合中失败项目的资源再分配问题,部分学者基于挣值分析法,在考虑进度、成本与质量目标的前提下,提出了收益/惩罚函数;在利用动态计划评审技术研究多项目的有限资源分配问题后,运用排队网络和马尔科夫链等工具解决多项目多目标资源最优分配问题;在企业项目实施的营销视角下,对影响项目实施的营销成本加以分析,通过通信和边距处理提出持续降低营销成本的动态资源组合优化模型。

国内研究虽起步较晚,但起点高。有关学者针对项目组合资源的重要程度进行研究,依据项目间资源转移矩阵找出优先级标准,构造资源转移概率矩阵,以马尔科夫链的平稳分布作为评价项目优先级的标准,对资源重要程度进行排序;而后续研究则采用启发式算法建立并优化初始调度计划的资源流网络,将关键链技术与资源流网络相结合,提出了一种基于优化的资源流约束的反应调度算法;针对资源受限多项目调度的多目标优化问题,部分学者提出了依次处理项目时序约束和资源约束的两阶段分解算法,解决资源配置优化过程中资源冲突的消解问题;与此同时,也有学者在考虑资源限制条件下,探讨了项目组合配置及其进度计划的管理特征,运用EDSM模型对构建了项目组合配置管理模型;随后,粒子群算法也被引入,在将粒子群算法为分析工具的基础上构建了迭代关系资源受限项目调度模型。

然而,资源决定论及其优化理论片面地将资源作为组织实现目标的决定性因素,割断了该要素与其他项目管理要素之间的关系,导致这些理论虽然被源源提出,但真正应用于组织并取得成功的却屈指可数。

2.2.2 项目组合配置进度优化

由于资源决定论无法完美地解决组织项目和战略目标无法有效实现的难题,导致组织在实现可持续发展道路上受到了严重制约。组织管理者在探索过程中发现,如果能够及时地提供客户所需要的产品,也能够极大地促进项目组合和组织目标的实现。项目组合配置进度优化理论得到了国内外学者的重视。

目前国内外学者针对这一问题的主要研究方向是运用各类智能算法,解决单项目、多项目以及项目组合调度与进度优化。多目标的非线性二元模型,主要用于辅助多目标下项目组合的有效选择以及在不考虑决策者偏好情况下的最佳进度安排;田口方法设计参数的遗传算法,通过选择和调度一个平衡项目组合,可以帮助平衡项目组合进度优化目标的实现;mPOEMS算法是基于软件项目组合研究的一种算法,为解决复杂项目组合和多目标标准进度效率找到了新的解决方法;网络计划技术中的"最大流最小截"理论成在解决项目组合进度管理中也有着很好的优势,能够帮助组织实现项目组合配置进度——成本优化;分类加权方法可评价项目总体进度,利于项目组合配置进度的整体改善。

但仅利用进度来反映项目组合配置和组织战略实现度也受到了一些研究者的反驳。如IPMA认为"进度是衡量项目目标实现的重要标准但不是唯一标准";项目进度不能单独为组织提供竞争优势,只有与组织资源、质量、成本等要素综合在一起,才能为组织发展提供动力。

2.2.3 项目组合配置资源-进度优化

多目标多模式资源受限的多技能项目组合调度和关键链技术得到了众多学者的青睐。

(1)多目标多模式资源受限的多技能项目组合调度问题是研究热点之一。目前已有学者提出了利用差分进化算法构建的新目标规划模型,通过该模型可计算得到期望时间与实际完成时间之间的最小偏差。在资源约束条件下,项目组合配置中的每一项组件或每一道工序都会影响项目组合配置的进度,因项目组合配置中每一项组件都受到资源和进度双向约束,应该在满足组织资源配置前提下对项目每一道组件进行调度,保证按时按质;项目组合的每一道工序必须根据内部资源的配置结构进行进度安排,同时根据进度实施情况及时调整资源调度,保证资源在组织内的有效配给,实现项目组合配置的最优化。也有学者试图将资源配置和进度调度之间关系进行定量分析,并因此提出了 FLP 和 PABC 两种解决资源约束条件下的项目组合配置调度问题的方法。

(2)关键链对项目组合以及单项目的进度优化,能够剔除资源约束下项目组合配置进度计划中人的不良行为因素,因此得到了国内学者的重视。国内学者建立了多种模型算法对其进行了深入探究。部分在资源受限项目调度问题模型的基础上提出的关键链项目优化调度模型已开始被运用于解决资源受限项目调度问题,这些模型及算法的有效性已经得到了实践验证;与此同时,有学者提出结合关键链和社会认知优化算法对多项目进度优化问题进行研究,以保证多项目计划在不确定环境下的稳定运行;工期与成本的悖论关系是目前研究的重点,国内学者在此基础上运用改进蚁群算法构建了项目组合工期——成本优化模型,为项目组合进度优化管理提供了新思路。

纵观资源和进度优化对项目组合配置管理的研究,我们可以看出以往的研究不仅区分了组织范围内项目组合资源供给能力和进度调整能力这两种不同性质的管理要素,而且为项目组合配置实现战略目标提供了基本研究对象和方法。对这两种要素的融合研究,有助于分析项目组合配置各要素间的关系,也有助于采用正确研究视角选择科学的项目组合配置组件进行战略贴近度研究。

2.3 项目组合管理效能度量理论

由于战略是长期固定的且被组织全体人员所熟知的一项规划,在项目组合管理实施前,各项战略目标就已经被明确量化。因此,研究项目组合管理战略贴近度实际上就是在一系列已知约束条件下度量组合配置的实施效能,这就需要对项目组合管理效能度量方面的理论进行介绍、分析。我们希望通过对组合配置效能度量理论的介绍,从中找出度量项目组合战略贴近度的新视角和切入点。

2.3.1 项目组合管理效能度量对象

项目组合管理度量包括很多内容,主要有以下方面:

(1)项目组合管理绩效度量。项目绩效度量是传统项目组合管理效能度量的重点。项目组合管理办公室(PPMOs)可以同时处理多个项目和方案,它的协调、控制和支持作用对项目组合的绩效有显著的正向作用。对项目组合管理绩效的度量可以从很多方面进行,比如基于绩效设立项目组合管理度量标准;从战略绩效系统的特征出发,分析影响企业绩效的基本因素,根据企业战略绩效度量系统进行项目组合的配置与度量,将吸收适应能力、创新能力与管理能力看作项目组合绩效的影响因素。挣值管理是度量绩效的方法之一,项目范围管理绩效和项目资源价格变化两个因素是最新加入的项目绩效分析与度量指标,这种方法克服了现有EVM方法存在的不足和缺陷,对现有项目绩效分析和度量方法进行了创新。

(2) 项目组合管理效果度量。对于项目组合管理效果的度量,回顾近50年来提出的项目成功或效果的度量指标,发现不同组织和文化背景下有不同的效果度量模型。确定指标需要依据不同行业对成功或效果的理解,因此需要提取出典型的项目成功标准,为短期项目发展和长期公司经济目标的效果度量提供借鉴;多项目管理框架的基础是项目效果,在此基础上可以从资源生产率、组织学习、项目成功、个人成长/满意度等四个维度度量项目组合管理效果,这也是多项目管理效果度量的研究基础。

(3) 项目组合管理效能度量。项目组合管理的效能即指该配置所能够满足特定要求的程度。在项目组合管理度量研究方面,国外学者主要集中在效能度量作用研究、效能度量方法以及构建效能度量指标等方面,比如分析技术环境下的项目效能与组织结构设计以及效能度量系统之间的相关性,得到效能度量系统能够促进项目实施的结论。在项目评估过程中,构建与时间序列相匹配的影响轨迹,可以保证项目实施过程中有效性的精确度量。

(4) 项目组合管理管理度量。在项目组合管理管理方面的研究主要集中在项目组合管理的选择、体系设计与模型构建等方面,而关于项目组合管理管理度量与合理性评价等方面的研究较少。评价项目组合并不是对单个项目进行评估,而是对多项目协同进行评估。需要采取多项目协同的评估方法,实现考虑项目间相关性的项目组合管理管理评价。这是项目组合度量上虽然重要但经常被忽视的关键因素,需要引起研究者的重视。对于项目组合管理,另有学者提出了一种新的基于模糊理论的多属性决策支持系统(DSS),在项目组合管理的定性和定量评估方面做出了贡献;还有学者通过测量项目组合管理的管理质量,来预测项目组合管理是否成功,为项目组合管理的成功与否提供了判别标准。

2.3.2 项目组合管理效能度量方法

信息质量、配置质量、合作质量这三个互补元素构成的结构可以确定项目组合管理的效果,概念化项目组合管理系统成功的动态多维模型。任务分配、资源配置、项目间关系、领导能力这四个因素是项目组合效果的度量因子。"熵"的思想也被引入到效果评价体系中,能够有效度量获取的数据所提供的信息质量。国内外学者对此进行了大量研究,在各个行业均取得了相应的研究成果。如在地下水检测领域,学者们基于多目标进化算法,运用可视化分析进行效能度量,为多目标系统的效能度量提供了研究方法;在电力分配系统项目综合效能评价模型中,系统的整体效能不仅受不同资源配置效率的影响,而且需要考虑外部环境的影响,学者们将人工神经网络和灵敏度分析两个方法进行结合,推导出了资源配置效率与外部环境之间的关系,构建了项目整体效能的度量与提高的评价指标;还有学者以系统行为过程的概念框架及度量方法为研究基础,建立了系统目标树的层级模型及系统贡献度模型,为系统效能的量化分析和评估提供了方法。

此外，在多项目中，利益冲突的问题尤其突出，有些项目风险和不确定性问题严重影响了项目效果，项目管理的评估要针对项目突出表现的不同类型，给予不同的评价度量方案。针对此类问题，学者们也提出了基于方法集的项目组合评价模型，为评价项目组合的科学性与合理性、实现项目组合的合理配置提供标准。

2.3.3 项目组合管理度量中存在的问题

近年来，尽管对项目组合管理度量的研究取得了较好的成果，但是由于所处领域、地域的不同，这些方法也会产生顾此失彼的现象，即虽然克服了原有方法的不足，但是又产生了新的问题，导致截至目前仍然缺乏能够普遍适用的项目组合管理效能度量方法，尤其是战略导向下的项目组合管理效能度量更为稀缺。纵观现有组合管理度量研究，它们或多或少存在以下问题：

（1）系统性和整体性不足。如上述文献所述，虽然已对项目组合管理效能的度量从四个维度进行展开分析，但是很少有文献对维度划分的标准进行明确说明，更没有学者对这四个维度是否涵盖组合配置全部内容进行了论证，不能将组合配置整体效能、全面信息进行客观反映，缺乏系统性。

（2）度量方法独立性太强，缺乏相关性考虑。对以上组合配置效能度量方法进行分析，明显可以看出这些方法是相互独立的，是在特定研究领域中提出的特定研究方法。这些方法之间缺乏相互碰撞，所得到的结果不能进行相互验证，对配置组件相关性也鲜有考虑，严重妨碍了这些方法在组合配置效能度量领域的全面推广。

（3）度量情境单一，与管理实际相悖。无论是组合配置效能的度量对象还是度量的方法，研究者都是在一个单独的情景假设下完成研究的，且设定了各种各样的研究假设，这虽然在特定情境下实现了效能的有效度量，但是却与组织的管理实际相差很远。同时，大多研究方法浅尝辄止，基本没有研究者在不同情境下进行度量方法的持续、长久研究，降低了这些度量方法的实际可信度。

（4）偏重方法本身，指导意义较差。现有研究大多重视度量方法本身的构建、推理，在方法提出过程中更多重视的是理论上的可行性和数学上的合理性，对方法与组合配置问题的相容性进行有效论证的很少，有的甚至只是仅仅提出方法理论而不进行案例分析研究，因此在实际应用中的指导意义较差。

事实上，现有项目组合管理效能度量大多是"效能评估"，而不是"效能决策"，这些研究一般只是将评估结果公布就结束，并没有详细说明度量结果对组合配置特别是战略导向下项目组合管理所起到的作用，不能为组织决策提供直接明确的参考结果。

2.4 项目组合收益管理理论

2.4.1 收益与收益管理的内涵

收益管理的提出起源于对项目成功的探讨，它强调项目或项目组合战略贡献的可度量性，通过项目启动时的收益规划、执行时的监控与评价将研究范围拓展到项目实施的全过程。20

世纪80年代,项目成功的度量标准得到构建,该标准首次指出项目成功应当跳出传统项目管理"铁三角"的衡量指标,更多地关注客户满意度与组织目标的实现。随着对这些度量标准研究的进一步深入,进入21世纪,收益管理逐渐取代了项目成功的研究,它强调项目过程管理的科学性与可控性,成为新的研究热点。然而,由于前期的研究在术语与概念的界定上并没有达成统一,在许多文献中,"收益(benefits)"与"成功(success)""价值(value)"等词汇存在混用现象,"价值创造(value creation)"与"收益管理(benefits realisation management,另有一种说法为benefits management)"描述的过程也往往没有差别。在此情形下,有学者提出需要对收益管理涉及的术语进行界定与区分,如"价值"并不等同于"收益",而是收益与成本的比值,只有在资源一定的情况下,项目产生较多的收益才意味着创造了更多的价值。与项目成功的研究类似,收益管理认为项目或者项目组合应当以组织价值实现为主要目标;与项目成功不同的是,收益管理不以项目后评价为主要研究内容,而是强调应当将收益管理拓展到项目选择与实施过程中。

对收益与收益管理内涵的界定可从多个角度进行。广义上来看,收益可以简单看作:对组织可度量的提升与改善;能够被组织感知到的,有积极意义的项目或项目群成果;项目产生的价值流。站在利益相关者的视角,收益是能够被利益相关者感知到的有益变更,以及由某一个或者多个利益相关者感知到的优势或者利益。这二者强调了收益需要由特定的个人或者群体从投资价值实现的角度进行有效管理。也有一些研究指出收益并非都是积极、正向的,有些项目可能会产生负向收益(disbenefits),阻碍项目或项目组合的实施。而对收益管理的界定,有的学者认为项目收益管理是组织和管理多个项目实现收益的过程;收益管理是规划、组织、执行、控制、转移和支持组织变更的流程,它通过有效的项目管理,产生符合预期收益的项目成果。也有一些研究强调收益管理的动态性,认为收益管理除了实现预期收益外,还需要管理意料之外的收益;收益管理是组织和管理的流程,确保这些不断变化的项目收益最终得以实现;收益管理是通过对产生组织变更的项目群进行优化与管理,最大化实现总的项目群收益的过程;收益管理是有关如何评价收益并保证项目获取预期收益的流程与方法,在项目群与项目管理过程中,收益管理与商业论证的功能互为补充并出现交叠现象,项目论证可用于确定项目的可实施性,而收益管理则是帮助组织去计划与实现各层次的项目收益。

2.4.2 项目组合收益评价指标

项目组合收益需要层层分解到具体可度量的项目收益评价指标,用于项目组合部件的选取与监控。有效地选取项目收益评价指标在投资决策上具有关键作用,选取的七项原则为战略匹配度、目标价值、可衡量性、现实性、目标进度、可信性与综合性。在指标选取的方法方面,有学者引入平衡计分卡(Balanced Score Card,BSC)等方法进行战略的分解,兼顾财务目标和非财务目标,从财务、客户、内部运营、学习与成长四个方面进行收益指标的选取与衡量;在项目组合的战略目标到具体项目预期收益的分解与关联方面,部分学者提出了收益关联网络(Benefits Dependency Network,BDN)模型,将收益评价指标分为三类,即管理成功评价指标(时间、成本、质量等)、利益相关者的认知(是否满足客户的期望、参与者的期望等)以及结果收益(增长的价值、商业成功)。还有部分学者依据收益对组织的影响,在战略、管理、运营、职能、支持性五个类别上构建项目收益指标体系。另有观点认为,收益应当按照对组织战略的影响进行归类,要在对比收益的相对重要性时核查战略匹配度以及战略维度的均衡,同时,选取收益评价指标时必须与战略效力的提升、风险的降低以及组织成长三个类别相一致。此外,部分学者在项目收益的有形收益与无形收益两个类别上进行划分,认为有形收益是指能够客观度量的收益,通常包括财务收益,而无形收益是指无法直接度量的收益,通常情况下对无形收益的评价较为困难。项目收益评价指标的常见类别见表2-1。

表2-1 项目收益评价指标的类别

收益分类依据	收益类型	评价指标举例
收益的性质	有形收益	能客观度量的收益,如成本的降低
	无形收益	需要主观判断的收益,如社会声誉的提升
对组织的贡献	战略收益	支持组织业务发展的收益,如战略贡献度
	管理收益	提高管理流程效率的收益,如管理灵敏度的提升
	运营收益	改善运营效果的收益,如IT系统的使用效率提升
	职能/支持型收益	改善支持性行为的收益,如员工沟通与交流机会的增加
利益相关者的角色	提供者	依据利益相关者视角的不同,制定不同的项目收益评价指标体系,用于表达不同的利益相关者的诉求
	接受者	
	支持者	
	监控者	
发生的概率	计划收益	能够预知的收益,一般为财务价值的提升等有形收益
	突发收益	难以预知的收益,一般为员工道德的提升等无形收益

2.4.3 项目组合收益管理模型

1995年,主动收益管理模型(Active Benefits Management,ABM)被提出以后,诸多学者与组织即结合各自的项目管理经验,开发了相应的收益管理方法模型。但对于大部分学者与组织来说,收益并没有被妥善地定义与实现,很少有学者与组织制定IS/IT项目的收益管理模型。在此基础上,BDN(Benefits Dependencies Network,收益关联网络)模型得以提出并用于探讨组织在项目投资全过程中收益管理的有效性。该模型将收益管理分为五个步骤,即定义和结构化收益、规划收益的实施、执行收益实施计划、评价阶段性收益以及未来潜在收益的评估与实现。在对澳大利亚相关企业进行调查发现,大部分大型公司都采用BDN模型对项目收益进行持续的管理。之后,学者们又提出主动收益实现模型(Active Benefit Realisation,ABR),该模型体现了一个动态迭代的过程,阐述了利益相关者参与项目执行全过程中收益的定义、评估、反馈活动的框架。而后,收益管理的认识得到进一步的加深,包括:收益管理是以业务为导向,由管理方法与技术以及操作过程组成的管理实施框架,收益管理模型需要辅助项目组合选择并管理项目群与项目组合;收益实现是在不断演变的环境中实现持续动态优化的过程,收益实现模型需要对收益进行有效回顾,即评估项目有关收益实现的情况,定义后续收益的机会以及用于未来项目改变的机会,进而实现收益并达到收益最大化。项目组合收益管理的代表性模型见表2-2。

表 2-2 项目收益管理的代表性模型

收益管理模型	模型的要点
Leyton 模型	在商业变更的情境下探讨了收益管理的活动,定义了变更(即项目方案)与收益持续的交互关系
Cranfield 模型	构建项目收益管理的反馈循环回路,强调收益监控的活动,认为需要将实现的收益与计划收益进行持续匹配,并进行动态调整与反馈
Thorp 模型	强调收益不是通过单项目管理实现的,而是与项目群管理、项目组合管理一起构成了完整的循环回路。组织需要在组合启动时就确定好各层次的收益度量方法以及收益监管者的职能
主动收益实现模型(ABR)	IT 系统的开发是通过持续的评价过程实现的,该流程需要利益相关者的积极参与
OGC 门径审核模型	门径审核模型在较高的层次探讨了典型的收益管理流程与大型项目群实施与交付流程的结合,包含潜在收益的定义、计划、建模与追踪、职能分配等步骤
Reiss 模型	收益管理的范围包括实施阶段以及实施之后的管理与监控过程,并构建了收益管理的层次结构,说明收益与项目之间的价值关联
基于收益管理的拉式管理模型	将项目管理框架划分为收益规划、变革设计与设立项目这三个关键步骤,并分析该拉式管理模式的实现路径、方式与关键影响因素

2.4.4 项目组合收益管理中存在的问题

(1)收益管理的研究主要集中在单项目层级,缺乏对项目组合总收益的关注。虽然收益管理关注于项目实施过程中的战略实现情况,能够将面向战略的项目管理拓展到项目全过程的监控与评价上,但是大多数研究将单项目收益作为研究对象,从项目组合层面探讨收益管理的模型非常少。部分已有的收益实现研究虽然区分了项目组合、项目群与项目收益管理的职能与角色,但是并没有探讨三者在动态环境中分别进行收益管理的过程和机理。同时,在收益评价指标的选取方面,也尚未对项目组合层次与单项目/项目群层次收益的差别与关联做出明确的区分与界定。综上所述,现有文献将项目看作项目组合的基本单元、在项目组合层面探讨收益的均衡以及收益的协同等问题的研究较为缺乏。

(2)将行为因素纳入项目组合收益管理模型的研究欠缺。项目组合收益管理过程中涉及多层级主体之间的协调,管理者一方面是项目/项目组合实施系统的参与者,另一方面也是决策的制定者,他们的行为对项目组合的有效实施至关重要。然而,大部分研究都在探讨行为问题产生的原因,或者探讨单项目不同主体的合作行为,将影响项目组合实施系统偏差以及决策偏差的行为因素集成到模型之中,全面分析它们的作用的研究较为缺乏。

(3)缺乏项目组合收益管理的定量分析方法。现有考虑项目组合全过程收益管理的研究,大都以定性研究的方法构建项目收益的管理框架与流程,缺少定量分析工具支持项目组合各层次的过程决策,导致决策者在面临变化时过多地依赖主观判断,降低了项目组合收益管理的准确性与客观性。传统的,包括 CPM、EVM 在内的计划与控制工具,仅关注执行层面的绩效指标,很少从系统的层面进行多因素整合,对组合部件间的相关关系、管理行为等因素的包容性较弱,无法适应项目组合全过程收益管理的要求。此外,大多数研究都是针对某一项具体案例构建复杂的系统模型,模型的通用性较差,不利于项目组合收益管理基本原理的初步探索与提炼。

2.5 本章小结

项目组合管理的目的是更好地实现组织的战略目标,基于战略层面,合理地管理项目,有效地分配组织资源,以保证实现整个组织的长期性目标,使组织获得最大的收益成为研究的重点,因此,在项目组合管理中引入项目组合配置并提出其优化理论,结合项目组合管理效能度量和项目组合收益管理,实现组织收益并达到收益的最大化。本章的主要内容是评估项目组合战略对应度,保证项目组合行进方向与组织战略导向相一致,同时从项目选择与配置、资源分配、风险约束能力等多方面研究了当前的项目组合管理;提出项目组合配置优化理论,阐释资源-进度优化在项目组合配置方面的应用优势;分析项目组合管理效能度量方面的理论,探明度量项目组合战略贴近度的新视角;阐述项目组合收益管理理论对实现各层次项目收益的重要性。

本章主要内容如下:

(1)提出了项目组合配置模型,对组织备选项目及其组合进行战略对应评估,使组织资源能够分配在组织战略导向下的项目及项目组合,从而实现组织经营效益的最大化;阐释了确定环境和不确定环境下的项目组合选择与配置模型,同时考虑项目组合的资源及风险约束条件,为合理的分配有限资源奠定了理论基础。

(2)分析了资源优化和进度优化的优缺点,阐明了随着项目管理技术的发展,单独考虑资源优化和进度优化已经无法全面反映项目组合配置的有效信息。因此,提出了项目组合配置资源-进度优化理论,为项目组合配置实现战略目标提供了基本研究对象和方法。

(3)介绍了项目组合管理度量方面的理论,研究项目组合管理贴近度。从项目组合管理绩效度量、效果度量、效能度量、管理度量四个方面分析了项目组合管理效能度量对象;分析了项目组合管理度量方法;阐明了项目组合管理度量中存在的问题,为基于战略贴近度的项目组合度量新视角提供了依据。

(4)提出了项目组合收益管理理论,助力组织计划并实现各层次的项目收益。分析项目组合评价指标,阐明了选取有效的收益评价指标有利于组织的投资决策过程;介绍了收益管理的代表性模型;探究了项目组合收益管理中存在的问题,为项目组合进行收益管理提供了依据。

第三章　组织战略导向下的项目组合配置研究

3.1　组织战略导向下的项目组合配置框架设计与核心要素分析

基于组织战略执行过程面临的多项目环境,构建模型进行项目组合选择和配置时,需要开展的工作有:一是确定目标函数,即明确项目组合配置实现的目标是什么,设计科学、合理、有效的量化标准作为项目组合选择和配置的依据,是保证"做正确的项目"的基础;二是确定约束条件,即明确项目组合配置的资源能力及风险承受能力限制,分析和评估项目组合的资源风险约束条件,是确保"正确地做项目"的前提。

基于此,本节对战略导向下的项目组合配置进行框架设计,分析和说明组织战略导向的创新视角,对比研究项目组合配置模型并找出构建模型的核心要素,并对项目组合配置的资源及风险的约束条件、评估与处理方法进行探讨,这些是构建组织战略导向项目组合配置模型的基础工作。

3.1.1　项目组合配置的战略导向视角与核心要素

1. 项目组合配置理论框架

项目组合管理是连接战略管理和项目管理的桥梁,能够在密切联系项目目标和组织战略目标的同时做出最合适的平衡,提升项目组合整体价值以及最大化效益。

(1)组织战略导向与项目组合。项目组合管理是对组织战略层面的项目进行的管理,是战略执行的有效方式,也是多项目管理的有效手段,能够促进项目管理能力的提升,均衡资源配置,实现有限资源和有限能力条件下的项目组合配置的最大收益目标。

如图3-1所示,战略的导向性首先要求一组项目目标必须和组织战略目标保持一致,项目组合配置的对象是一组项目,当然也包括组合中的单个项目,通过一些项目特征分析,将一组符合组织战略目标的项目进行组合。项目组合的管理不仅要确保单个项目目标的实现,同时也要确保一组项目在时间、成本、质量上的效果,实现组合绩效最优,完成项目组合绩效向组织战略目标的转移。组织管理者需要从备选项目中选择合适的进入项目组合,这些项目之间竞争的同时,相互协调、相互促进、相互支撑。

(2)组织战略导向下的项目组合的配置过程。项目组合的最终目的是确保组合的项目目标能够符合组织战略目标的要求,提高项目实施效果对组织的贡献率。项目组合是在组织战略导向下,对承接的项目进行配置和管理,这样既可以加强项目目标和组织战略目标的对应度,也有利于项目更好地为组织服务。组织战略管理的首要工作是组织战略的制定。战略制定是通过对组织内外部环境以及利益相关者的分析,选择战略方案,战略的执行过程是组织战略管理的关键。项目组合是组织战略执行的有效手段,哪些项目最终能够被选择是由高层管理者、利益相关者以及专家确定的。如图3-2所示,通过构建科学的项目组合配置模型,设计合理的项目综合评价指标体系,运用科学、高效、客观的评价方法对项目进行选择和配置,让一组项目服务于某一个或者某几个组织战略目标。

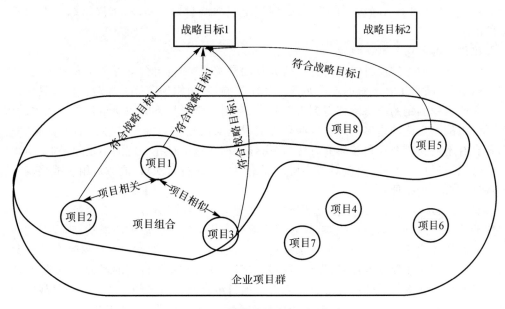

图3-1 组织战略导向与项目组合

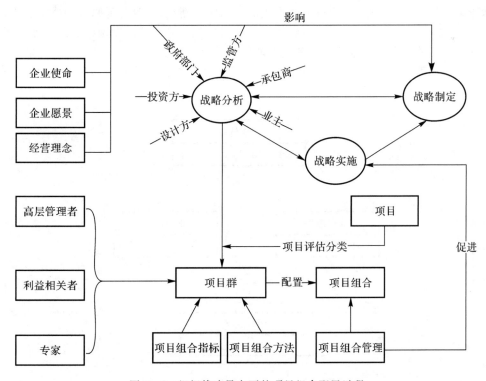

图3-2 组织战略导向下的项目组合配置过程

组织战略与项目组合管理间属循环促进的关系,组织战略指导项目进行组合配置,项目组合管理促进战略执行。既定组织战略能够指导组织对现有项目进行组合配置和管理,通过这种有效的项目管理方式,提高资源利用率,加强项目收益与组织目标之间的联系;而项目组合管理的过程的实质就是组织战略实施的过程,其在项目组合生命周期内根据战略目标不断动态调整,如旧项目的退出和新项目的加入,促进组织战略目标的实现,支撑组织发展的前景及发展的潜力。

2. 组织战略导向的创新视角

组织战略导向下的项目组合配置的研究目的是实现"项目组合配置",研究视角是在"组织战略导向下"。项目组合配置的本质是落实战略实施,将组织确定好的战略目标与具体的项目结合。为使组织制定的战略能够得到有效的实施,很多学者从不同的视角开展了相关的研究,得到了组织战略实施的诸多范式。这些研究成果是对战略实施的相关理论的丰富和完善,但他们各自有不同的研究视角和研究方法,在指导管理实践上存在一定的不足,特别是对采用项目化的组织不适用。因此,应该对战略层次理论突破问题进行探讨,同时对组织战略实施视角和方法进行进一步拓展。

(1)战略层次理论的突破。传统的战略管理理论将组织战略分为三个层级,即最高层级的概念性的关注总体价值的公司战略,具有职能策略和作业实施性质的职能战略,以及关注业务竞争优势的业务战略(竞争战略、事业部战略)。而项目组合管理通过调整和整合具有共同业务目标或者共同职能要求的项目,保证组织获取竞争优势和总体价值的最大化,对原有战略层次和价值实现过程进行了变革并形成了突破。项目组合配置通过创造和管理项目战略的创新视角和方式,使战略层级随着项目组合和项目的融入发生了变化,并基于此形成了组织战略—竞争战略+职能战略—项目战略的层级关系。

如图3-3所示,通过建立项目组合方式的战略实施新范式,改变了原有的战略层级,使组织战略的管理中心扁平化并下移。组织战略导向目标是明确组织的发展愿景与使命而形成的总体战略目标,是结合外部竞争优势和内部职能策略而成的;项目战略源于机会识别,体现项目目标、团队及管理策略,是组织战略、竞争战略和职能战略的具体实现和落实;项目组合配置是连接战略导向和项目的桥梁。

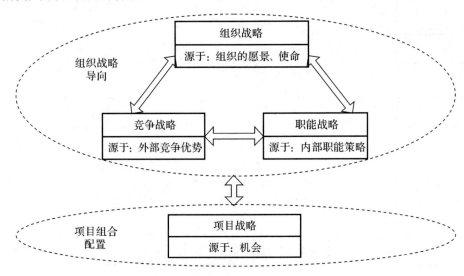

图3-3 基于项目组合的战略层级

(2)项目组合战略导向的视角分解。战略导向,已经成为国内相关研究的一个热点,并得到很多学者的关注。目前的研究认为,组织的总体战略是通过把组织的愿景、使命、目的、方针、政策和经营活动有机地结合起来,使组织形成自己的特殊战略属性和竞争优势,将不确定的环境具体化,以便较容易地解决各种问题。然而,组织在解决各种战略问题之前必须明确自己的战略姿态,即战略导向。战略导向可以界定为连贯一致的一系列行为,包括组织集体行为和受组织目标影响的个体行为,通过这些服务于组织目标的行为,组织可以实现自身的不断发展。随着研究的不断深入,学者从不同的视角对战略导向进行了界定和分类,实现了根据战略导向对组织创新的作用机理的系统分析,但是由于研究视角的不同,得出的结论具有很大的差异性。基于以上战略导向定义的研究,无论学者从哪个视角进行界定,战略导向最终落脚点是实现组织战略目标,能够为组织的发展提供战略性的指导原则,并最终提高组织绩效。

项目组合管理理论被提出以后,很多学者的研究指出组织项目组合管理自产生起就与战略间有着天然的联系,项目组合配置是组织战略目标的实现,体现组织的战略导向,同时,组织战略导向显著影响项目组织的选择配置和项目组合的结构,战略导向决定了项目组合选择和项目评价在何种程度上服从于组织的战略目标。

出于项目组合配置的思路,为使组织战略导向能够成为明确指导,需要进一步探讨组织战略导向的分类和测度问题,以便达到指导项目组合配置的效果。目前,由于对组织战略导向概念定位上的模糊性和操作定义上的随意性,研究学者提出的战略导向的定义和种类很多,但缺乏在坚实的理论基础上形成的共识。因此,需要针对组织战略在属性构成、时间阶段和发展多元等维度,提出新视角对组织的战略导向进行分解。

如图3-4所示,考虑战略目标的权衡、分期和多元化等情况,探索使项目组合配置对应组织战略目标的思路,强调以组织战略为导向开展项目管理活动。换言之,组织项目组合的选择和配置、项目组合管理的全流程过程工作必须以组织的战略为逻辑起点,并以达成组织战略目标为终极目标,通过分析组织战略目标的实际情况和组织不同战略导向下的项目及项目组合的资源及风险情况,设计并动态优化项目组合配置模型,形成具体的项目组合配置实施方案。

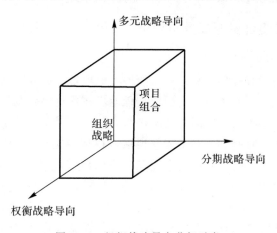

图3-4 组织战略导向分解示意

3. 项目组合配置模型的核心要素分析

组织宏观战略的变化、发展及调整和项目的不确定性,使项目组合配置决策复杂多变,存在很多挑战。很多学者采用不同的角度对项目组合配置的方法进行了相关研究,主要体现在以下三类决策模型和方法:以项目、项目组合与组织目标的对应程度(符合程度、一致程度)为目标的项目组合评价、选择与配置,以项目、项目组合的财务经济收益最大化为目标的项目组合选择与配置,综合战略对应度与项目组合收益最大为目标的项目组合配置均衡。

综合分析以上模型,可以得出项目组合配置模型的核心要素如下:

(1)战略目标导向的确定,即组织战略对应度和项目组合收益。目前提出的模型和方法均是基于理性的假设,认为组织项目组合配置过程的战略导向目标是一致和明确的,而实际情况大多可能不是这样的。战略导向的项目组合配置过程是项目、项目组合不同的利益相关者(项目干系人)碰撞冲突、交流沟通和均衡确认的动态过程。项目组合配置是以组织战略为导向的,在配置过程中必须考虑项目及项目组合各利益相关方的认知限制和利益需求,预测和评估各利益相关者对项目组合配置的影响,均衡各利益相关方的利益诉求、均衡利益相关者的期望及满意,达到成功决策和项目组合成功配置的最终目的。而利益相关者的诉求总结起来主要体现在非财务指标的组织战略目标对应度和财务指标的项目组合经济收益两个方面。

(2)组织资源配置与约束条件。战略导向下的项目组合选择和配置的另外目的是更好地利用组织的资源。在做项目计划的时候,往往假设项目是不受资源(设备、人员、能源)限制的,即资源是无限的,然而现实中存在着成本、时间以及竞争等因素,使得项目中每个活动都有可能存在不同的资源约束。对组织来说,尽可能地利用各种资源都要去满足组织内部项目的要求,项目中的活动不仅要与同一个项目里的作业进行资源竞争,同时也有可能与其他项目的作业进行资源争夺,即资源会产生冲突。因此,需要分析组织资源能力、资源分类及资源转换的柔性约束,项目、项目组合的资源需求,提出度量标准与方法,处理项目组合配置资源成本约束条件。

(3)项目组合风险约束条件。组织项目组合配置不仅受组织战略目标导向的影响,而且受组织风险承受能力的制约。因此,需要分析项目、项目组合之间的风险,并且考虑项目之间的相互关系,提出度量标准与方法,处理项目组合配置风险约束条件。

3.1.2 组织项目组合资源配置与约束

1. 组织项目组合资源成本约束与冲突

很多组织在做项目计划的时候,总是尽可能地考虑项目的进度问题,而没有充分重视资源是否可得,也没有意识到资源对项目进度的影响程度。在项目组合执行实施过程中,多个项目会以并行的方式执行,这些项目尽管因为战略被组合管理而为同一个目标奋斗,但是,在考虑战略目标这个大的努力方向的同时,却不能忽视项目目标的实现,又由于组织资源的有限,为了自身的项目目标,各个项目管理者难免会存在一些私心,都想着尽早地得到项目资源以满足项目的需要,或者得到资源之后不愿意释放,直到项目不再需要为止。资源冲突无疑会影响整个项目组合项目工期目标的实现。分析项目组合资源冲突的主要原因体现在以下两方面。

(1)资源的稀缺性或者有限性。有限性资源或者是稀缺性资源,导致了项目竞争与资源抢夺,这恰恰也是资源发生冲突最重要的原因。由于资源的有限性,任何一种资源都不可能被不分时间、地点的同时供应多个项目,如果不能有效地平衡项目内部和项目之间的资源配置,那么必然会产生激烈的资源冲突。组织不仅要保证将资源投入到最需要的地方,也要保证资源的投入产出效益最大化,组织项目组合管理最重要的过程就是对项目进行资源配置优化,确保资源的合理高效利用。

(2)资源是有价的。资源是有价的这个特性决定了资源是有限的、共享的。因为资源是有价的,所以资源占有量过大必然会发生资源的搁置,搁置的资源不能得到高效的利用,不仅增加了资源的利用成本,同时也增加了项目组合的机会成本。资源的共享就是项目内部活动之间或者项目之间会出现共同使用一种资源或者几种资源的现象,资源共享能提高资源固有的价值、减少成本。资源的有效利用能够提高一定量资源对组织项目组合的贡献,资源无法实现有效共享是项目间产生资源冲突的最主要的原因。

因此,在项目管理尤其是项目组合管理过程中,资源冲突在所难免,如何有效合理地共享资源、提高资源的利用率、最大化资源的贡献是一个复杂的问题。资源管理是项目组合管理的根本,资源的优化配置是项目组合管理成功的关键,这是因为资源是创造价值的源泉。

2. 战略导向下的项目组合资源配置要求

毋庸置疑,项目管理成功的前提是合理有效的项目资源配置。对单项目而言,资源合理有效配置的工作量并不是很大,可以通过调整项目活动执行时间与项目工期实现。但是对于战略导向下的项目组合管理而言,要使资源在执行的多个项目之间得到合理分配,除了要平衡项目内部各个活动之间的资源需求外,同时还要满足项目间对资源需求,这是一个复杂又艰难的过程。

(1)战略引导项目组合的资源配置。项目组合管理是对综合评价之后的、符合企业战略目标的一组项目进行统一管理。项目组合管理关注的是这组项目整体目标的实现,以及这组项目的执行效果对企业战略目标的贡献。从项目组合的过程来看,对项目进行的综合评价以及选择、根据评价结果对项目进行资源配置、项目调整以及资源均衡、项目的后评价,都是在组织战略的导向下进行的。因此,组织战略管理是项目组合评价、选择与资源优化配置的努力方向,项目组合管理是组织战略管理的具体操作及实现方式。

(2)合理的资源配置能够确保组织战略的有效实现。项目组合管理要求项目管理者迎接挑战,在面临复杂多变的内外部环境下,要对来自不同经营领域和不同市场的项目进行评价选择,并进行有效的资源配置,不仅要确保"单项目"目标的实现,更要强化项目组合的执行效果。组织管理者需要站在组织更高的角度,放眼未来并依据组织战略要求,对项目进行聚合,统一管理,进行资源优化配置,加快组织战略实现,最大化项目组合效益。组织战略目标的实现是项目组合管理以及项目组合资源配置优化的最终目标。

(3)战略导向促进资源的高效利用。项目组合是组织战略实施的载体,项目组合管理的成功同时也要确保项目组合效果有利于组织战略目标的实现。资源是组织价值的源泉,即使组织的资源比较充沛,也不能为所欲为,否则会减少组织的利益,丧失组织未来的发展机会。项目组合管理是资源进行有效配置的一种方式,使资源能够在项目之间来回交替使用。项目组合管理要求通过科学、有效的项目综合评价方法,对组织承接的项目进行项目绩效评价,然后根据评价结果对项目进行选择与组合。项目组合管理以组合项目作为组织资源配置的对象,确保资源的高效配置。

3. 项目组合资源分类管理

在项目组合管理的过程中,由于资源的共享以及资源的有限性,项目之间常常会出现资源冲突。在资源约束条件下,根据资源的共享情况以及资源的使用情况来识别资源的重要程度是非常有必要的。

(1)根据项目组合使用资源的重要程度,可以将资源分为以下几种:

1)普通资源。组织的项目管理过程中,这种资源的供应量不受限制,在相对稳定条件下能够确保项目对资源的充分需求。这种资源对组织项目、项目组合的进度、质量以及项目的核心竞争力不会产生影响。

2)关键资源。项目组合中的项目为了获得竞争能力或者为了满足其自身项目工期目标要求而必须具有的,且不可替代的资源。

3)瓶颈资源。项目组合中,多个项目共享的,且资源供应有限的会对项目工期产生影响的资源。

目前,研究的资源有限的条件下的资源,一般指的是瓶颈资源,项目周期会因为等待所需要的资源,或者争夺所需资源而被延期。

(2)依据项目组合使用资源展现的形态,可以将资源分为以下两类:

1)实体形式资源。这是项目实体完成交付物的实体组成部分,或者是项目实现过程中使用到的不可或缺的实体物质,例如原材料、机器设备和相关人力资源等。

2)货币形式资源。在项目实施过程中,需要用到的可以用货币形式表示的资源,例如现金、银行存款、信用证及银行票据等。

组织项目组合配置和实施过程中,需要用到各种实体形式的资源和可以用货币形式表示的通用资源,对各类资源进行共同管理才能最终实现项目组合。

组织做的项目计划一旦被高层主管准批,则与项目有关的所有规划都会确定,项目所需要的人力资源、设备、材料、能源这些有形的资源都会随着已经确定的项目规划一一被具体化,即每个项目使用的资源数量、资源类型会随着项目组合的规划而固定,这就使得组织项目组合资源具有了有限性的特征。项目资源配置的初步计划会随着项目计划的制定而制定,组织需要根据自身资源现状对项目进行分配。

4. 考虑资源转换的柔性约束处理

所谓柔性就是对内外部环境变化快速、有效地做出反应的能力,它具有"多态性"和"多维性"的特点。随着市场变化节奏的加快,柔性理论已被应用到各个领域,如柔性制造、柔性供应链、柔性战略等。项目组合管理实施过程中,组织会利用项目组合选择与决策阶段已经获准的资源计划进行配置和保障,对实体形式的资源配置按照相应形式进行安排,同时会预留一部分现金,使用现金来进行机动处理。项目组合中各项目对资源的需求存在一定的差异性,有的资源使用量超过资源计划量就造成资源匮乏,有的资源使用效率较高会出现剩余。为实现组织资源使用效率的最优化和组织项目组合的收益最大化,组织会通过货币资金流通实现组织资源的相互转换和优化重组,比如支付加班费用或者资源交易。在市场经济条件下,对于可更新资源,组织可以采用租借的方式获得额外的资源;对于不可更新资源,组织可以购买获得额外的资源;对于资金这种双重限制资源,也可以从金融市场上获得贷款。所以不论哪种资源,它都不是刚性的约束,而是具有一定的柔性。

对组织资源管理而言,需要考虑资源的相互转换和柔性约束,明确组织资源的约束限制条件。若组织中的一种资源不能满足项目组合需求,但通过资源转换可为组织快速获取这种资源,转换的媒介统一被认为是货币,而转换的代价是组织项目组合的剩余资源,对这样这种资源约束就可以等价于货币资金约束;当某种资源的可替代成本较高,对这种资源约束需要提前明确和特殊考虑。这样在项目组合配置过程中,考虑组织中资源的可转换性和柔性,就形成了以资金费用形式代替了大多资源以及实体关键资源形式的约束。

3.2 权衡战略导向下的项目组合模糊多目标配置模型

目标是项目实施的动力和方向,但目标往往是抽象和合成的。实现组织战略是项目组合配置的目标,组织战略目标承接着组织的愿景和使命,同时也是组织决策者和管理者权衡各方利益最终的意愿表达,表现出来可能是具有多个属性的目标。例如相对主观模糊的战略对应程度最高和可具体量化的项目组合财务收益最大等,项目组合配置过程必须考虑战略目标的权衡情况。

为简化问题和突出主题思路,本节在分析项目组合利益相关者和组织战略目标分解的基础上,将项目组合配置的战略对应度和组合财务收益作为需要均衡的战略目标,引入三角模糊数表示项目信息的不确定性,构建模糊多目标的双层规划模型,运用可能性理论对模糊数进行转化,设计伸缩性指标 ΔZ_k 对多目标进行权衡处理,并结合案例对构建的模型及求解方法进行验证,比较分析权衡配置效果。

3.2.1 战略权衡与项目组合模糊多目标配置

1. 利益相关者分析与协调

(1)利益相关者及影响。项目利益相关者管理的重要性和必要性已经得到项目管理理论的认可和实践的验证,《项目管理知识体系指南(PMBOK GUIDE)》第 4 版[(美)项目管理协会,著;王勇,张斌,译;北京:电子工业出版社,2009]加入了对利益相关者的管理。对于战略导向下的项目组合配置,需要确定项目的利益相关者有哪些,如何对利益相关者进行分类,测定这些利益主体对项目、项目组合的影响。有不少学者对项目利益相关者的分类进行了探讨,如按照与组织的利益关系和对项目的影响程度及参与项目的重要程度将利益相关者分为主要利益相关者和次要利益相关者两类;依据与组织关系的紧密程度分为直接利益相关者和间接利益相关者两类;根据项目利益相关者与具体项目的环境,可将其分为外部利益相关者和内部利益相关者。随着项目管理理论体系的不断完善,按项目管理过程角色和职责划分出项目利益相关者的理论逐渐完善,例如丁荣贵教授分析了项目型组织与项目,将项目的利益相关者划分为决策者、管理实施者、项目结果受益者、项目信息传递者和相关影响者五类;其他项目利益相关者分类方式和管理框架也被逐渐提出并完善。然而,当前项目及项目组合利益相关者分类、协调管理与影响测定方法还不够科学,仍然缺少系统的项目利益相关者管理理论,对战略导向与项目组合配置的利益相关者的相关研究较少,也很少具体应用到项目及项目组合管理实践中。

战略导向的项目组合配置过程及项目组合运行过程中,项目的利益相关者对项目组合管理、项目管理者及其他利益相关者的决策、管理和实施行为的影响程度被称为利益相关者的影响力。项目组合与项目管理的利益相关者众多,相互关系比较复杂,项目组合配置为实现组织战略目标,在进行项目组合配置决策时必须在识别利益相关者的同时,应充分考虑利益相关各方的需求期望及对项目组合的影响。

(2)利益相关者协调。项目组合的利益相关者不同会引起对项目组合管理实现目标的不一致。一方面是不同类别的项目利益相关者所处组织的不同层级代表不同群体的利益诉求,造成对组织项目组合需求的不一致,如高层管理者可能会更加关注组织的外部环境和市场竞争,而层次较低的管理者相对会更加关注组织内部的因素;另一方面是同一层级、类别的利益相关者认识和理念的个体化差异,造成对组织项目组合配置目标认识不同。处于不同层级或者具有不同背景特征的管理者,认识和思考问题的角度不尽相同,利益相关者个人的成长经历和知识积累等会影响其对组织战略的认识。

战略领导理论认为组织的发展与表现是管理者尤其是组织高层领导着决策的结果,管理者个体背景特征的可变性会影响组织战略的决策。例如长期接触市场的管理者会倾向于选择积极扩张型的战略,长期从事财务和生产运作的管理者可能会倾向于保守的防御型战略,在对一个具体的项目或者机会进行选择时,利益相关者所在部门的不同会造成评估过程中采用信息和标准不同。这些不一致可能会导致战略导向下的项目组合管理过程出现冲突和矛盾,造成管理不均衡。

所以,在项目组合与配置过程中,必须识别和协调各利益相关者的关系,通过相互协调和处理,尽可能减小利益相关者之间的冲突和不一致。参与组织项目组合配置过程的不同利益相关者,通过对组织项目组合决策的影响体现出其对组织及项目管理活动的价值,利益相关者需要协调一致,这其中体现的价值主要在以下方面:

1)决策。组织项目组合配置的直接目的就是通过项目选择、组合、配置和执行,为组织创造价值,但是不同的主体对价值的认知不同,每个具体利益相关者依据自己的认知和理解评价和选择项目,比如选择模糊的战略标准还是具体的收益标准。如果能分析清楚不同的利益相关者的决策思考和过程,就可以通过引导和规范会使具有不同诉求的各利益相关者的共同决策更加科学合理。

2)加强对项目及项目组合的认识。让各方利益相关者全部参与项目组合选择和配置,提供给各方利益相关者一个沟通的平台,相互交流,加强对组织战略、项目目标和项目组合配置的理解,利益相关者相互提出相应的诉求会优化项目组合选择和配置。

3)知识积累和学习创新。组织战略导向下的项目组合配置过程是一个动态变化更新的过程,是组织各方利益相关者参与共享知识、学习、积累和创新的过程,这能协调各利益相关者、调整和更新各方决策、使项目组合与配置机制更加完善。

综上所述,对项目利益相关者进行协调管理,鼓励各利益相关者积极参与战略、项目组合决策过程,会使战略目标导向下的项目组合配置决策更加合理。

2. 战略导向下的目标权衡

参考以上论述,考虑组织战略与组织项目组合配置过程,可从整体层面将组织利益相关者分为三大类,即组织战略管理与决策者、组织项目组合管理者和项目组合实施者,如图3-5所示。

组织战略管理与决策者由组织高层领导组成,在分析组织面临的内外部环境和组织自身优劣势的基础上,对未来发展蓝图进行规划,确定组织发展的方向,制定出组织的战略目标或对战略目标进行调整。组织的总体战略由股东会、董事会等形式确定,日常战略可以由组织战略管理委员会确定。组织战略管理与决策者解决的是组织长远发展的问题,需要确保组织是在做正确的事情,关心的是组织选择和配置的项目是否与组织的战略相对应,或者项目组合是否符合战略目标的,否则宁可不做。因此,组织战略对项目组合、项目的影响是决定性的,直接决定了项目组合、项目是否立项。

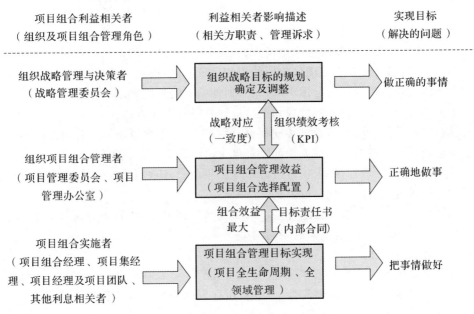

图 3-5 组织项目组合利益相关者及影响

组织项目组合管理者由组织的中高层管理组成，是组织战略制定的参与者同时也是战略目标的分解者和实现监管者，在组织战略目标的导向下，对组织项目的选择、项目组合的选择与配置进行管理。项目组合管理者可以是以组织领导参与的高层面的项目管理委员会出现，对项目、项目组合进行决策，也可能是项目管理办公室，作为组织对项目、项目组合进行常态化管理和支持。组织项目组合管理者是在组织战略导向下，通过选择和配置项目组合来对应组织战略，确保选择的项目是正确的，关心的是项目组合管理产生的总体效益，这也是项目组合管理者存在的根本，对项目及项目组合的影响是具体的，决定了项目的选择和项目组合配置模式及方法等。项目组合实施者是由项目组合经理、项目集经理、项目经理、项目团队及组织其他职能与运作单位组成的利益相关者。

项目组合实施者是在目标导向和资源约束的条件下，对项目组合、项目集及项目进行全生命周期过程、全要素领域管理，确保把事情做好，需要对项目组合配置的各项工作进行详尽分析，如项目所需资源、项目成本及风险等各种约束，使项目组合在满足各种约束的前提下实现项目组合管理效益目标与战略目标。

通过上述分析，可以认为项目组合配置的最终目的就是实现组织的战略并为组织带来组合收益，所以构建项目组合配置模型时，应在以项目组合具体限制为约束的同时，将项目组合配置的战略目标对应度和组合财务收益两个目标进行均衡考虑。

3.2.2 项目组合模糊多目标规划模型

1. 问题描述

战略导向下的项目组合配置是在组织范围内通过组合配置的方式实现组织战略，不仅需要对每一个单独的项目进行评估，而且需要将全部的候选项目统筹考虑，从全局评估和平衡项目组合的收益水平、资源成本及风险情况，实现的目标是在资源有限的条件约束下，将项目组合的风险控制在组织可以承受的范围内，达到项目组合收益最大，同时对组织的战略贡献最大。依据项目组合评估计算得出的项目组合收益和风险的评估数据,可以得到线性规划模型,但是项目本身的不确定性使有关项目的信息具有模糊不确定性,导致组合评估的结果并不精确。因此,需要将线性规划模型改为采用模糊的形式表示。结合利益相关者的分析可知,利益相关者不同,对项目组合配置中的项目价值认识和理解不同,虽然利益相关者都会认为项目的战略一致度和组合收益是项目组合追求的目标,但他们对两者的倾向和考虑是不同的。所以,战略导向下的项目组合配置模糊线性规划模型应该具备以下几方面:

(1)组织战略管理与决策者,要求实现项目、项目组合与组织战略目标对应程度的最大,即组织项目组合选择和配置的项目最大程度地贡献于组织战略目标的实现。

(2)组织项目组合管理者,要求项目组合管理产生的总体效益大于单个项目效益的总和,实现项目组合配置创造的组合收益最大。

(3)项目组合实施者,要求项目组合是可以实现和达到的,即项目组合配置必须考虑组织资源成本、风险承受能力等其他方面的限制约束。

2. 模糊数的表示方法

项目组合决策依据的预测数据如项目的收益、风险等大多不是完全的精确值,而是非精确的近似值。需要借鉴日臻成熟的模糊数学理论,用梯形模糊数表示项目组合及项目的不确定参数。令模糊数 $\widetilde{A} = (\beta, a, b, \gamma)$,则其隶属度函数为

$$\mu\widetilde{A} = \begin{cases} (x-\beta)/(a-\beta), & \beta < x \leqslant a \\ 1, & a < x \leqslant b \\ (\gamma-x)/(\gamma-b), & b < x \leqslant r \\ 0, & 其他 \end{cases} \quad (3-1)$$

式中,$[a,b]$ 是模糊数 $\widetilde{A}$ 的中值;$(a-\beta)$ 和 $(\gamma-b)$ 分别是模糊数 $\widetilde{A}$ 所支撑的左右宽度,表示出决策者估计数据的模糊程度。

设 $\widetilde{A}$ 是论域 U 上的模糊集,对 $\alpha \in [0,1]$ 称集合 $\widetilde{A}_\alpha = \{x \mid \mu\widetilde{A}(x) \geqslant \alpha\}$ 为模糊集 $\widetilde{A}$ 的 α 水平截集,如图 3-6 所示,α 称为置信水平。对于 $\widetilde{A} = (\beta, a, b, \gamma)$,取置信水平 $\alpha \in [0,1]$,可得到如下置信水平区间 $\widetilde{A}_\alpha$:

$$\widetilde{A}_\alpha = [\widetilde{A}_\alpha^L, \widetilde{A}_\alpha^U] = [\beta + \alpha(a-\beta), \gamma - \alpha(\gamma-b)] \quad (3-2)$$

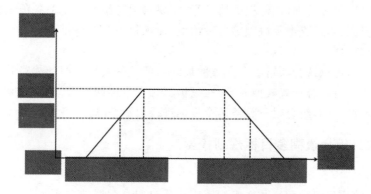

图 3-6 梯形模糊集 $\widetilde{A}$ 的 α 水平截集

三角模糊数是梯形模糊数的一种特殊形式,其假设模糊数的中值是一个点,而非梯形模糊数中的一个区间。令模糊数 $\widetilde{A} = (\beta, m, \gamma)$,则其隶属度函数为

$$\widetilde{\mu A}(x) = \begin{cases} (x-\beta)/(m-\beta), & \beta \leqslant x \leqslant m \\ (\gamma-x)/(\gamma-m), & m \leqslant x \leqslant \gamma \\ 0, & \text{其他} \end{cases} \quad (3-3)$$

式中,$\beta \leqslant m \leqslant \gamma$,$m$ 为模糊数 $\widetilde{A}$ 的中值;β 和 γ 分别表示 $\widetilde{A}$ 所支撑的下界与上界,表明了决策者估计数据的模糊程度。

设 $\widetilde{A}$ 是论域 U 上的模糊集,对 $\alpha \in [0,1]$,称集合 $\widetilde{A}_\alpha = \{x | \widetilde{\mu A}(x) \geqslant \alpha\}$ 为模糊集 $\widetilde{A}$ 的 α 水平截集,如图 3-7 所示,α 称为置信水平。对于 $\widetilde{A}=(\beta,m,\gamma)$,取置信水平 $\alpha \in [0,1]$,可得到如下置信水平区间 $\widetilde{A}_\alpha$:

$$\widetilde{A}_\alpha = [\widetilde{A}_\alpha^L, \widetilde{A}_\alpha^U] = [\beta+\alpha(m-\beta), \gamma-\alpha(\gamma-m)] \quad (3-4)$$

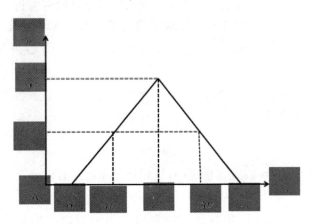

图 3-7 三角模糊集 $\widetilde{A}$ 的 α 水平截集

3. 模型建立

(1)目标函数确立。为实现组织战略,组织筛选了数量为 n 的候选项目准备进行组合配置,使用决策变量 $x_i(i=1,2,\cdots,n)$ 表示项目组合选择情况,x_i 指第 i 个候选项目被选入项目组合。反之未选 i 项目,则 $x_i=0$。

针对项目组合的目标函数,对于组织战略管理与决策者,做决策时首要考虑的是项目组合配置实现的战略贡献最大,即项目组合战略对应价值最大。定义项目 i 对应组织战略的贡献价值为模糊数 $\widetilde{W}_i(i=1,2,\cdots,n)$,则考虑项目组合配置组织战略目标对应度最大的目标函数为

$$Z_1 = \max \sum_{i=1}^{n} \widetilde{W}_i x_i, \quad i=1,2,\cdots,n \quad (3-5)$$

针对组织项目组合管理者,相比较组织的战略会更加关注项目组合配置实现的组合效益最大化。定义考虑相互影响后的项目 i 的期权价值为 $\widetilde{p}_i(i=1,2,\cdots,n)$,则考虑项目组合配置组合收益最大的目标函数为

$$Z_1 = \max \sum_{i=1}^{n} \widetilde{p}_i x_i, \quad i=1,2,\cdots,n \quad (3-6)$$

(2)约束条件限制。项目组合配置必须考虑限制约束条件,保证项目组合是可以实现的。此处主要分析以下几个约束条件:

1) 风险约束。项目本身具有不确定性、临时性及一次性等特征,项目组合配置面对的风险因

素更多,考虑项目之间的关联性对风险的影响,评估得出项目 i 的风险系数的模糊数为 $\tilde{r}_i$(不 1,2,…,n)。借助组织知识经验积累和历史数据统计分析,结合组织管理者的风险偏好分析, 能得出组织风险承受上界的模糊数 $\tilde{R}$,则组织项目组合配置的风险约束条件可表示为

$$\sum_{i=1}^{n} \tilde{r}_i x_i \leqslant \tilde{R} \qquad (3-7)$$

2) 资源成本约束。组织实现战略准备的资源是有限的,分配给项目及项目组合的资源量不能超过组织具有的资源量,资源的表现形式为资金、材料及人力等,考虑项目可以实行外包,因此假设资源可以转换为资金资源量的表现形式。由于项目本身的不确定性,随着项目的执行,项目决策分析评估项目成本时依据的价格指数、定额等数据可能会发生变化,组织可能会依据自身资源量的增减和外部环境的变化等因素调整对项目的资源投入,因此很难精确求出项目对资源的需求量,同时组织对项目组合的资源总投入量也无法明确。统筹考虑组织、项目及项目组合的不确定性,将项目 i 的资源需求量的模糊数表示为 $\tilde{q}_i(i=1,2,\cdots,n)$,组织资源总量的模糊数为 $\tilde{Q}$。

(a) 不考虑项目之间的影响。项目组合中各个项目之间不存在资源共用与成本关联,则项目组合配置的资源成本约束为

$$\sum_{i=1}^{n} \tilde{q}_i x_i \leqslant \tilde{Q} \qquad (3-8)$$

(b) 考虑项目之间的影响。现实情况中,组织通过项目组合对多个项目同时进行管理,项目之间会共用一些资源,而比单独实施项目节约资源和成本,假设项目 i 和项目 j 共同实施时节约的资源量模糊数为 $\tilde{q}_{ij}$,则项目组合配置时考虑项目之间的影响节约的资源量可为 $\sum_{i=1}^{n-1}\sum_{j=i+1}^{n} \tilde{q}_{ij} x_i x_j$。为计算简化,假设最多考虑三个项目共同实施时资源共用与成本节约情况,三个可以实现资源共用的项目分别为 i,j 和 k,三个项目共同实施时节约的资源量为 $\tilde{q}_{ijk}$,因此考虑项目之间的相互影响,项目组合配置资源成本约束为

$$\sum_{i=1}^{n} \tilde{q}_i x_i - \sum_{i=1}^{n-1}\sum_{j=i+1}^{n} \tilde{q}_{ij} x_i x_j - \sum_{i=1}^{n-2}\sum_{j=i+1}^{n-1}\sum_{k=j+1}^{n} \tilde{q}_{ijk} x_i x_j x_k \leqslant \tilde{Q} \qquad (3-9)$$

3) 技术约束。项目组合配置选择的项目之间具有一定的关联,技术上的约束常见于 IT、R&D 等项目。一个项目的开展以另一个项目为基础,比如组织级的运营分析系统(MIS)是以单个项目管理系统(PMIS)为基础的,只有单个项目的数据有效记录和上传,才能分析整体项目的运营情况;也可能出现两个项目是相互排斥的,或者是组织整体集成与优化的角度,如同是财务软件金蝶和用友,组织在两个项目中选择一个即可;还会出现一个项目几乎是其他所有项目的建设基础,这类项目是必须选择的。对以上描述的几种情景做出以下约束处理:

(a) 项目技术关联的处理。项目 m 的实施以项目 l 的完成为基础前提条件,这类型项目的编号组成的集合定义为 $N_r \subset (i=1,2,\cdots,n)$,技术约束表示为

$$x_l - x_m \geqslant 0, \; l,m \in N_r \qquad (3-10)$$

(b) 相互排斥项目的处理。比如两个项目 p 和 q 是相互排斥的,只能选择其中的一个,这类项目的编号组成的集合定义为 $N_s \subset (1,2,\cdots,n)$,技术约束为

$$x_p + x_q \leqslant 1, \; p,q \in N_s \qquad (3-11)$$

(c) 基础项目的处理。项目 o 是必须选择的基础型项目,这类项目的编号组成的集合定义

为 $N_t \subset (1,2,\cdots,n)$，技术约束为

$$x_o = 1, 0 \in N_t \tag{3-12}$$

4. 目标规划模型构建

由于项目组合配置目标具有不唯一性，因此考虑建立目标规划模型。当管理者在决策解决一个问题时，可能面对需要实现多个目标，这种情况即为多目标决策问题，解决这类问题的有效方法是目标规划。综合式(3-5)~式(3-12)，得到项目组合配置的模糊目标规划如下：

(1) 考虑项目组合配置组织战略目标对应度最大（$P_1 \geqslant P_2 \geqslant P_3$）：

$$\min Z_1 = p_1(d_1^+ + d_2^+) + p_2 \sum_{i=1}^n \widetilde{w}_i d_{i+2}^- + p_3 \sum_{i=1}^n \widetilde{p}_i d_{i+1}^- \tag{3-13}$$

s. t.（subject to 的缩写，表示"使得 …… 满足 ……"）

$$\sum_{i=1}^n \widetilde{r}_i x_i + d_1^- - d_1^+ = \widetilde{R}$$

$$\sum_{i=1}^n \widetilde{q}_i x_i - \sum_{i}^{n-1} \sum_{j=i+1}^n \widetilde{q}_{ij} x_i x_j - \sum_{i=1}^{n-2} \sum_{j=t+1}^{n-1} \sum_{k=j+1}^n \widetilde{q}_{ijk} x_i x_j x_k + d_2^- - d_2^+ = \widetilde{Q}$$

$$x_i + d_{i+2}^- = 1, i = 1,2,\cdots,n$$

$$x_l - x_m \geqslant 0, l,m \in N_r$$

$$x_p + x_q \leqslant 1, p,q \in N_s$$

$$x_o = 1, 0 \in N_t$$

$$x_i = 0 \text{ 或 } 1, i = 1,2,\cdots,n; N_r, N_s, N_t \subset (1,2,\cdots,n)$$

(2) 考虑项目组合配置组合收益最大（$p_1 \geqslant p_2 \geqslant p_3$）：

$$\min Z_1 = p_1(d_1^+ + d_2^+) + p_2 \sum_{i=1}^n \widetilde{w}_i d_{i+2}^- + p_3 \sum_{i=1}^n \widetilde{p}_i d_{i+2}^- \tag{3-14}$$

s. t.

$$\sum_{i=1}^n \widetilde{r}_i x_i + d_1^- - d_1^+ = \widetilde{R}$$

$$\sum_{i=1}^n \widetilde{q}_i x_i - \sum_{i}^{n-1} \sum_{j=i+1}^n \widetilde{q}_{ij} x_i x_j - \sum_{i=1}^{n-2} \sum_{j=t+1}^{n-1} \sum_{k=j+1}^n \widetilde{q}_{ijk} x_i x_j x_k + d_2^- - d_2^+ = \widetilde{Q}$$

$$x_i + d_{i+2}^- = 1, i = 1,2,\cdots,n$$

$$x_l - x_m \geqslant 0, l,m \in N_r$$

$$x_p + x_q \leqslant 1, p,q \in N_s$$

$$x_o = 1, 0 \in N_t$$

$$x_i = 0 \text{ 或 } 1, i = 1,2,\cdots,n; N_r, N_s, N_t \subset (1,2,\cdots,n)$$

(3) 模糊多目标线性规划。将组织项目组合配置模型表达为目标规划模型，将组织各个利益相关者的决策关注点及影响力融入多目标规划模型。在组织项目组合配置过程，不可能割裂两个利益相关者的影响，实际上是利益相关者相互影响均衡考虑的结果。因此，需要直接构建模糊多目标线性规划模型，统筹权衡考虑利益相关者的影响，考虑假设模型的参数来求解模糊多目标模型，达成战略导向下的项目组合权衡配置，构建模型如下：

$$\left. \begin{array}{l} Z_1 = \max \sum_{i=1}^n \widetilde{w}_i x_i, i = 1,2,\cdots,n \\ Z_2 = \max \sum_{i=1}^n \widetilde{p}_i x_i, i = 1,2,\cdots,n \end{array} \right\} \tag{3-15}$$

s. t.

$$\sum_{i=1}^{n} \tilde{r}_i x_i \leqslant \tilde{R}$$

$$\sum_{i=1}^{n} \tilde{q}_i x_i - \sum_{i=1}^{n-1} \sum_{j=i+1}^{n} \tilde{q}_{ij} x_i x_j - \sum_{i=1}^{n-2} \sum_{j=i+1}^{n-1} \sum_{k=j+1}^{n} \tilde{q}_{ijk} x_i x_j x_k \leqslant \tilde{Q}$$

$$x_l - x_m \geqslant 0, \ l,m \in N_r$$

$$x_p + x_q \leqslant 1, \ p,q \in N_r$$

$$x_o = 1, \ 0 \in N_t$$

$$x_i = 0 \ 或 \ 1, \ i = 1,2,\cdots,n; N_r, N_s, N_t \subset (1,2,\cdots,n)$$

在式(3-15)中，$\tilde{w}_i$、$\tilde{p}_i$、$\tilde{r}_i$ 和 $\tilde{q}_i$ 是模糊数，式(3-15)是由模糊参数组成的多目标线性规划模型，在求解过程中需要权衡组合配置的目标，同时也需要处理模糊数，计算出可行的确定解。

3.2.3 模型求解过程与方法

1. 双层规划模型的引入

通过分析，模型线性规划已经得到很好的处理，有了比较有效的解决方法。对式(3-15)进行分析，线性规划的约束条件(不等式右边的值)也是模糊值，这是区别于已有解决方法适用的模型，所以原有解答方法不能满足约束条件。将多目标线性规划模型式(3-15)进行分解，分解为两个单目标的规划模型，即双层规划模型，模型分解如下：

上层规划模型(U)

$$Z_1 = \max \sum_{i=1}^{n} \tilde{w}_i u_i, \ i = 1,2,\cdots,n \tag{3-16}$$

s. t.

$$\sum_{i=1}^{n} u_i \geqslant 1$$

$$u_i \in \{0,1\}$$

下层规划模型(L)：

$$Z_2 = \max \sum_{i=1}^{n} \tilde{p}_i x_i, \ i = 1,2,\cdots,n \tag{3-17}$$

s. t.

$$\sum_{i=1}^{n} \tilde{r}_i x_i \leqslant \tilde{R}$$

$$\sum_{i=1}^{n} \tilde{q}_i x_i - \sum_{i=1}^{n-1} \sum_{j=i+1}^{n} \tilde{q}_{ij} x_i x_j - \sum_{i=1}^{n-2} \sum_{j=i+1}^{n-1} \sum_{k=j+1}^{n} \tilde{q}_{ijk} x_i x_j x_k \leqslant \tilde{Q}$$

$$x_l - x_m \geqslant 0, \ l,m \in N_r$$

$$x_p + x_q \leqslant 1, \ p,q \in N_r$$

$$x_o = 1, \ 0 \in N_t$$

$$x_i = u_i, \ i = 1,2,\cdots,n; \ N_r, N_s, N_t \subset (1,2,\cdots,n)$$

上层模型[式(3-16)]，表示组织战略管理与决策者做决策时首要考虑的是项目组合配置实现的战略贡献最大，即项目组合战略对应价值最大；下层模型[式(3-17)]，是针对组织项目组合管理者，关注项目组合配置实现的组合效益最大化，同时考虑项目组合实施者，要求项目组合配置必须考虑组织资源成本、风险承受能力等其他方面的限制约束,确保项目组合是可以实现和达到的。

2. 模糊数的转换

(1) 处理方法和标准选用。对原有模糊模型的求解方法进行拓展,运用可能性理论对模糊数进行转化处理,拓展为建立模糊模型的求解方法。假设 U 为状态集合,X 为其结果集合,π 表示决策者对于状态集 U 上可能分配的函数,μ 为 X 上表示决策者偏好的可能分配函数。如果 $\mu \in U$,则决策者做出一项决策 d,其决策后果表现为 $x = d(\mu)$,而决策 d 的效用是通过函数 $\pi(\mu)$ 和 $\mu(x)$ 以适当的方式确定的。两种估计决策效用的方式如下:

$$\mu_*(x) = \inf_{\mu \in U} \max\{1 - \pi(\mu), \mu[d(\mu)]\} \tag{3-18}$$

$$\mu_*(x) = \sup_{\mu \in U} \min\{\pi(\mu), \mu[d(\mu)]\} \tag{3-19}$$

其中,式(3-18)表示决策采用的悲观标准效用,式(3-19)表示决策采用的乐观标准效用。在项目组合配置过程中,项目及项目组合的不确定性比较大,因此采用悲观标准即式(3-18)处理模糊约束式的满意度。假设 $\tilde{R}$ 和 $\tilde{B}$ 决策后果的偏好,两者均表示为模糊数。这样决策 d 的满意度可以通过一个关于 $\tilde{R}$ 和 $\tilde{B}$ 的函数确定,即

$$C_d(\tilde{R}, \tilde{B}) = \inf_{\mu \in U} \max[1 - \mu_{\tilde{R}}(\mu), \mu_{\tilde{B}}\mu] \tag{3-20}$$

式(3-20)中,$\mu_{\tilde{R}}\mu$ 和 $\mu_{\tilde{B}}\mu$ 分别是 $\tilde{R}$ 和 $\tilde{B}$ 的隶属度函数。

对于构建的双层规划模型[式(3-19)和式(3-20)],由于决策变量一致,两层模型的求解算法相似,以下层模型的求解计算为例说明模糊函数的转变。

(2) 约束条件确定性转换。为了计算简便和模型处理方便,假设式(3-20)中涉及的对战略应度、风险度等各种参数的模糊数为梯形模糊数的特殊表现形式——三角模糊数。首先,处理项目组合配置风险约束条件,假如管理决策者在项目组合配置决策时,对项目组合配置的风险管理要求为项目组合配置风险的满意度要超过 λ_r,依据模糊数的决策处理的悲观标准[式(3-18)],风险约束条件可以表示为

$$C(\sum_{i=1}^{n} \tilde{r}_i, x_i, \tilde{R}) \geqslant \lambda_r \tag{3-21}$$

然后依据式(3-20)进行转换,得到风险约束确定条件下线性约束式为

$$\sum_{i=1}^{n} r_i^m x_i + \lambda_r \sum_{i=1}^{n} (r_i^u - r_i^m) x_i \leqslant R^c + (1 - \lambda_r)(R^u - R^m) \tag{3-22}$$

式(3-22)表示组织项目组合配置风险约束转化为一般整数规划约束式,式中,r_i^m 和 r_i^u 分别指风险系数三角模糊数 $\tilde{r}_i$ 的中值和上界;同理,R^u 和 R^m 分别表示组织风险承受能力 $\tilde{R}$ 的中值和上界。

用同样的方式对项目组合配置的资源成本约束条件进行处理。首先对约束条件进行简化处理,令 $x_{ij} = x_i x_j \in \{0,1\}$,$x_{ijk} = x_i x_j x_k \in \{0,1\}$,资源成本约束条件可以简化表示为

$$\sum_{i=1}^{n} \tilde{q}_i x_i - \sum_{i,j=1, j>i}^{n} \tilde{q}_{ij} x_{ij} - \sum_{i,j,k=1, k>j>i}^{n} \tilde{q}_{ijk} x_{ijk} \leqslant \tilde{Q} \tag{3-23}$$

然后,假设管理决策者在项目组合配置决策时对项目组合配置的资源成本管理要求为项目组合配置资源成本的满意度要超过 λ_q,确定性转化方法与风险约束式处理方法相同,得到资源成本约束确定条件下的线性约束式为

$$\sum_{i=1}^{n} q_i^m x_i - \sum_{i,j=1,j>i} q_{ij}^m x_{ij} - \sum_{i,j,k=1,k>j>i} q_{ijk}^m x_{ijk} + \lambda_q \Big(\sum_{i=1}^{n} (q_i^u - q_i^m) \Big) x_i -$$

$$\sum_{i,j=1,j>i} (q_{ij}^u - q_{ij}^m) x_{ij} - \sum_{i,j,k=1,k>j>i} (q_{ijk}^u - q_{ijk}^m) x_{ijk} \leqslant Q^m + (1-\lambda_q)(Q^u - Q^m)$$

(3-24)

(3) 目标函数转换。同约束条件处理方式一样,对目标函数中的模糊数进行确定性转换。此处以上层规划模型[式(3-16)]为例,假设管理决策者认为项目组合配置实现目标 Z_1 的满意度要超过 γ_{Z_1},目标函数转化表示如下:

$$\text{optp} = \max Z_1$$

s.t.

$$C\Big(\sum_{i=1}^{n} \widetilde{w}_i u_i, Z_1 \Big) \geqslant \gamma_{z1} \quad (3-25)$$

转换等价表示为

$$Z_1 = \max \Big[\sum_{i=1}^{n} w_i^m u_i - \gamma_{z_1} \sum_{i=1}^{n} (w_i^m - w_{li}) u_i \Big] = \max \Big\{ \sum_{i=1}^{n} [w_i^m - \gamma_{z_1}(w_i^m - w_i^l)] u_i \Big\}$$

(3-26)

在式(3-26)中,w_i^m 和 w_i^l 分别表示模糊数 $\widetilde{w}_l$ 的中值与下界。同理,可以对下层模型的目标函数进行相应的转换,得出相应的确定形式。

(4) 转换后的表达形式。通过以上对约束条件和目标函数模糊数的处理和转换,将战略导向下的项目组合配置双层规划模型转化为一般可求解的 0-1 整数线性规划模型,具体表示如下:

上层规划模型(U):

$$Z_1 = \max \Big\{ \sum_{i=1}^{n} [w_i^m - \gamma_{z_1}(w_i^m - w_{li})] u_i \Big\}, \quad i=1,2,\cdots,n \quad (3-27)$$

s.t.

$$\sum_{i=1}^{n} u_t \geqslant 1$$

$$u_t \in \{0,1\}$$

下层规划模型(L):

$$Z_2 = \max \Big\{ \sum_{i=1}^{n} [p_i^m - \gamma_{z_2}(p_i^m - p_i^l)] \Big\} x_i, \quad i=1,2,\cdots,n \quad (3-28)$$

s.t.

$$\sum_{i=1}^{n} r_i^m x_i + \lambda_r \sum_{i=1}^{n} (r_i^u - r_i^m) x_i \leqslant R^c + (1-\lambda_r)(R^u - R^m)$$

$$\sum_{i=1}^{n} q_i^m x_i - \sum_{i,j=1,f>i}^{n} q_{ij}^m x_{ij} - \sum_{i,j,k=1,k>j>i}^{n} q_{ijk}^m x_{ijk} + \lambda_q \Big[\sum_{i=1}^{n} (q_i^u - q_i^m) x_i -$$

$$\sum_{i,j=1,f>i}^{n} (q_{ij}^u - q_{ij}^m) x_{ij} - \sum_{i,j,k=1,k>j>i}^{n} (q_{ijk}^u - q_{ijk}^m) x_{ijk} \Big] \leqslant Q^m + (1-\lambda_q)(Q^u - Q^m)$$

$$x_l - x_m \geqslant 0, \quad l,m \in N_r$$

$$x_p + x_q \leqslant 1, \quad p,q \in N_s$$

$$x_o = 1, \quad 0 \in N_t$$

$$x_i = u_i, i = 1, 2, \cdots, n$$
$$x_{ij} = x_i x_j \in \{0,1\}, \ x_{ijk} = x_i x_j x_k \in \{0,1\}$$
$$i, j, k = 1, 2, \cdots, n; N_r, \ N_s, \ N_t \subset (1, 2, \cdots, n)$$

式(3-28)中 p_i^m 和 p_i^l 分别表示模糊数 $\tilde{p}_i$ 的中值与下限;γ_{Z_2} 表示为总体效益目标 Z_2 应该超过的满意度。经过模糊数确定化处理和转换,式(3-27)与式(3-28)成为 0-1 整数线性规划模型,可以通过常用的线性规划方法解答。下面继续讨论项目组合多目标值的权衡过程与方法。

3. 双层规划目标的权衡处理

(1)最优解讨论。对一个 0-1 整数线性规划问题,可以通过软件求得其最优解。假设式(3-27)和式(3-28)计算得出的最优解分别为 Z_1^* 和 Z_2^*,简化统一表示为 $Z_k^*(k=1,2)$。

现在讨论双层规划模型整体最优解的计算过程。针对上、下层模型的最优解 $Z_k^*(k=1, 2)$,给出一个伸缩性指标 $\Delta Z_k (\Delta Z_k \geqslant 0)$ 来反映其对应目标 k 的重要性,ΔZ_k 的值越小,就表明目标函数的解 Z_k^* 越重要。据此可以计算出 $Z_k^0 = Z_k^* - \Delta Z_k$,$Z_k^0$ 表示目标 k 对应的最次值。这样,可以得到个目标函数的模糊目标约束方程为

$$\tilde{Z}_k(x) = \sum_{i=1}^n \tilde{\nu}_{ki} x_i \geqslant Z_k^0, \quad k = 1, 2 \tag{3-29}$$

为表达简洁,式(3-29)中模糊数 $\tilde{\nu}_{ki}(k=1,2; i=1,2,\cdots,n)$ 分别表示式(3-26)与式(3-27)目标函数中相应的价值系数的模糊数。

定义其模糊目标集表示为 M_k 及其隶属度函数为

$$\mu M_k(x) = \begin{cases} 0, & \sum_{i=1}^n \nu_{ki} x_i \leqslant Z_k^0 \\ \dfrac{1}{\Delta Z_k}\Big(\sum_{i=1}^n \nu_{ki} x_i - Z_k^0\Big), & Z_k^0 \leqslant \sum_{i=1}^n \nu_{ki} x_i \leqslant Z_k^0 + \Delta Z_k \\ 1, & Z_k^0 + \Delta Z_k \leqslant \sum_{i=1}^n \nu_{ki} x_i \end{cases} \tag{3-30}$$

由于 $\Delta Z_k = Z_k^* - Z_k^0, Z_k(x) = \sum_{i=1}^n \nu_{ki} x_i$,进行转换可以得出

$$\mu M_k(x) = \frac{1}{\Delta Z_k}\Big(\sum_{i=1}^n \nu_{ki} x_i - Z_k^0\Big) = \frac{Z_k(x) - Z_k^0}{Z_k^* - Z_k^0} \tag{3-31}$$

引入隶属度 λ,定义

$$U_k = \mu M_k(x) = \frac{Z_k(x) - Z_k^0}{Z_k^* - Z_k^0} \geqslant \lambda \tag{3-32}$$

由于双层规划模型的决策变量 $x_i = u_i$,用式(3-29)~式(3-32)对项目组合配置目标函数进行转化和处理,建立新的线性规划方程为

$$\max S = \lambda \tag{3-33}$$

s.t.

$$\sum_{i=1}^n [w_i^m - \gamma_{z_1}(w_i^m - w_i^l)] x_i - \lambda \Delta Z_1 \geqslant Z_1^0$$

$$\sum_{i=1}^{n}[p_i^m - \gamma_{z_2}(p_i^m - p_i^l)]x_i - \lambda\Delta Z_2 \geqslant Z_2^0$$

$$\sum_{i=1}^{n} r_i^m x_i + \lambda_r \sum_{i=1}^{n}(r_i^u - r_i^m)x_i \leqslant R^c + (1-\lambda_r)(R^u - R^m)$$

$$\sum_{i=1}^{n} q_i^m x_i - \sum_{i,j=1,j>i}^{n} q_{ij}^m x_{ij} - \sum_{i,j,k=1,k>j>i}^{n} q_{ijk}^m x_{ijk} + \lambda_q \Big[\sum_{i=1}^{n}(q_i^u - q_i^m)x_i -$$

$$\sum_{i,j=1,j>i}^{n}(q_{ij}^y - q_{ij}^m)x_{ij} - \sum_{i,j,k=1,k>j>i}^{n}(q_{ijk}^u - q_{ijk}^m)x_{ijk}\Big] \leqslant Q^m + (1-\lambda_q)(Q^u - Q^m)$$

$$x_l - x_m \geqslant 0, \; l,m \in N_r$$

$$x_p + x_q \leqslant 1, \; p,q \in N_s$$

$$x_0 = 1, \; 0 \in N_t$$

$$x_i = u_i, \; i = 1,2,\cdots,n$$

$$x_{ij} = x_i x_j \in \{0,1\}, \; x_{ijk} = x_i x_j x_k \in \{0,1\}$$

$$i,j,k = 1,2,\cdots,n; N_r, N_s, N_t \subset (1,2,\cdots,n)$$

式(3-33)是经过转换得到一般的确定 0-1 整数线性规划模型,其最优解表示为:($\lambda, x_1^*, x_2^*, \cdots, x_n^*$),则得出战略导向下的项目组合模糊多目标权衡配置模型的最优解为 $X^*(x_1^*, x_2^*, \cdots, x_n^*)$。

(2)权衡假设。项目组合配置过程是利益相关者参与决策、管理和实施的过程,需要在项目组合配置权衡决策模型中体现。在项目组合模糊多目标权衡配置模型的构建、转换和求解过程中,涉及很多参数,如价值系数、风险系数、风险承受上界及资源成本容量等,通过利益相关者不同诉求对参数的影响刻画这些参数的实际意义及在组合配置过程中的变化对项目组合配置决策结果的影响,进而体现多目标权衡的思想。

1)组织风险承受上界 $\tilde{R}$ 和组织资源成总容量 $\tilde{Q}$。组织项目组合风险承受能力与组织管理决策者(组织利益相关者)的风险偏好有关,同时与组织与项目的历史数据有关;组织项目组合配置所能调用的资源成本容量受组织所处的内外部环境、组织整体战略和组织经营绩效等因素限制。在组合配置模型的构建过程中已经用模糊数的形式表示这些条件,在模型求解过程中可以通过改变 $\tilde{R}$ 和 $\tilde{Q}$ 和组织资源成总容量 $\tilde{Q}$ 越大,组合中选定风险偏高、资源成本需求量大的项目的可能性就会越大,同时,项目组合对战略的贡献和形成的组合效益就会越大。

2)模糊数转换与满意度。为求解模糊多目标线性规划,在进行模糊数确定性转换过程中,设定了组织管理决策者要求达到的满意度,有项目组合配置资源成本约束的满意度 λ_q、组合风险约束的满意度 λ_r、目标决策满意度 r_{Z_1} 和 r_{Z_2}。这些满意度的设定是一个主观决策的过程,可以参考组织的历史数据,但设定的不同表明了利益相关者的关注与要求不同,这可能会影响到项目组合配置项目的选择。设定的值越大,说明要求越高,模型计算出的数据越精确,但项目组合配置可供选择的项目数目可能会减少;反之,设定的值越小,说明决策过程的要求精确性降低和模糊程度增大,这种情况下可能会产生更多满足决策者意愿的组合配置选择。

3)目标权衡的处理。为得到整个项目组合配置模型的最优解,将模糊多目标的双层规划模型转化为一般的线性 0-1 整数规划模型,在将目标函数合成得到模糊目标约束方程 $\sum_{i=1}^{n} v_{ki} x_i \geqslant Z_k^0, k=1,2$ 时,对伸缩性指标 $\Delta Z_k (\Delta Z_k \geqslant 0)$ 进行确定,ΔZ_k 的值越小,说明 Z_k 越重要。对于战略导向下多目标项目组合配置模型,如果组织战略管理与决策者做决策时首要考虑的是项目组合配置实现的战略贡献最大,即可设定 $\Delta Z_1 < \Delta Z_2$,表示项目组合战略对应价值最大;反之,如果组织项目组合管理者首要关注项目组合配置实现的组合效益最大化,则可设定 $\Delta Z_1 > \Delta Z_2$,这表明与追求项目组合的战略对应相比,给组织带来项目组合的直接收益更重要。

综上所述,通过设定和调整模型构建和求解过程中所涉及的三个方面的参数,在同一个项目组合配置模型框架下,决策者可以得到相对应的不同的项目配置组合,供组织项目组合利益相关者进行权衡和组织管理决策者进行最后的确定。

3.2.4 案例分析与结论

为了验证建立的项目组合配置模型,需要在实践中运用。此处选择 X 公司的相关项目投资决策作为案例背景,系统阐述模型及方法的运用过程。

1. 案例背景描述

X 公司成立于 1994 年,是我国中药现代化的标志性企业,于 2002 年 8 月在上海证券交易所上市,目前已发展成为以大健康产业为主线,以制药业为中心,包括现代中药、化学药、生物药、保健品、功能性食品等,涵盖科研、种植、生产、营销等领域的高科技企业。2002 年开始,X 公司推行项目化管理,对开发中药制造技术、产品研发、节能减排、股票发行、产业链管理、国际产品定制、大型市场推广、新产品上市、质量改进等原本视为经营活动和管理任务的工作,进行汇集和甄选,从而将其转化为项目,并且按照项目的标准和要求进行管理。公司按照制造型企业项目分类法将企业中各方面、各层次的一次性工作进行归类,并按照来源、范围、涉及的资源、管理的复杂程度、目标对公司的重要程度以及创新意义等多项评价指标将其划分为三级,即公司级、部门级和小组级,对应为 A 级、B 级和 C 级;按项目的性质分为研发类项目、技改类项目和管理类项目。A 级项目是由公司董事会或总经理办公会议根据企业发展战略和经营管理的需要,组织专业人员对项目进行论证并确立的项目,因此 A 级项目是组织层级重点决策和资源保证的项目。同时,按照项目性质的三种分类方式,将其组成项目组合进行统一管理,如 F35 滴丸项目、S30 滴丸项目等为研发项目组;滴丸自动生产线的设计、制造与安装项目、滴丸自动罐装线项目、Y27 药品生产工艺等为技改项目组。

为推进公司项目化管理实践,X 公司成立了项目化委员会和项目化办公室。项目化委员会是公司多项目管理的最高权力机构,有关项目的选择、立项、资源配置、启动时间、财务预算及优先顺序等具体且重大的决策皆由项目化委员会决定并通过召开项目办公会议的形式作出决议;项目化办公室(简称项目办)是项目化推动、组织、管理的常态设置的核心管理和支持机构。

X 公司推行项目化管理以来,每年会有 100 多个项目申请立项,进行分级分类后,A 级研发类项目也有 10 多个。目前的做法是对单个项目进行论证和选择,并按项目的优先级依次执行。X 公司在多项目决策过程存在的问题如下:

(1) 项目论证和选择的标准没有形成量化指标。目前的做法是项目申请者撰写项目论证报告,项目化委员会依据报告决策是否立项,项目组合决策主观影响比较大。

(2) 提出项目符合公司战略及项目组合经济效益是主要评价标准,没有明确评价标准之间的相互关系,未能提出战略目标之间的权衡处理方式。

(3) 单个项目的论证忽略了项目之间的关联,项目组合中多个项目之间的关联分别体现在技术、成本和最终的收益上,在进行项目组合配置时必须考虑这些关联。

因此,建立项目组合配置模型,通过设定和调整模型构建和求解过程中所涉及的三个方面的参数,在同一个项目组合配置模型框架下,依据 X 公司战略目标权衡处理,决策者可以得到相对应的不同的项目配置组合,供 X 公司项目组合利益相关者进行权衡和组织管理决策者进行最终判定。

2. 实例与模型应用

(1) 实例情况与参数处理。依据未来战略发展的需要通过项目组合配置来实现。在考虑组织能力及资源条件情况下,X 公司项目化委员会和项目化办公室拟从备选的 10 个 A 级研发类项目中选择配置项目组合以实现组织战略及组合收益的最大化。依据第二章所述方法,对组织的备选项目及项目组合进行评估,得出 10 个待选项目的战略对应度、预期收益、成本及风险等参数,采用三角模糊数后备选项目的系数见表 3-1。

表 3-1 备选项目的参数

项目序号	预期收益/万元	成本/万元	战略对应度	风险
项目 1(x_1)	(600,750,800)	(340,400,460)	(0.078,0.102,0.127)	(0.049,0.088,0.106)
项目 2(x_2)	(450,650,700)	(260,320,410)	(0.082,0.119,0.143)	(0.028,0.080,0.099)
项目 3(x_3)	(800,850,950)	(520,570,570)	(0.093,0.131,0.165)	(0.066,0.081,0.108)
项目 4(x_4)	(750,800,850)	(420,480,480)	(0.124,0.157,0.184)	(0.071,0.085,0.104)
项目 5(x_5)	(400,550,700)	(260,340,340)	(0.121,0.163,0.192)	(0.022,0.058,0.098)
项目 6(x_6)	(550,600,800)	(290,330,330)	(0.073,0.098,0.121)	(0.054,0.078,0.114)
项目 7(x_7)	(700,800,900)	(420,470,470)	(0.079,0.106,0.133)	(0.061,0.087,0.114)
项目 8(x_8)	(650,750,800)	(400,460,460)	(0.117,0.145,0.178)	(0.050,0.078,0.097)
项目 9(x_9)	(500,700,750)	(350,400,460)	(0.068,0.094,0.119)	(0.038,0.078,0.095)
项目 10(x_{10})	(850,900,950)	(460,510,540)	(0.109,0.137,0.171)	(0.086,0.100,0.118)

考虑项目之间的影响,组织通过项目组合配置将多个项目同时进行管理,项目之间会共用一些资源,这样比单独实施项目节约资源和成本,具体见表 3-2 所示。

表 3-2 项目组合成本共担

相互影响的项目	共担成本/万元
项目 3,8(x_3,x_8)	(45,60,70)
项目 4,7(x_4,x_7)	(55,70,85)
项目 5,10(x_5,x_{10})	(40,50,60)

假设组织项目的平均执行期间为 3 年,无风险年收益率为 8%,以此计算项目的模糊齐全价值。依据模糊数转换处理、运算方式和期权计算方式,已知:$T=3, r=8\%, e^{-rT}=e^{-(3\times0.08)}=$

0.7866，计算得到各项目的模糊期权价值见表 3-3。

表 3-3 项目的模糊期权价值

项目序号	收益的模糊预期望值 $\widehat{ES}$/万元	成本的模糊期望值 $\widehat{EC}$/万元	σ	d_1	d_2	期权价值/万元
项目 1(x_1)	733.33	400.00	0.2592	2.11	1.66	(245.26,437.56,531.60)
项目 2(x_2)	625.00	325.00	0.2895	2.03	1.53	(138.26,400.36,493.52)
项目 3(x_3)	858.33	568.33	0.2261	1.86	1.47	(329.01,406.68,540.08)
项目 4(x_4)	800.00	475.00	0.2234	2.16	1.77	(352.68,424.60,519.21)
项目 5(x_5)	550.00	335.00	0.2903	1.71	1.21	(110.47,288.82,488.09)
项目 6(x_6)	658.33	328.33	0.2567	2.33	1.88	(269.86,391.77,570.80)
项目 7(x_7)	800.00	468.33	0.2431	2.05	1.63	(305.38,433.20,568.48)
项目 8(x_8)	741.67	460.00	0.2416	1.92	1.51	(249.94,391.30,484.04)
项目 9(x_9)	675.00	393.33	0.2830	1.84	1.35	(189.63,390.24,474.45)
项目 10(x_{10})	900.00	506.67	0.2213	2.32	1.93	(427.94,500.39,588.16)

假设对备选的 10 个项目分析得出项目之间的技术关联为：项目 8 的选择以项目 3 执行为前提条件；项目 7 与项目 8 为相互排斥项目，项目 6 为项目组合配置的基础项目，为项目组合配置必须执行项目。

(2) 模型应用与求解。将计算得出的项目参数数据（表 3-1 和表 3-2 的数据）带入 3.2.3 节讨论、建立的模糊多目标规划模型中，假设组织进行项目组合配置风险承受能力为 $R=(0.6,0.8,1.0)$，组织可以调用支持的资源转化为货币资金形式（单位：万元）表示组织项目组合配置的资源限量为 $C=(3\,000,3\,500,4\,000)$；决策要求目标函数、成本及风险约束的满意度均为 95%，即 $r=0.95, \lambda_c=\lambda_r=0.95$。对模糊数进行转换，将其转换为确定形式的多目标规划模型。

上层模型的目标函数，即项目组合配置组织战略目标对应度最大的目标函数为

$\max Z_1 = 0.792x_1 + 0.0839x_2 + 0.0949x_3 + 0.1257x_4 + 0.1231x_5 + 0.0743x_6 + 0.0804x_7 + 0.1184x_8 + 0.0693x_9 + 0.1104x_{10}$

下层模型的目标函数，即项目组合配置组合收益最大的目标函数为

$\max Z_1 = 254.8758x_1 + 151.3660x_2 + 332.8933x_3 + 356.2712x_4 + 119.3897x_5 + 275.9596x_6 + 311.7718x_7 + 257.0044x_8 + 199.6559x_9 + 431.5579x_{10}$

下层模型的风险约束条件为

$0.1054x_1 + 0.0978x_2 + 0.1067x_3 + 0.1029x_4 + 0.0956x_5 + 0.1124x_6 + 0.1123x_7 + 0.1959x_8 + 0.0940x_9 + 0.1168x_{10} \leqslant 0.81$

下层模型的成本约束条件为

$457x_1 + 405.5x_2 + 608x_3 + 508.5x_4 + 387.5x_5 + 358.5x_6 + 508x_7 + 517x_8 + 409.5x_9 + 38.5x_{10} \leqslant 3525$

综合以上各式,考虑项目组合的项目之间的成本共担、项目之间的技术关联与约束,得到非模糊情形下的双层规划模型如下:

上层规划模型(U):

$\max Z_1 = 0.0792u_1 + 0.0839u_2 + 0.0949u_3 + 0.1257u_4 + 0.1231u_5 + 0.0743u_6 + 0.0804u_7 + 0.1184u_8 + 0.0693u_9 + 0.1104u_{10}$

s.t.

$\sum_{i=1}^{n} u_i \geqslant 1$

$u_i \in \{0,1\}$

下层规划模型(L):

$\max Z_2 = 254.8758x_1 + 151.3660x_2 + 332.8933x_3 + 356.2712x_4 + 119.3897x_5 + 275.9596x_6 + 311.7718x_7 + 257.0044x_8 + 199.6559x_9 + 431.5579x_{10}$

s.t.

$0.1054X_1 + 0.0978x_2 + 0.1067x_3 + 0.1067x_3 + 0.1029x_4 + 0.0956x_5 + 0.1124x_6 + 0.1123x_7 + 0.0959x_8 + 0.0940x_9 + 0.1168x_{10} \leqslant 0.81$

$457x_1 + 405.5x_2 + 608x_3 + 508.5x_4 + 387.5x_5 + 358.5x_6 + 508x_7 + 517x_8 + 409.5x_9 + 538.5x_{10} - 59.17x_{38} - 70x_{47} - 50x_{5,10} \leqslant 3525$

$x_3 - x_8 \geqslant 0$

$x_7 + x_8 \leqslant 1$

$x_6 = 1$

$x_{38} = x_3 x_8$

$x_{47} = x_4 x_7$

$x_{5,10} = x_5 x_{10}$

$u_i = x_i = \{0,1\}, \quad i = 1, \cdots, 10$

3. 比较分析与结论

根据分析,基于对双层规划的多目标模糊规划模型进行权衡假设和最优解的处理,按照以下求解步骤进行分解和讨论。

(1)单一目标函数规划模型的求解。将双层规划模型按照目标函数分为两个单目标的模糊数线性规划模型进行求解。首先针对下层规划模型,利用目标规划求解软件求得项目组合配置组合收益最大的目标函数的最优解,结果见表3-4。

表 3-4　项目组合配置组合收益最大的目标函数的最优解(Z_1^*)

相关指标	运行结果
组合配置选择的项目	1,3,4,6,7,9,10
项目组合收益	2 162.99 万元
项目组合成本	3 318 万元
项目组合风险	0.7505

然后单独考虑上层规划模型的目标函数,利用目标规划求解软件求得项目组合配置组织战略目标对应度最大的目标函数的最优解,结果见表 3-5。

表 3-5　项目组合配置组织战略目标对应度最大的目标函数的最优解(Z_2^*)

相关指标	运行结果
组合配置选择的项目	2,3,4,5,6,8,10
组织战略目标对应度	0.730 6
项目组合成本	3 214.33 万元
项目组合风险	0.728 0

通过对比表 3-4 和表 3-5 可以得出,单独考虑项目组合配置的组合收益或者组织战略目标对应度,计算得出的项目组合配置结果具有明显的区别,所以均不能作为双层规划模型的最优解。应当采用权衡假设和处理,求解整体模型的最优解。

(2)多目标权衡求解及比较分析。假设表 3-4 和表 3-5 计算得出的最优解分别为 Z_1^* 和 Z_2^*,分别表示项目组合配置的运行结果为 $Z_1^*=0.730\ 6, Z_2^*=2\ 162.99$;将表 3-4 和表 3-5 项目组合配置选择的项目结果分别带入双层规划模型的上、下层中,得出上、下层规划模型的另外一组解 Z_1^2 和 Z_2^1 为

$Z_1^2=0.079\ 2+0.094\ 9+0.125\ 7+0.074\ 3+0.080\ 4+0.069\ 3+0.110\ 4=0.634\ 1$

$Z_2^1=151.37+332.90+356.27+119.40+275.96+257.00+431.56=1\ 924.44$

计算最优解之间的伸缩性指标如下:

$$\Delta Z_1 = Z_1^* - Z_1^2 = 0.730\ 6 - 0.634\ 1 = 0.096\ 5$$

$$\Delta Z_2 = Z_2^* - Z_2^1 = 2\ 162.99 - 1\ 924.44 = 238.54$$

分别构造隶属度函数,得出

$$U_1 = \frac{Z_1(x) - 0.643\ 1}{\Delta Z_1} \geqslant \lambda$$

即

$$Z_1(x) - 0.643\ 1 \geqslant 0.096\ 5\lambda$$

$$U_2 = \frac{Z_2(x) - 1\ 924.44}{\Delta Z_2} \geqslant \lambda$$

即 $$Z_2(x)-1924.44\geqslant 238.54\lambda$$

经过以上构造隶属度函数对项目组合配置目标函数的转化和处理,依据式(3-33)建立新的线性规划方程,具体如下:

max λ

s.t.

$0.0792x_1+0.0839x_2+0.0949x_3+0.1257x_4+0.1231x_5+0.0743x_6+0.004x_7+0.1184x_8+0.0693x_9+0.1104x_{10}-0.0965\lambda\geqslant 0.6431$

$254.8758x_1+151.3660x_2+332.8933x_3+356.2712x_4+119.3897x_5+275.9596x_6+311.7718x_7+257.0044x_8+199.6559x_9+431.5579x_{10}-238.54\lambda\geqslant 1924.44$

$0.1054X_1+0.0978x_2+0.1067x_3+0.1029x_4+0.0956x_5+0.1124x_6+0.1123x_7+0.0959x_8+0.0940x_9+0.1168x_{10}\leqslant 0.81$

$457x_1+405.5x_2+608x_3+508.5x_4+387.5x_5+358.5x_6+508x_7+517x_8+409.5x_9+538.5x_{10}-59.17x_{38}-70x_{47}-50x_{5,10}\leqslant 3525$

$x_3-x_8\geqslant 0$

$x_7+x_8\leqslant 1$

$x_6=1$

$x_{38}=x_3x_8$

$x_{47}=x_4x_7$

$x_{5,10}=x_5x_{10}$

$0\leqslant\lambda\leqslant 1$

$x_i=\{0,1\}, \quad i=1,\cdots,10$

利用线性目标规划求解软件,计算得出方程的解。结合上文分析,可得出组织战略导向下的项目组合模糊多目标权衡配置模型的最优解(X^*),结果见表3-6。

表3-6 项目组合模糊多目标权衡配置的最优解(X^*)

相关指标	运行结果
组合配置选择的项目	1,3,4,5,6,7,10
组织战略目标对应度	0.6431
项目组合收益	1972.10万元
项目组合成本	3246万元
项目组合风险	0.7521

考虑不同的目标进行项目组合配置得出的运行结果不同,项目组合配置组织战略目标对应度最大的目标函数的最优解(Z_1^*)、项目组合配置组合收益最大的目标函数的最优解(Z_2^*)及项目组合模糊多目标权衡配置的最优解(X^*)综合比较结果见表3-7。

表 3-7 项目组合模糊多目标权衡配置的最优解比较

	Z_1^*	Z_2^*	X^*
组合配置选择的项目	2,3,4,5,6,8,10	1,3,4,6,7,9,10	1,3,4,5,6,7,10
组织战略目标对应度	0.730 6	0.643 1	0.687 9
项目组合收益	1 924.44	2 162.99	2 082.72 万元
项目组合成本	3 214.33	3 318	3 246 万元
项目组合风险	0.728 0	0.750 5	0.752 1

如表 3-7 所示，比较权衡配置的最优解（X^*）与单独考虑项目组合配置组织战略目标对应度最大的目标函数的最优解（Z_1^*），组织战略目标对应度下降了 5.84%，而项目组合收益提升了 8.22%，是组织战略目标对应度下降率的 1.4 倍；比较权衡配置的最优解（X^*）与单独考虑项目组合配置组合收益最大的目标函数的最优解（Z_2^*），项目组合收益下降了 3.71%，而组织战略目标对应度提升为 6.97%，组织项目组合战略对应度是项目组合收益下降率的 1.9 倍。

比较结果说明，权衡战略导向下的项目组合模糊多目标配置模型综合考虑项目组合配置的组织战略目标对应度和组合收益的权衡配置最优解，比单独考虑某一个单一目标兼顾并提升了项目组合配置各方利益，权衡处理后更加合理。

3.3 分期战略导向下的项目组合滚动配置模型

战略往往反映组织长远的规划，可能会跨越若干个时间单位，按照时间维度分期制定和执行。同时，项目有一次性和生命周期的特点，项目生命周期对应一个或者几个战略执行期。推行项目化管理，就是通过配置项目组合实现组织的战略。在组织战略的整个执行阶段内，随着已选择项目的完成，占用资源的释放，在下一期，组织根据战略仍然会选择新的项目进入组合。这样，项目组合配置的战略均衡是一个对应组织战略分期的多期滚动的项目组合配置过程。

本节针对组织的战略目标时间分解后的每个战略计划执行期，采用项目化的方法组织筛选和选择项目进行组合滚动配置，考虑项目生命周期与组织战略计划执行期的对应，提出项目组合滚动效益、资源增益和风险累积，利用启发式-遗传算法作为模型求解方法，通过项目组合滚动配置实际应用案例和 MATLAB 软件对上述分期战略导向下的项目组合滚动配置模型进行模拟和求解，比较分析滚动配置效果。

3.3.1 战略分期与项目滚动配置

1. 战略目标的阶段化分解

战略的制定描述了一个组织整体和长远的发展宏图，是组织实施行动的指南，战略的分解和执行是落实组织高层战略决策和实现组织战略目标的基础。组织根据内外部环境和自身优劣势分析制定出发展战略，确保按照切实有效的战略执行流程开展工作。首先需要完成的就是对战略进行合理科学的分解。

组织在制定战略时，需要考虑时间跨度，将战略执行期划分为若干个阶段或时间期。如图 3-8 所示，采用自上而下的形式按照战略时间期进行组织分解，定义为战略目标的时间分解。

在战略规划阶段制定完成后,结合组织战略目标实现的时间阶段性和节奏连续性,按某一个标准时间单位(年,季度,月等)划分战略目标计划执行期,形成战略目标的时间体系,使组织的战略目标由长远到近期、由宏观到具体完成逐步分解,最终落实到一个具体明确的时间段(战略计划单位执行期)。

在战略目标按时间分解的过程中,需要战略决策者、制定与监督者及执行者与实施者进行充分沟通、确认,达成一致意见,使组织战略按照时间分解后的目标能够被有效执行,战略目标的时间分解后的战略执行计划应该具有 SMART 特征,即战略分解目标是具体、明确的(Specific),战略分解目标是能够被衡量的(Measurable),战略分解目标一定是可实现的(Attainable),战略分解目标和组织的其他目标具有一定的关联特征(Relevant),战略分解目标一定具有明确的起止时间界限(Time-based)。在战略目标的分解与执行过程中,项目组合配置对应的战略执行目标应当符合 SMART 原则。

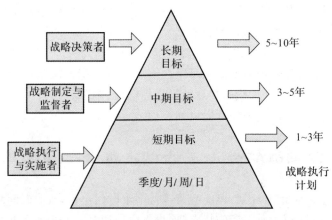

图 3-8 战略目标阶段化分解

2. 项目组合滚动配置过程

按时间周期,将组织战略目标分解为可执行的标准单位战略计划。为执行战略和安排组织项目与资源方便,通常假设分解后的战略计划执行期为确定的标准时间单位。对应分解后的战略计划,组织需要按执行期开展选择和配置项目进行组合实现组织战略,即为分期战略导向下的项目组合滚动配置。

分期战略导向下的项目组合滚动配置是指从第一个战略计划执行期开始进行项目的筛选和组合配置,由于选中的组合项目的生命周期不尽相同,会出现本战略计划执行期选择配置的项目继续滚动到下一个战略执行期。在下一个战略执行期,有上期选择配置的项目结束或延续,同时会有新的候选项目等待进入项目组合,组织在进行资源调整和准备后,继续新的项目筛选和组合配置。按照这样的战略计划执行期定期持续滚动更新,最终执行至整个战略执行周期结束,完成项目组合配置,实现组织战略。

如图 3-9 所示,分期战略导向的项目组合配置过程是以时间轴为推移主线的动态滚动过程,对组织的战略目标进行时间分解后落实到每个战略计划执行期,可以更加具体地指导组织项目管理;在组织分期战略导向下,组织筛选和选择项目进行组合配置相应期的战略计划,同时筹备相应的资源保证项目组合的正常运行,实现终期战略。

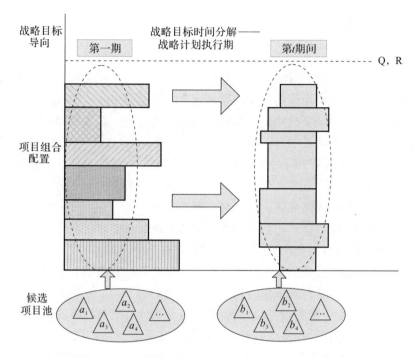

图 3-9 分期战略导向下的项目组合滚动配置过程

3. 滚动效益、资源增益与风险累积

为推进和实现组织的项目化管理,针对组织战略的分期执行,应当策划或者寻找一系列相互关联的项目与组织的分期战略对应起来依次执行,形成组合效益和规模效应,从而达到滚动配置的目的。这些项目是相互独立的,单独执行能够实现一定的功能,但将相互关联的项目依次执行,能够实现 1+1>2 的效果。例如房地产开发项目,单独建造一栋办公楼会产生一定效益,在不同的地域建造多栋办公楼会产生一个综合效益,而整体规划(总体战略)、分期分批建造相互关联的多栋办公楼构造成企业总部或者企业集聚区,产生的整体效益会远大于单个办公楼(项目)效益累计的和。同样,在 R&D、IT 和武器研发等组织中的很多项目亦是如此。

通过对一次性项目的持续选择和滚动配置形成较稳定的项目组合产生滚动效益,才能真正实现组织的长期性总体战略目标。同时,从组织战略全局考虑选择和配置项目组合,才能保证项目组合的整体效益,避免项目层面决策的局限性。因此,在分期战略导向的项目组合滚动配置过程中需要考虑关联项目执行形成的滚动效益。

在战略分期和项目组合配置滚动配置的长期动态过程中,相关项目在同一个项目组合内可能会共用部分资源,同时,组织会进行大量的数据传承、知识积累和学习创新。组织和团队会提高项目资源的利用效率和水平,形成资源的增益效应。不同的组织与团队学习、创新能力不同,资源的增益水平需要结合组织实际内外部情况综合分析各种因素加以确定,在不同的战略计划执行期会出现不同情况的资源增益。本书为使建模和分析的简单化,将资源的增益作为时间的线性函数处理。

随着战略计划执行期由近至远,战略目标及规划制定的基础条件的变化,组织内部结构与资源的调整,项目及项目组合配置的不确定性增加,项目组合配置积累的内部风险也会增加,需要考虑风险的累积。

3.3.2 项目组合滚动配置模型

1. 问题描述

单期战略导向下的项目组合配置是比较典型的背包问题,分期战略的项目组合滚动配置问题是多期背包问题,是对单期战略导向的项目组合配置进一步的扩展,以组织战略计划的单位执行期为阶段划分点,增加了战略执行期间的项目组合配置。将复杂动态问题进行简单处理,要想分期战略导向下的项目组合滚动配置问题得以解决,就需要解决每个战略执行期的项目组合配置问题。也就是说在每个战略执行期开始时,根据组织对项目组合分配的剩余资源,对组织备选的项目进行筛选、选择和配置。通过对生命周期各不相同的项目进行选择并分配需要的资源,解决整个分期战略导向的项目组合滚动配置问题。而每个战略计划执行期的项目组合配置问题的解决,最后都回归到单一战略期的项目组合配置问题。

分期战略导向下的项目组合配置问题可以具体描述为:组织战略按 T 个时间单位分期执行,项目组合滚动配置是指按照战略执行期进行项目组合选择和配置,每个战略计划执行期 t 内,会有项目结束也有新项目被选入组合。在满足项目组合资源、风险等约束条件下,需要解决每期选哪些项目进行组合配置,使项目组合的战略权衡价值最大的问题。

(1)组织的资源是有限的,项目组合配置对应的战略所能调用的资源总量是受限的,项目组合配置使用每个类型的资源量不能大于组织分配给该战略此类型资源的总量。同时,若每类资源是按期分配的,每个战略计划执行期项目组合配置占用的每类资源量不能大于该期该类型资源的分配量。

(2)由于战略分期对未来情况预测的有限性及项目本身的不确定性使分期战略导向下的项目组合配置具有一定的风险特征,因此需要评价每个候选项目的风险、每个战略计划执行期的项目组合配置的风险,使整个战略计划执行期内的项目组合配置风险都能被控制在一定的可接受范围内。

(3)其他约束条件,如技术约束等对项目组合配置有一定的要求和限制。

2. 说明与假设

由于分期战略导向下的项目组合滚动配置问题具有复杂性,为了模型建立和分析的通用性,作如下说明和假设:

(1)每个战略计划执行期是相等的,是一个标准时间单位(年,季度,月等)的整数倍,组织整个战略目标按照 T 个时间单位进行分期执行,有 $T+1$ 个节点,第一个节点($t=1$)表示只是开始选择项目进入项目组合而没有结束项目,最后一个节点表示项目组合的结束,即项目组合的所有项目完成,不再开始项目。

(2)战略目标的分期是连续的,$t=1$ 表示第一个战略计划执行期的开始,$t=2$ 表示第二个战略计划执行期的开始,同时也是第一个战略计划执行期的结束,以此类推。

(3)组织准备分期备选的项目是足够多的,项目相互独立暂不考虑技术约束,能够满足战略目标的分期和整体需要,本期未选入项目组合的项目不进入下一个战略计划执行期;若需要再次备选时,作为新项目重新估计其相关参数进入备选项目池,可以合理安排资源使项目组合中每个项目的生命周期(l)是战略计划执行期(t)的整数倍数,当 $l=T$ 时,选择进入组合的配置项目的生命周期等于单位战略计划执行期。

(4)组织备选项目的战略价值是项目初选时对项目进行综合评价的综合模糊评价价值,是进行项目初选排序和项目组合配置总体战略价值判断的依据,假设项目的战略价值(v)是考虑了项目的完整生命周期实现后的整体价值。

(5)假设通过整合和分期执行处理,在同一组织战略执行期内的项目之间关联效益的处理方式与不同战略执行期依次配置和执行项目产生的滚动效益处理方式相同。

(6)组织准备资源是按照战略计划执行期进行分配的。为计算方便,假定每期分配的资源量确定,上期项目组合配置所选的项目生命周期大于单位战略计划执行期的,执行到本期,占用本期资源。根据组织发展需要,每期都应有新的项目备选如项目组合,因此,每期都需要一定的资源剩余量。

(7)由于全局战略和其他资源约束的限制,会存在资源的不充分使用,本期使用剩余的资源量可以累积到下期使用。

(8)资源增益效应系数用战略计划执行期的线性系数 r 表示。随着战略执行期 t 的推进,组织知识积累和创新能力提高,资源增益能力同步提高。

(9)组织候选项目的风险综合评价考虑战略分期、项目周期、项目间影响和项目组合等多重因素,项目组合配置总体风险为进入项目组合配置的风险总和。假设风险累积数为 β,由战略执行期内项目组合的综合因素测定。为建模分析和计算的方便,本书假定每个战略执行期的风险累积数为常数。

3. 模型构建

(1)符号说明。某组织的战略总期数为 T,战略分期的一个执行计划期为 t,表示为 $t=1$,$2,\cdots,T$;每个战略期 t 有 N_t 个项目存于项目候选池,作为被选入项目组合的候选项目;决策变量 $x_{t,i}$ 表示第 t 战略期第 i 个项目的决策,当选择此项目进入战略期的项目组合时,$x_{t,i}=1$,当不选择此项目时,$x_{t,i}=0$。价值量 $v_{t,i}$ 表示第 t 战略期第 i 个项目对应的战略价值。假设战略期 t 项目 l 和战略期 $t+1$ 项目 m 共同实施时,产生的滚动效益使额外增加的战略价值表示为 $v_{l,(t+1)m}$;为简化表示,以连续三个战略分期的三个项目(l,m 和 n)依次实施时产生的滚动效益使额外增加的战略价值的情况为例,表示为 $v_{l,(t+1)m,(t+2)n}$。

整个战略期 T 期间,项目组合的总战略价值为 Z_T。第 t 个战略期第 i 个项目风险量表示为 $r_{t,i}$,组织可接受的风险约束常数为 R,风险累积系数为 β;第 t 个战略期第 i 个项目在第 t 个战略期对资源 k 的需求量表示为 $q_{t,i,k}$。

每个战略期对项目组合需求资源类型 k 的总量约束为 Q_k。$Q_{t,k}$ 表示第 t 战略计划执行期内项目组合配置后使用资源 k 的剩余量;$Q_{t,k'}$ 表示第 t 战略计划执行期组织进行资源更新后本期可用于组合配置新的候选项目资源 k 的量;$Q_{t,k,u}$ 表示为第 t 战略期时上期执行至本期仍未结束的项目在本期仍需消耗资源 k 的量,当 $t=1$ 时,$Q_{t,k,u}=0$,$Q_{t,k'}=Q_k$,否则资源 k 在第 t 战略期可用于组合配置新的候选项目的使用量,即 $Q_{t,k'}=Q_k-Q_{t,k,u}$。

资源增益系数表示为 γ。

(2)目标函数与约束条件。

$$Z_T = \max\{\sum_{t=1}^{T}\sum_{i=1}^{N_t} v_{t,i} x_{t,i} + \sum_{t=1}^{T}\sum_{l=1}^{N_t}\sum_{m=1}^{N_{t+1}}\sum_{n=1}^{N_{t+2}} v_{l,(t+1)m,(t+2)n} \times x_{l,(t+1)m,(t+2)n}\} \quad (3-34)$$

s. t.

$$\sum_{t=1}^{T}\sum_{i=1}^{N_t} r_{t,i} x_{t,i} + \sum_{t=1}^{T}(t-1)\beta \ R \leqslant R \quad (3-35)$$

$$\sum_{i=1}^{N_t} q_{t,i,k} x_{t,i} - (t-1)rQ_k \leqslant Q_{t-1,k} + Q_{t,k'}, t \in \{1,2,\cdots,T\} \quad (3-36)$$

$$Q_{t-1,k} = 0, Q_{t,k'} = Q_k, t=1 \quad (3-37)$$

$$Q_{t,k'} = Q_k - Q_{t,k,w} t \in \{2,\cdots,T\} \quad (3-38)$$

$$Q_{t-1,k} = Q_{t-2,k} + (t-2)rQ_k + Q_{t-1,k'} - \sum_{i=1}^{N_{t-1}} q_{t-1,i,k} x_{t-1,i}, t \in \{2,\cdots,T\} \quad (3-39)$$

$$x_{d,(t+1)m,(t+2)n} = x_{t,l} x_{t+1,m} x_{t+2,n} \quad (3-40)$$

$$x_{t,i} = 0 \text{ 或 } 1; t=1,2,\cdots,T; i,l,m, =1,\cdots,N_t \quad (3-41)$$

目标函数[式(3-34)]表示整个战略执行期的项目组合滚动配置的目标是整体项目组合战略价值的最大化,包含整个战略计划执行期内配置的单个项目组合的价值累加和项目组合滚动效益;约束条件[式(3-35)]表示考虑了风险累积效应后的整个战略执行期的项目组合滚动配置的风险约束;约束条件[式(3-36)~式(3-39)]表示在考虑当期项目资源增益和资源剩余的条件下,项目组合配置资源量的有限约束;式(3-40)和式(3-41)表示对第 t 战略计划执行期第 i 个项目的决策。

3.3.3 启发式-遗传算法设计

分期战略导向下的项目组合滚动配置优化问题可以归结为运筹学上典型的背包问题的变形问题,是多阶段多背包的弱异类组合优化问题。基于对背包问题和多背包问题的分析,现实规模问题无法求得其最优解。对于分期战略导向下的项目组合滚动配置模型的求解,需要以组织战略的时间跨度为划分点,对组织战略的实施周期阶段进行划分,解决每个阶段的项目组合配置问题,在组织战略执行期的每个决策点,根据组织项目组合可以利用的资源和能够承受的有限风险选择和配置项目组合。这样,整个组织战略执行期内的项目组合配置问题就得到了解决。

基于组织战略目标实现的时间阶段性、连续性特点和项目组合滚动配置的要求,本书采用遗传算法作为解决问题的主程序,利用遗传算法的全局搜索能力对各阶段项目进行预选,以整体项目组合配置的组织战略价值最大为目标,在此基础上,设计满足组织资源及风险约束的项目组合滚动配置的启发式规则,设计启发式-变异算法使启发式算法和遗传算法交互进行,搜索组织战略执行全时间阶段的滚动配置的优化解。

1.遗传算法设计的全段搜索

(1)编码。遗传算法的编码即确定问题的解,编码方式有二进制编码、实数编码和符号编码等。使用二进制编码方式,对应组织项目组合配置过程的项目变量 $x_{t,i}$ 取值为 0 或 1,每个染色体 V_i 表示为 n 个基因 $G_{ij}(i=1,2,\cdots,T; j=1,2,\cdots,n)$ T 为待选项目总数,n 为待选项目总数,G_{ij} 为 0 或 1。

(2)初始群体的产生。初始群体中所含个体数为 N,N 为初始群体规模。初始群体的产生可以用随机方式或根据问题的特点用特定的方法产生。初始群体的产生应有利于最优解的产生。

(3) 选择进化的父母。采用赌轮选择方法，首先计算群体中每个个体 x_i 在进化过程中被选择的概率 p_i，$p_i = \text{Fit}(x_i)/\sum_{j=1}^{N}\text{Fit}(x_j)$。然后计算 p_i 的累计概率 q_i，$q_i = \sum_{j=1}^{i}p_j, i = 1,2,\cdots,N$。最后确定 x_i 是否参加遗传。产生 $[0,1]$ 中的一个随机数 r，若 $r < q_1$，则选择 x_i 进行参加遗传；否则，若 $q_{i-1} \leqslant r \leqslant q_i, i > 1$，则选择 x_i 参加遗传。

(4) 交叉。交叉是产生新个体的主要方法，是以概率 p_c 选择参与交叉的个体，然后将选出的个体随机地两两配对。对每一对用交叉法交换父代的部分染色体而产生两个新的后代，常用的交叉法有单点交叉、两点交叉和多点交叉法。

(5) 变异。变异是通过个体染色体基因的局部微调增加种群的多样性，帮助收敛过程跳出局部最优点。变异操作首先取定变异概率 p_m（一般较小），然后对个体的某一个位置或者某几位基因值按变异概率进行反转。

2. 启发式-变异算法的滚动组合配置

基于项目组合配置的组织战略价值最大为目标进行初步选择后，引入启发式-变异算法解决现实各阶段的资源和风险约束条件，进一步讨论项目组合的滚动配置。考虑到组织战略分期执行和项目组合滚动配置的特点，设定以下配置规则：

(1) 针对组织战略每个战略执行期，合理搭配组织项目组合配置选择的项目生命周期，保证在组织战略执行期的每个决策节点（开始节点除外）都有一定比例的项目结束，释放出资源需求，以便配置新的项目进入组合或者结束整体项目组合。

(2) 在每个战略执行期进行选择项目时，需要考虑已选和备选项目的生命周期。首先考虑前几期项目在本期是否结束，再考本期新选择和配置项目的生命周期是否能够在整个战略执行期内执行完毕。

(3) 针对组织项目组合滚动配置的特点，剩余资源量是针对组织每类资源的。初始状态时，剩余资源即为组织整个资源供给量，每选择和配置一个项目，剩余资源量为配置前的剩余资源量减去配置项目占用资源的量。在组织战略每个战略执行期内每类资源都应当得到充分使用。

(4) 为保证组织战略的实现和项目组合配置的稳定，保证整个组织战略执行期内的项目组合的总体风险限定在一定范围的同时，还应当注意项目风险合理搭配。

3. 混合遗传算法

将基于遗传算法的全局搜索过程作为整个算法的主程序，使用启发式-变异算法对每一组织战略执行期的组织项目组合进行配置，形成分期战略导向下的项目组合滚动配置的混合遗传算法，如图 3-10 所示。

3.3.4 案例分析与结论

为了验证项目组合滚动配置模型，选择某地的 Y 电网公司开展的相关电网项目投资决策作为案例背景，系统阐述模型及方法的运用过程。

1. 案例背景描述

电网是国民经济基础设施和重要的公用事业，具备电力传输、配送的网络功能和作为电能交易平台的市场功能。国家每个五年发展规划都对电力电网项目投资进行了相关的战略投资规划,根据有关预测,从"十一五"到"十三五"15年内,我国电网建设和改造需要投入资金总规模达1.7万亿元,平均每年投资近900亿元。面对如此大的投资规模,电网公司如何科学地确定电网建设的投资策略、完善项目投资优化管理方法,成为备受关注的课题。

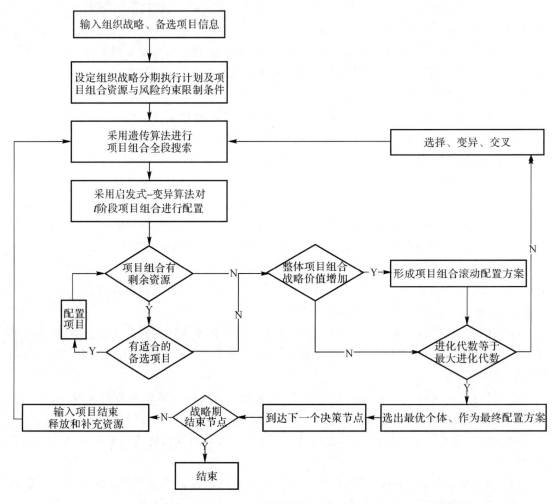

图3-10 混合遗传算法流程图

Y公司于2010年成为××市电力公司的全资子公司,主要负责地区电网的规划建设与运营管理。由于Y公司经营情况较好并且发展比较稳定,因此公司的各方面指标反映的运营情况较好。Y公司的电网建设项目包括新建项目和改扩建项目,可分为输送电项目和变配电或换流、升压站项目两类。新建电网项目一般是指根据电网发展规划、电网安全需求和供电负荷需求而建设的项目,这类电网项目最多。电网建设项目的投资决策,指的是如何对各种单项目投资或多项目组合投资方案做出最优的选择。一方面,电网建设包括的项目种类多、数量大,项目间存在一些相关性,在实际的投资决策中涉及更多的是多项目投资组合,其模型及方法更为困难和复杂,考虑的因素也更多;另一方面,由施工建设、线路运营以及自然灾害(如冰雪灾害、地震灾害等)对电网建设项目造成的影响不容忽略,对电网项目进行组合风险分析与评估显得愈发重要。为了保证Y公司电网投资决策的正确性,研究项目投资组合配置模型及方法、选择最优项目投资组合,是实现 Y 公司总体战略规划、有效获取可持续性发展的关键环节。

当前,国家和行业层面对单个电网项目的可行性研究论证有了比较详尽的规范,Y 公司也在严格执行。Y 公司在多项目投资组合配置方面存在以下问题:

(1)电网建设相对滞后。依据公司战略规划,加大电网投资已成为必然,当前的电网建设项目种类多、数量大,往往需要多个建设项目同时进行。而 Y 公司的投资总额受到上级公司投资计划的限制,公司内部融资有限,不能马上筹到足够的资金。

(2)现有项目论证与决策多是基于单个项目的可行性研究,对项目之间的相互关系考虑较少,很少讨论多个项目之间相互影响的投资效果。

(3)为了实现公司的长远发展,需要制定组织的战略发展规划,同时需要寻找大量的项目机会,把这些项目统一放在一起进行评估和选择,需要得到的不仅仅是每个项目对组织的贡献价值及排序,更需要得到整个组合产生的价值。

(4)需要结合组织战略目标的长远规划,做出分期战略导向的项目组合配置决策。目前的投资决策多是当期决策,考虑的是当前有多少资金就做多少项目,落实公司的战略规划形成阶段限制,没有从公司整个战略规划执行期进行整体的项目组合配置,不能主动获取项目组合多期配置的滚动效益和资源增益。

应用项目组合滚动配置模型对 Y 公司的电网投资项目组合配置进行分析。Y 公司依据本地区的经济和电力发展规划,制定了为期三年的战略发展计划,通过数据收集,对电网运行现状和负荷需求进行了分析预测,初步决定新建一批电网建设项目,并对部分已有电网项目进行改扩建。根据电网建设项目投资管理流程及方法,经过投资初选和筛选优化,每期对 10 个电网项目进行项目组合配置。Y 公司采用项目组合滚动配置模型及方法,进行电网项目投资组合决策,验证分期战略导向下的项目组合滚动配置模型及其解法的实用性和计算结果的准确性,同时为投资决策提供支撑,实现战略权衡价值的最大化。

2. 项目组合滚动配置示例

(1)动态配置过程说明。针对 Y 电力公司高层决策的战略,分三个单位战略执行期完成,对应三个决策节点和一个结束节点,如图 3-11 所示。在动态执行过程中,到第一个节点需要组合配置到达第二、三决策点和结束点的项目;到第二、三决策点需要结束和收尾执行完毕的项目,同时选择本期决策点等待执行的项目使用剩余的资源,完成项目组合滚动配置直到战略计划期结束。

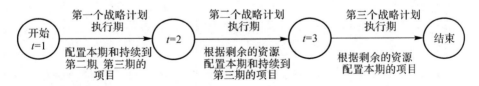

图 3-11 项目组合动态配置过程

(2)基础数据输入。战略计划执行期开始的每个决策节点选择和配置项目组合,每个战略计划执行期候选项目的生命周期(表示为组织战略计划执行期的倍数),$l_{t,i}$,$i=1,2,3$、战略权衡价值($v_{t,i}$)、资源需求量($q_{t,i,k}$)及风险量($r_{t,i}$)的数据见表 3-8~表 3-10。

表 3-8 $t=1$ 候选项目参数 ($N_1=10$)

项目序号	$l_{1,i}$	$v_{1,i}$	$q_{1,i,1}$	$q_{1,i,2}$	$r_{1,i}$
项目 1($i=1$)	1	70	43	24	0.050
项目 2($i=2$)	1	71	45	23	0.050
项目 3($i=3$)	1	78	48	26	0.055
项目 4($i=4$)	1	83	50	28	0.058
项目 5($i=5$)	2	85	51	29	0.059
项目 6($i=6$)	2	73	44	25	0.051
项目 7($i=7$)	2	91	54	32	0.064
项目 8($i=8$)	3	85	51	29	0.059
项目 9($i=9$)	3	105	59	39	0.073
项目 10($i=10$)	3	80	49	27	0.056

表 3-9 $t=2$ 候选项目参数 ($N_2=10$)

项目序号	$l_{2,i}$	$v_{2,i}$	$q_{2,i,1}$	$q_{2,i,2}$	$r_{2,i}$
项目 1($i=1$)	31	16	10	0.037	
项目 2($i=2$)	1	35	18	11	0.041
项目 3($i=3$)	1	42	22	12	0.049
项目 4($i=4$)	1	62	29	18	0.067
项目 5($i=5$)	1	64	31	17	0.069
项目 6($i=6$)	1	64	32	16	0.069
项目 7($i=7$)	2	45	23	13	0.051
项目 8($i=8$)	2	54	26	16	0.060
项目 9($i=9$)	2	45	23	13	0.051
项目 10($i=10$)	2	38	19	12	0.044

表 3-10 $t=3$ 候选项目参数 ($N_3=10$)

项目序号	$l_{3,i}$	$v_{3,i}$	$q_{3,i,1}$	$q_{3,i,2}$	$r_{3,i}$
项目 1($i=1$)	1	49	22	9	0.042
项目 2($i=2$)	1	86	35	19	0.068
项目 3($i=3$)	1	52	20	13	0.049
项目 4($i=4$)	1	61	23	16	0.049
项目 5($i=5$)	1	54	19	15	0.044
项目 6($i=6$)	1	48	26	4	0.044
项目 7($i=7$)	1	82	27	25	0.069
项目 8($i=8$)	1	54	28	6	0.049
项目 9($i=9$)	1	64	21	20	0.057
项目 10($i=10$)	1	63	17	23	0.040

（3）滚动效益、资源增益及风险累积的假设与处理。项目组合滚动配置产生的滚动效益是指项目组合配置的一系列项目都执行时产生的额外增加价值量，这些项目是相互独立的，单独执行能够实现一定的功能，但将相互关联的项目依次执行，能够实现1+1＞2的效果。资源的增益水平通过结合Y公司内外部情况综合分析各种因素加以确定，作为时间的线性函数处理。同时，项目组合配置积累的内部风险也会增加，所以需要考虑风险的累积。备选项目滚动效益见表3-11。

表3-11 项目组合滚动配置的滚动效益

相互影响的项目	滚动效益
一期项目1,二期项目1,三期项目6（x_{11},x_{21},x_{36}）	51
一期项目2,二期项目4（x_{12},x_{24}）	47
一期项目6,三期项目1（x_{16},x_{31}）	35
二期项目4,三期项目3（x_{24},x_{33}）	31

针对每个战略执行期，将组织需要调配的资源归为两类，按照战略计划执行期进行固定值平均分配。两类资源每个战略计划执行期的分配量分别为 $Q_1=300, Q_2=180$，资源增益系数为 $R=10\%$；组织三期战略导向下的项目组合配置完成总的风险承受上界为 $R=0.96$，风险累积系数为 $\beta=3\%$。

如图3-11所示，组织整个战略分解为三个计划执行期、四个节点，每个战略计划执行期及节点的具体配置参数如下：

1）首先在开始节点（$t=1$）进行第一个战略计划执行期的项目组合配置，第一期项目配置组合到达第二、三、四节点释放的资源量取决于第一期配置的项目结束情况，项目生命周期（l 表示为组织战略计划执行期的倍数）为1,2,3的项目分别在第二、三、四节点结束。

2）到达第二个决策节点（$t=2$）后，首先需要对第一期执行完毕的项目进行收尾，进行资源更新和调配，开展第二个战略计划执行期的项目组合配置，针对本期剩余资源量 $Q(2,k)$ 对本期的候选项目进行选择与配置组合。第二期项目配置组合到达第三、四节点释放的资源量取决于第二期配置的项目结束情况，项目生命周期（l 表示为组织战略计划执行期的倍数）为1,2的项目分别在第三、四节点结束。

3）到达第三个决策点（$t=3$）后，先对第一期、第二期执行至本期结束的项目进行收尾，再次进行组织知识积累和资源更新调配，开展第三期的项目组合配置，针对本期剩余资源量 $Q(3,k)$ 对本期的候选项目进行选择与配置组合。

战略计划期执行完毕，项目结束，对项目组合进行收尾。

3. 比较分析与结论

采用MATLAB软件对上述分期战略导向下的项目组合滚动配置模型进行模拟和求解，假设遗传算法的参数分别为：种群规模 $N=50$，最大进化遗传代数 $T=30$，交叉概率 $P_c=0.95$，变异概率 $P_m=0.05$。

（1）分期战略导向下的项目组合整体滚动配置。在组织战略执行期的第一个决策节点（$t=1$）整体考虑以后各个决策节点和所有阶段备选项目的信息，对项目组合产生的额外滚动效益、组织资源的增益和组合的风险累积进行整个战略执行期的处理。依据表3-8～表3-11给出的项目组合基础信息，得到项目组合滚动配置结果（见表3-12）。

表 3-12 分期战略导向下的项目组合滚动配置结果

相关指标	$t=1$	$t=2$	$t=3$	合计
配置的项目	1,2,6,8,9,10	1,4,7,8,9	1,3,6,7,10	
项目组合直接价值	1 035.924	369.324	293.540	1 698.788
滚动配置效益		47	117	164
资源1的使用量	291	320	343	954
资源1的剩余量	9	19	6	6
资源2的使用量	167	190	211	568
资源2的剩余量	13	21	8	8
项目组合风险	0.339 3	0.267 1	0.244 3	0.850 7

由表3-12所示,整体考虑组织战略计划的执行期,项目组合滚动配置的总体结果为:项目组合总共配置项目16个,其中一期6个,二期和三期分别5个;分期战略导向下的项目组合滚动配置的总战略价值为1 862.788,其中项目组合直接的组织战略权衡价值为1 698.788,项目组合滚动效益产生的额外增加价值为164;项目组合滚动配置的总体风险为0.850 7;资源1总体使用量为954,直接投入量为900,增益60,剩余6;资源2总体使用量568,直接投入量为540,增益36,剩余8。

(2)项目组合的分阶段单次决策配置结果。与分期战略导向下的项目组合滚动配置相对应,传统配置做法是按照组织战略的计划执行期分阶段进行决策。为使两种不同的项目组合配置模型具有可比性,假设进行分阶段决策时,项目参数及组织资源总量、风险承受能力等参数相同,假设项目组合配置的滚动效益、组织资源增益和项目组合风险累积一致。需要按照项目的生命周期,将项目的战略价值和风险量平均分摊到各个周期。

1)在开始节点($t=1$)进行第一个战略计划执行期的项目组合配置。资源分配量分别为$Q_1=300,Q_2=180$,一期项目组合配置的风险承受上界为$R=0.32$,资源增益系数为$\gamma=10\%$,第一期项目组合配置结果见表3-13。

表 3-13 第一期($t=1$)项目组合配置结果

相关指标	$t=1$
配置的项目	1,2,3,4,7,9
一期项目组合配置直接价值	487.324
滚动配置效益	0
资源1的使用量	299
资源1的剩余量	1
资源2的使用量	172
资源2的剩余量	8
一期项目组合配置风险	0.280 7

2)在第二节点($t=2$)进行第二个战略计划执行期的项目组合配置。首先需要对第一期执行完毕的项目进行收尾,进行资源更新和调配;然后结合第二阶段备选项目信息,开展第二个战略计划执行期的项目组合配置。

在第一期战略计划结束后,资源1一期使用后剩余量为1,增益量为30,一期项目在三期仍然进行,占用资源1的量为113,二期分配量为300,资源1二期可供新选项目进行组合配置的量为:300+1+30-113=218;同理,资源2二期可供新选项目进行组合配置的量为135。考虑项目组合配置风险累积,二期项目组合配置的风险承受上界为$R=0.32-0.32\times3‰=0.3104$。第二期项目组合配置结果见表3-14。

表3-14 第二期($t=2$)项目组合配置结果

相关指标	$t=1$
配置的项目	4,5,6,7,8,9,10
二期项目组合配置直接价值	365.523
一期项目在二期执行价值	185.011
滚动配置效益	47
资源1的使用量	296
资源1的剩余量	35
资源2的使用量	176
资源2的剩余量	30
一期项目组合配置风险	0.3104

3)到达第三个决策点$t=3$后,首先对一期、二期执行至本期结束的项目进行收尾,再次进行组织知识积累和资源更新调配;然后结合第二阶段备选项目信息,开展第三战略执行期的项目组合配置。

在二期战略计划结束后,资源1剩余量为35,增益量为30,一期项目在三期仍然进行,占用资源1的量为59,二期项目在三期仍然进行,占用资源1的量为51,二期分配量为300,资源1三期可供新选项目进行组合配置的量为300+35+30-59-51=215;同理,资源2二期可供新选项目进行组合配置的量为135;考虑项目组合配置风险累积,二期项目组合配置的风险承受上界为$R=0.32-0.32\times3‰\times(3-1)=0.3008$。第三期项目组合配置结果见表3-15。

表3-15 第三期($t=3$)项目组合配置结果

相关指标	$t=1$
配置的项目	1,2,3,4,5,10
二期项目组合配置直接价值	363.903
一期项目在三期执行价值	98.106
二期项目在三期执行价值	173.830
滚动配置效益	66
资源1的使用量	286
资源1的剩余量	79
资源2的使用量	188
资源2的剩余量	40
一期项目组合配置风险	0.2920

综合表 3-13～表 3-15,按照组织战略计划的执行期,分阶段单次决策项目组合配置结果为:项目组合总共配置项目 19 个,其中一期 6 个,二期 7 个,三期 6 个;分阶段单次决策项目组合配置的三期战略价值合计为 1 786.698,其中项目组合直接的组织战略权衡价值为 1 673.698,项目组合滚动效益产生的额外增加价值为 113;项目组合滚动配置的总体风险为 0.880 6;资源 1 总体使用量为 881,直接投入量为 900,增益为 60,剩余为 79;资源 2 总体使用量为 536,直接投入量为 540,增益为 36,剩余为 40。

(3)比较分析。将分期战略导向下的项目组合中整体滚动配置与传统的分阶段单次决策项目组合配置结果进行比较(即对表 3-12～表 3-15 中的数据进行综合比较),如表 3-16 所示。

表 3-16 项目组合整体滚动配置与分段决策配置结果比较

相关指标	整体滚动配置(1)	分阶段单次决策配置(2)	比较(1-2)
配置的项目个数	16	19	-3
项目组合直接价值	1 698.788	1 673.698	25.09
滚动配置效益	164	113	51
项目组合配置的总价值	1 862.788	1 786.698	76.09
资源 1 的使用量	954	881	73
资源 1 的剩余量	6	79	-73
资源 2 的使用量	568	536	32
资源 2 的剩余量	8	40	-32
项目组合风险	0.850 7	0.880 6	-0.299

由表 3-16 可以看出,组织分期战略导向下的项目组合整体滚动配置比分阶段单次决策选择的项目个数少,项目组合配置产生的总体战略价值大,资源使用得较为充分,项目组合配置整体风险小。

综上所述,分期战略导向下的项目组合整体滚动配置效果好于传统的分阶段单次项目组合配置决策效果,具有明显优势。

3.4 多元战略导向下的项目组合协同配置模型

在现实的竞争环境中,处于稳定发展期的企业大多会居安思危,积极选择多元化发展战略,力求减少运营风险并在新的领域获取一定的盈利空间,进而改变增长缓慢或停止增长的困境,以期再次提高企业竞争力。但是多元化实践表明,不是所有的多元化战略都能带来成功并获得期望回报,相当一部分组织在多元化进程中铩羽而归。归结原因发现,其中一部分是战略制定失误,但更大程度上源于多元化战略的实施不合理。把项目组合管理的思想和系统方法应用到组织多元化战略实施中,可以将组织的战略落实到具体的项目上,提高战略实施能力,达成组织多元化战略目标。同时,组织在多元化的扩张过程中,会遇到各种各样的项目机会,面对众多的备选项目,如何进行选择和配置,也是执行层面亟须解决的问题,因此,用多元化的战略指导组织项目组合及项目管理,是保证项目及项目组合对应组织战略目标,实现组织多元化战略的关键。

本节结合组织多元化战略导向和多背包数学模型,考虑组织多项目组合的资源共用与风险管理,建立组织多元化战略导向下的项目组合配置多背包模型,引入 Z 公司案例,通过实例数据验证模型和算法的可行性;基于生态学的 Logistic 理论,分析、组织多元化战略导向下的多个项目组合之间的战略协同模式,基于对产出水平变化的 MATLAB 仿真模型描述战略协同模式的稳定性条件及演变过程,为组织多元化战略导向的项目组合战略协同提出建议。

3.4.1 战略多元化与项目组合协同配置

1. 组织战略的多元化

(1)组织战略多元化的提出与发展。1957 年,美国的战略管理学著名专家安索夫在《哈佛商业评论》上发表了一篇名为《多元化战略》的文章,首次提出了多元化的发展战略,文章统计分析了 1909—1948 年美国经济规模在前 100 位的企业经营数据和演变情况,研究总结得出企业发展壮大有四个主要的途径,即占有市场份额的扩大、研发同系列新的产品、开拓现有产品新的市场以及业务经营的多元化发展。多元化发展战略在一定程度上分散了组织的专业经营风险,节约了业务关联交易成本,增强了组织内部的相互协作,可以形成一定的规模效应,提高资源利用和业务经营效率。

组织战略多元化是一种组织的扩展和成长型战略,在企业经营领域是指企业经营不仅仅局限于某一单一产品或行业,而是采用集团、事业部等模式进行纵向跨上下游、横向跨多个行业的业务扩张模式。二战结束以后,战略多元化业务的开展已经变为大型集团公司快速拓展业务的重要途径。20 世纪中期以后,美国掀起了各个公司并购的浪潮,大型集团公司采用兼并、吞购等方式实现多元化发展战略。随着专家学者深入广泛的研究和大型集团公司的成功实践应用,组织多元化战略逐渐成为组织拓展的主要战略。相比国外的研究和实践,国内的组织战略多元化的相关研究与实践开始得均比较晚。企业多元化战略的提出和应用开始于改革开放初步确立的社会主义市场经济体制。到现在,在市场经济充分发展的背景下,大型国有制企业、集体、民营集团企业已经广泛采用组织多元化的发展战略,开展多元化业务经营。

(2)多元化战略、组织绩效与资源。国内外许多专家研究了组织多元化战略与组织绩效的关系,目前认为多元化的发展战略对组织的经营绩效有利有弊。一般情况下,开展适度、合理的多元化经营能够充分利用组织剩余资源,提高组织资源的利用效率;能够使组织构成一定结构的内部交易资本市场,合理降低组织运营成本;多元化能够分担组织的经营风险,适当扩大规模,获取增加的规模效应。一些情况下,组织的多元化发展战略可能促使组织过度投资,把组织盈余的资本放入本来不是熟悉精通的领域,一定程度上降低组织内部资本的利用效率;多元化经营可能导致组织开展多种业务争夺资源而引起组织冲突。

组织实施多元化的发展战略意味着组织必须具备充足的资源和能力,需要协调整合组织的各种资源,支持和配合整个战略的实施,组织资源的筹备情况、使用配置情况以及综合利用效率可能会直接影响组织多元化的实施情况。组织实施多元化发展战略对组织资源的准备和获取能力的提升要求较高,开展的基础条件是组织经营现有业务后有剩余的资源及能力,而且这些资源和能力的灵活性、通用性要求高,这些剩余的资源及能力可以支持组织开展新的业务,对于开展多元化战略时亟须组织缺乏的资源,组织必须具备及时获取的能力。组织在实际运行过程中,只具有现有资源和能力远远不能满足需要,多元化战略的执行需要组织能够很好地协调、配置组织的资源。组织多元化战略要求组织涉足多个产业,需要组织具备较强的组织管理能力、协调各个产业的发展,需要组织在整体上掌控多元化产业对资源和能力的需求,有效传递组织的资源和能力,实现高效分配。

(3) 战略多元化分类与选择。组织在不同的发展阶段和时期,面对的内外部环境时常变化,运营目标、自身具备的资源、能力等也不尽相同,因此,需要组织根据自身实际做出如下决策:是否需要开展多元化战略经营,选择多元化经营的那种形式,怎么开展实施多元化经营战略。选择和决策的目的就是尽可能地消减多元化战略给组织造成的不利影响,最大化发挥多元化战略经营的积极效应,最终取得组织的最大绩效。如前文所述,多元化可以是指资本运作多元化,即投资和合资,也可以是指企业开拓发展不同的地理市场,即经营地域的国际多元化。本书将多元化简单定义为一个产品和市场的增加。组织多元化战略按能力和市场两个维度分类,在此基础上表明组织战略多元化的选择,如图 3-12 所示。

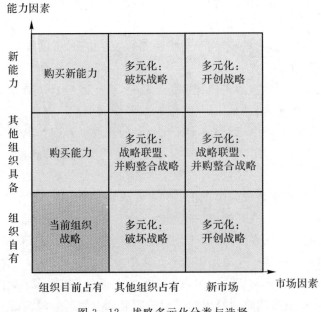

图 3-12 战略多元化分类与选择

任何组织要想取得成功都不能偏离战略目标,多元化业务的搜寻范围受到组织本身特性以及决策管理层对市场类型或有关能力认识的影响,类型选择必须与组织总体战略一致:①如果组织已经具备进入当前目标行业业务市场所需能力,开展多元化才能获得成功,企业应该有计划地利用这种竞争优势,依赖竞争优势的大小,通过挖掘内部潜力和拓展外部市场,进入目标行业,这种战略被称为破坏性战略。②如果组织没有具备目标行业业务市场所需主要相关能力而进入当前市场,而其他组织具备这些能力,那么组织通常需要借助和发展外部能力,如利用并购整合战略或战略联盟。③组织开发新的能力挤入其他组织占有的市场,意味着为当前或潜在的消费者提供不同的产品或服务。这样的多元化体现的是"破坏性"技术,可能会"扰乱"市场,具有破坏性的本质属性。例如,我国某些消费品企业利用广大的国内市场构建放缩效应,利用低廉的劳动力产品进入世界市场,这种战略也就是破坏性战略。④如果组织开拓新市场时具备进入目标行业业务市场所需要的主要能力,那么组织可以在早期通过内部增长进入新市场,这种战略被称为开拓创新战略,简称"开创战略"。⑤如果其他组织拥有而本组织缺少新市场所需要的能力,那么通常利用外部发展才能进入新市场。这是因为在组织内部构建新的能力需要大量的时间,因此采用并购整合战略或战略联盟。⑥使用组织具备的新的能力成为必要要素的新市场,就是通常说的新兴市场。新兴市场的开拓和占有可以通过内部增长或少量外部并购进行,这种战略也被称为开创战略。同时,组织多元化的选择和进入与产品或行业的生命周期密不可分,组织某个时期的多元化战略只对行业生命周期的某个阶段适用。例如,开创战略尤其适用于行业生命周期早期阶段的行业,而并购整合战略和战略联盟适用于处于生命周期中期的行业,破坏战略则集中在处于生命周期后期的行业。对于技术型企业,具有植根于技术和创新战略的相当特殊的能力,这些能力只能被应用在特定领域。随着核心业务和能力差距的拉大,企业面临的风险在不断增加,企业倾向于进入处于生命周期更加成熟的新行业。由于组织只从内部发展并不能达到实现多元化的目的,所以必须将组织内外部的发展相结合。通常条件下,自我研发和对外风险投资是组织进入一个新行业所需的必要非充分条件,必须详细调整战略发展计划、并购、研发和风险基金,不断发现、组合和执行新项目,以开发和实施组织破坏性多元化战略。

2. 项目组合协同配置概述

(1) 项目组合在组织多元化战略中的适用性。组织项目化管理理论提出,组织的一次性活动都可以看作是项目,或者当作项目来管理,所以组织的任何一种实施多元化途径都可以看作一个项目管理过程。在多元化过程中,每一项新事业的诞生,都是一个新项目。项目组合管理理论可以在组织实现多元化战略经营上发挥效用。

组织多元化战略的实质就落实在同一时期内同时选择和进行着的多个项目。具有相同战略目标的多个项目构成了项目组合,项目组合架起了组织多元化战略与组织具体项目实施之间的桥梁。项目组合管理的关键环节是项目选择、配置和优化的问题,项目组合的选择要遵循战略匹配、组合价值最大化、组合平衡等原则,同时实现项目组合配置的项目之间共享、争夺资源。在项目组合及决策阶段要考虑由于直接依赖或者组织资源限制而引起的项目相互作用,并考虑项目资源消费的时间依赖性,提早避免因资源的分散而导致的企业多元化失败。

在被实施的周期内,以组织决策确定的战略为基础建立的发展蓝图必然会经历不断的调整和改变,以适应组织所处的变化的内外部环境。为了形成灵活、有效的经营战略,保证一定的战略柔性,必须通过一系列动态项目组合管理加以实施。实行多元战略导向下的项目组合配置就是通过一个有效的程序来控制和实施组织结构、文化、管理的方式方法,以及具体操作的变更并化解冲突,这依赖于项目组合内资源和风险的共享。

(2) 多元战略导向下的项目组合协同配置框架。任何项目的实施成功都离不开组织战略的指导,多元化项目组合选择与配置必须与组织的战略相符合,同时组织选择的多元化战略需要具体的项目、项目组合来实现。通过对组织多元化战略的分析,可以得出组织开展多元化战略的每一个实施路径都可以被当作一个项目化的管理过程,组织每开展的一项新的事物,都可以作为一个新的项目来管理和实现。因此,采取项目组合配置的理念来实现组织战略的多元化是有效和必要的。组织实施多元化战略的成功,不单单取决于单个项目的成败,还取决于项目组合的评价、选择、配置以及整体效益的发挥。多元战略导向下的项目组合配置框架如图3-13所示。

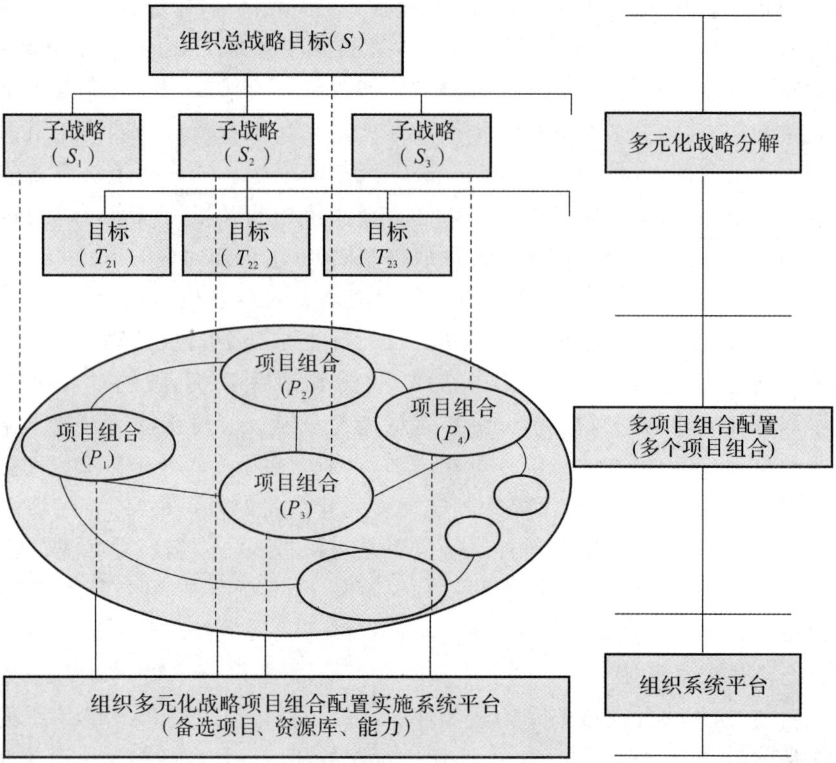

图 3-13 多元战略导向下的项目组合配置框架

如图3-13所示,针对组织多元化战略进行项目组合的选择和配置,以项目组合的实现来完成多元化的子战略。同时,从组织整体业务的运营和长远发展来看,组织内各个项目组合之间的协同既是组织成功实施多元化战略必须完成的重要工作,也是组织在开展新业务开发、原业务分离、经营中心调整或并购重组等战略决策时,必须认真考虑的重要问题。在组织以多项目组合配置实施多元化战略的进程中,项目组合之间能否形成正的协同效应是关乎组织多元化战略成败的关键要素之一。

在组织多元化战略导向下,在组织有限资源约束下,如何选择项目进行项目组合配置使组织的总收益最大,组合风险最小,同时,处理好战略导向下同一组织内多项目组合之间的稳定和协同,是本节的主要内容。

(3)多元化战略导向下的项目组合配置的组织方式。多元化战略不仅仅是组织层面战略的一种形式,也是降低单一业务经营风险与扩大经营规模的重要途径,多元化战略的成败在很大程度上取决于选择的组织结构是否科学、合理。因此,组织对此应予以重视,调整并重新建立适当的组织结构以配合多元化战略,来应对多元化战略情形下不断增加的市场竞争要求。

多元化战略管理实践证明,事业部型组织结构的采用有效地解决了职能型组织结构面对变化环境时可能发生的失控问题。采用事业部型组织结构有利于组织多元化战略的实施,并且事业部型组织结构必须与多元化战略相结合才能实现组织多元化战略带来的经济增益。从组织发展历程来看,一般而言,组织经历从单一化向相关多元化发展,进而向非相关多元化突破,相应地,结构跟随战略,组织结构也会随着调整和变化,从职能制结构向事业部型转变。战略与组织结构相匹配的情况,更加有利于组织内信息传达、流程管理等。然而,众多学者的研究发现,这种机械式的战略-组织结构匹配关系并不具备自动调整实现程序,即不是一下子就能够实现的,需要一个过渡和演变过程。

因此,基于项目组合管理实现组织多元化的思路,本书提出对应组织多元化战略目标导向和项目组合管理实现的组织方式——战略项目办公室(Strategic Project Office, SPO),作为实践中能够成功进行项目组合管理的关键,其管理职能即针对组织多元化的战略在实际实施过程中遇到的问题而展开。与传统的项目管理办公室(PMO)更多关注项目组合、项目的计划与控制不同,SPO关注战略与项目的结合;与项目化委员会、战略委员会等兼职虚拟结构不同,SPO是实体结构。同时,SPO尚未达到事业部或分子公司的完整功能及规模,它作为组织多元化战略项目化及项目组合实施的独特方式,是介于职能制结构与事业部结构之间的柔性组织方式。SPO是一个组织实体,负责将战略对应落实到具体的项目中去,并监控项目和组合,以确保这些项目和组合可以在竞争多变的环境中持续地获得战略主动权。其在组织中的定位如图3-14所示。

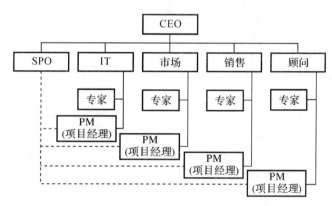

图3-14 SPO在多元化组织结构中的位置

如图3-14所示,SPO进行项目组合管理的首要任务是对组织的战略资源进行分析,使备选项目与组织战略目标相吻合。为确保组织多元化战略实现,SPO在项目组合配置过程中的主要作用为:①对企业的战略进行分解。在进行深入分析前对目标项目进行机会识别和论证评估,选择和配置组织目前需要展开的项目,根据组织的战略进行项目组合定义和设计,使组织在恰当的时间实施正确的项目,并确保组织在项目组合实施过程中做好资源保障等工作。②效用分析,对项目组合进行动态评估。在组织多元化战略实施过程中,各项目都有可能因系统或非系统风险而发生变更,因此需要动态考虑资源配置,并不断做出调整。③协同平衡与监控项目,应当建立一个过程支持并控制项目组合始终符合组织多元化战略目标导向,各项目组合子集之间维持彼此平衡协同的状态,最终有序完成组织任务,并向组织高层汇报。

3. 多背包问题模型

(1)背包问题模型描述。背包问题是运筹学里组合优化的典型NP问题,在20世纪中期第一次由Dantzi教授提出,在密码学、计算机科学、数学应用及商业等领域有着广泛的应用。背包问题简要描述如下:要从多个物品中进行选择,装入背包中。假设背包的载重是M,现有

n 个重量为 w_j、价值为 $c_i(i=1,2,\cdots,n)$ 的物体,要求把备选的一些物体装入准备好的一个背包(不可分割),根据背包的情况要求其重量不能超过 M,并且所载重物品价值量达到最大,这一问题称为背包问题。传统 0-1 背包问题中,物体或被装入背包,或者不被装入背包。假设 $x_i(x_i=0,1)$ 变量用来表示备选物体 i 被装入背包的状态。当 $x_i=1$ 时,表示物体 i 被装入背包;反之,没有装入背包。背包问题数学解释归结为寻找一个使目标函数实现最大和满足约束方程的解向量 $\boldsymbol{X}=(x_1,x_2,\cdots,x_n)$,目标函数 optp 和约束方程构成数学模型如下:

$$\text{optp} = \max \sum_{i=1}^{n} c_i x_i \tag{3-42}$$

s.t.

$$\sum_{i=1}^{n} w_i x_i \leqslant M \tag{3-43}$$

$$x_i = 0,1(i=1,2,\cdots,n) \tag{3-44}$$

多背包问题是一类基于背包问题的组合优化问题,是背包问题的一个变形。现实情况中,背包的数量不止一个,这就构成了多背包问题(Multi-Choice Knapsack Problem,MCKP)。多背包问题(MCKP)的约束来自两个方面,一方面是多个背包的容量约束,另一方面是需要保证每个物体最多只能被放入一个背包中。

多背包问题描述如下:假定存在 n 个大小为 $w_1,w_2,\cdots,w_n$ 的物体和 m 个容量分别为 $c_1,c_2,\cdots,c_m$ 的背包(w_i,c_i 是正整数),找出 w 的 m 个互不相交的子集尽可能地装满 m 个背包,并且所装的物体的价值总和最大。在多背包问题中,除了需要确定每个物体是否装入书包外,还需要明确这个物体装入哪个书包,显然多背包问题的优化会比背包问题复杂得多。

多背包问题与只有一个背包但具有多个约束限制条件的多限制背包问题不是一个问题。对多背包问题的求解,按背包问题的算法逐个计算是一种串行的启发式求解方法,用这种方法可以得到一组可行解。但考虑各个背包并不是独立的,这种启发式算法得出的可行解不一定是最优解,且有可能与最优解相差甚远。

(2)模型的应用与拓展。组织战略的多元化对应多个项目组合,通过项目组合配置的方式达成组织的多元战略,同时需要多个项目被选入项目组合,可以归为典型的多背包问题。以组织即将开始的多元化战略目标为导向,界定和明确组织现有的可以调配的资源和能力为一个"背包",这样既能明确做事情的目标,又能清楚目前具备的相关资源,做到了"有的放矢"和"粮草先行";同时,针对组织多元战略形成的每一个背包,定义和设计项目组合,将组织挖掘和寻找的新项目,定义为一个个待装入"背包"的"物品",对其进行评估、选择和配置,形成项目组合以实现组织的多元化战略。

典型背包问题与现实中的项目组合问题的前提假设条件是不同的,现实中组织的战略、资源及项目等条件远比式(3-42)~式(3-44)表现得复杂,在建立模型之前必须加以区分和界定,才能保证模型的适用性。基于对组织多元化战略和项目组合管理实践的总结,多元战略导向的项目组合协同配置模型具有如下特点:①典型背包问题中,背包的容量与物体的尺寸是确定的,如装船、装车等问题,都能够明确而且长和宽等是不可转换的。而如前所述,组织资源约束是柔性的,而且在一定条件下资源是可以相互转换的。②典型背包问题的备选物品可以是标准化的,同质性和可比性较高,项目组合配置面向的每个项目都是"一次性的"和"唯一的",项目的利息相关者、规模、生命周期及资源需求等诸多特征,使项目之间的标准化和可比较性降低。③原背包问题没有考虑装入背包的物品之间的相互影响。在组织项目组合配置的实践中,项目组合的项目之间存在相互影响,如项目之间的组合效益,即实现"1+1>2"的效果,或者项目之间的资源共享、技术制约和风险累积等。

3.4.2 项目组合协同配置多背包模型

1. 项目组合配置问题及假设

(1)多元化战略与项目组合。现实情况下,组织进行多元化战略决策时先考虑是否具有好的项目,再就是考虑组织的长远发展前景和自身所具备的资源能力。对此,研究者们在理论研究和企业管理实践上都做了大量的探讨。比如企业家傅军提出,在开展多元选择要进入的项目或目标产业时,需要认真分析以下几个决策依据:一是选择的项目、产业是否具有迅速做大做强的潜力,若项目产业市场容量有限、过于分散、很难扩张,则不宜选择。二是选择的项目及产业的发展前景,是否能够形成持续长久发展。虽然有的项目及产业有做大做强的可能,满足第一个条件,但可能会被淘汰,不具备长久发展的可能,也要放弃。三是新执行的项目及项目组合与组织现有的能力资源储备是否吻合,即不打无准备之仗。

关于多元战略导向下的项目组合配置模型,现将具体的问题简要描述如下:假设针对组织高层决策的多元化战略,决定以项目化及项目组合的管理方式实现多元战略,在调配组织各种资源的基础上,确立 m 个项目组合,依据多元战略的需要,每个项目组合调配组织资源的类型和数量有限,组织准备了 n 个项目,解决的问题是在一定约束条件下,哪些项目被选入哪些组合,从而能够达成组织战略目标的最大实现。

现实的约束条件如下:

1)组织开展多元化战略最大的限制就是能力和资源有限,即组织不可能无限制地开拓新市场执行新项目等。多元化战略导向下组织在开展新的项目前,必须确定自身具备项目所需的资源或者在通常条件下可以获取的此类资源,并需要明确分配给每个组合每类资源的总量,项目组合选择和配置的项目所需要的资源总量不能大于分配给此项目组合的资源量。

2)多元化战略的实施。开拓本不熟悉的新的业务市场或者尚未掌握关键技术,具有很多不确定性,必须关注组织实施多元化战略的风险,对其进行充分的识别、估计和分析,并将风险控制在能够接受的范围内(每个项目组合的风险综合量不应大于项目组合所能承受的范围)。

3)其他约束条件。开展多元化战略过程中,针对特定项目或者特殊产业,必定会有一些特殊要求,例如需要政府部门审批的项目,组织必须履行相关程序或者已经取得相关许可。

(2)资源共用与风险管理假设。鉴于多元化战略导向下的项目组合配置问题的复杂性,为了使复杂问题简单化,同时构建符合组织实际情况的模型,需要做出以下假设:

1)资源共用。依据对组织多元化战略的分类和资源需求的分析,多元战略下的子战略对应的项目组合配置、项目资源共用是普遍存在的且是多元战略取得规模效应的前提条件。项目资源共用说明了项目组合资源的软约束,是区别于传统背包问题中背包与物品尺寸有硬性限制条件的重要特征。项目资源共用与资源的特性有关,非消耗性资源,如固定资产等,共用的可能性比较大;与项目组合中的项目相似度有关,项目相似程度很高,项目之间共用资源的可能性比较大;与项目组合配置的项目个数有关,即同一项目组合执行的项目越多,资源共用的程度越高。

资源共用量的测度比较困难,相关研究较少,基于以上分析,假设以下条件:

(a) 资源 k 的可共用程度表示为 θ_k，$\theta_k \in [0,1]$。$\theta_k = 0$ 表示消耗性资源不可共用，反之 $\theta_k = 1$ 表示资源可以完全共用（如固定资产等）。

(b) 资源 k 分配给项目组合 j 的资源量为 $C_{k,j}$，项目组合 j 的项目相似度为 μ_j，$\mu_j \in (0,1)$。$\mu_j \approx 0$ 表示项目完全不同，$\mu_j \approx 1$ 表示项目相似程度很高近乎一样，完全一样的项目是不存在的，所以 $\mu_j \neq 1$。

项目组合 j 执行的项目个数为 n_j，则资源 k 在项目组合 j 的共用系数 $\theta_{k,j}$ 及资源共用量计算为 $\pi_{k,j}$，有

$$\theta_{k,j} = \varphi_k \mu_j \frac{n_j}{n} \qquad (3-45)$$

$$\pi_{k,j} = \theta_{k,j} C_{k,j} \qquad (3-46)$$

在项目组合配置模型中，需要依据组织战略、项目组合、项目及资源特征核算项目组合资源共用量，对资源约束条件进行调整。

2) 风险管理。多元化战略导向的项目组合配置，需要考虑组合的总体风险，首先是识别、分析和评估单个项目的风险。但组织项目组合的风险不能将各个单项目的风险简单加和，还需考虑组织项目组合的风险管理难度。项目组合风险管理难度与项目组合项目之间的相似度有关，项目相似程度越高，风险管理难度越低，整体风险将降低；同时与项目组合选择的项目个数有关，同一项目组合执行的项目越多，项目组合风险管理的难度越高，项目组合配置的风险量也越大。

同上，项目组合 j 的风险承受度为 R_j，假设项目组合 j 的项目相似度为 μ_j，项目组合 j 执行的项目个数为 n_j，则项目组合 j 风险管理难度系数 ω_j 和风险增加量 ∂_j 为

$$\omega_j = \left(\frac{1}{\mu_j} - 2\right)\frac{n_j}{n} \qquad (3-47)$$

$$\partial_j = \omega_j R_j \qquad (3-48)$$

由式 (3-47) 和式 (3-48) 可得出，当 $\mu_j \in (0,0.5)$ 时，$\omega_j > 0$，$\partial_j > 0$，表示风险管理难度增加带来风险量的增加；当 $\mu_j \in (0.5,1)$ 时，$\omega_j < 0$，$\partial_j < 0$，表示风险管理难度的降低带来风险量的减少；假设当 $\mu_j = 0.5$ 时，风险管理难度适中，风险增加量为 0。

2. 项目组合配置多背包模型

(1) 符号说明。对应组织的多元化战略，组织立项的项目组合 j 配置个数为 m，$j = 1,2,\cdots,m$；项目 i 是进入候选项目池等待选入项目组合的项目，待选项目总个数为 n，$i = 1,2,\cdots,n$；价值量 v_i 表示项目 i 对应的战略价值，$f(x)$ 表示为组织项目组合配置实现的总战略价值；决策变量 $x_{i,j}$ 表示项目组合 j 对项目 i 的决策，当选择项目 i 进入战略的项目组合 j 时，$x_{i,j} = 1$，当不选择此项目时，$x_{i,j} = 0$；项目 i 对资源 k 的需求量为 $q_{k,i}$，项目 i 的风险量为 r_i；项目组合的资源及风险约束见式 (3-45)~式 (3-48)。

(2) 目标函数及约束条件。

$$\max f(x) = \sum_{j=1}^{m} \sum_{i=1}^{n} v_i x_{i,j} \qquad (3-49)$$

s.t.

$$\sum_{j=1}^{m} x_{i,j} \leqslant 1;\ i = 1,\cdots,n \qquad (3-50)$$

$$\sum_{i=1}^{n} q_{k,i} x_{i,j} - \theta_{k,j} C_{k,j} \leqslant C_{k,j}; \ j=1,\cdots,n \quad (3-51)$$

$$\sum_{i=1}^{n} r_i x_{i,j} + \omega_j R_j \leqslant R_j; \ j=1,\cdots,m \quad (3-52)$$

$$\theta_{k,j} = \varphi_k \mu_j \frac{n_j}{n}; \ j=1,\cdots,m \quad (3-53)$$

$$\omega_j = \left(\frac{1}{\mu_j} - 2\right)\frac{n_j}{n}; \ j=1,\cdots,m \quad (3-54)$$

$$x_{i,j} = 0 \ 或 \ 1; \ i=1,\cdots,n, \ j=1,\cdots,m \quad (3-55)$$

$$n_j = \sum_{i=1}^{n} x_{i,j}; \ j=1,2,\cdots,m \quad (3-56)$$

项目组合配置的多背包模型式(3-49),是一个 0-1 整数规划。该模型全部的解是 $m \times n$ 的矩阵空间,矩阵上的每一个解用来表示的是项目与项目组合的关系,即 $x_{i,j}$ 表示第 i 个项目选入第 j 个项目组合,反之,$x_{i,j} = 0$ 表示第 i 个项目不被第 j 个项目组合选中(不属于)。式(3-17)是指每一个项目最多只能被一个项目组合选中,式(3-51)～式(3-56)分别指项目组合的资源容量和风险容忍上界限。此项目组合配置的多背包问题模型属于典型的 NP——完全问题,模型计算求解的复杂度为 $O(2mn)$。

(3)贪心法-遗传算法设计。

1)贪心算法与价值密度排序。

利用遗传算法求解项目组合配置的多背包模型,进行编码、种群初始化和循环处理迭代过程中产生不满足约束条件的解是关键,简单遗传算法的处理方法面临模型的解规模较大时可能出现所有个体的适应值为 0 和迭代中断的可能。因此,需要借鉴和引入贪心算法对种群进行初始化并处理不可行解的修复,将具有较强搜索能力的 SGA 与传统贪心算法相结合,增强了 SGA 搜索导向,既能加快算法的搜索速度,又能提高算法精度,还能克服传统方法容易陷入局部最优的缺点。

使用贪心算法求解项目组合配置多背包模型问题时,项目选择配置次序是需要解决的关键问题,引入价值密度的概念——$\mathrm{density}(i) = v_i / (r_i \sum_{k=1}^{k} q_{k,i})$,并依据价值密度对项目组合配置进行排序。按价值密度对项目的排序为非增序列,假如组织存在两个备选的项目价值密度相同,则选择价值量绝对数大的项目排在前面,再按次序逐一选择和配置项目(配置到剩余资源量最多的项目组合中),使项目组合的总战略价值最大,直到任何项目组合都不能配置任何一个项目为止。

2)遗传编码方式与适应值函数。

采用整数编码进行处理,例如对本节 3 中实例的 20 个项目和 3 个项目组合的多背包问题的编码可以表示为如下的整数集合:$X = \{x_1, x_2, \cdots, x_{20}\}(x_i = 1 \in \{0,1,2,3\})$,表示第 i 项目配置到项目组合 l 中($l=0$ 表示 3 个背包均不选择此项目),如 $x_2 = 1$ 表示将项目 2 选择和配置进入项目组合 1 中。这样一个 n 个项目、m 个项目组合配置多背包问题的解的搜索空间由 $O(2mn)$ 变为 $O(mn+1)$,使搜索空间变小从而得到更快的收敛速度。

适应值函数定义为:$\mathrm{fitness}(x) = \sum_{i=1}^{n} (x_i \cong 0) p_i$,在遗传算法进行复制选择时,按照适应

值升序进行排列,将原适应值序号作为新的适应值并进行适应值尺度的不断变换,可以减小迭代过早收敛或者停止的发生概率。

3) 解的修复与修正。

采用遗传算法,对种群初始化和遗传选择、交叉和变异迭代操作产生的解进行总结,可以将其分为两类,即不可行解和可行解。不可行解的产生来源于两种情况:一是初始种群创立时产生的不可行解的染色体编码结构,二是交叉或变异操作造成的不可行解的染色体编码结构。在算法设计上,需要针对这些不可行解进行修复,采用以下两步:一是找出不可行解相对应的项目配置组合,对这个项目组合配置的项目按照项目的价值密度进行升序排列;二是按上述排列,依次减去项目直到求出可行的解为止。

由于项目组合配置的可行解,可能存在项目组合资源利用不充分的问题,采用贪心法的思想,进行如下修正:对尚未配置进入项目组合的项目按照价值密度降序排列,依据排列次序依次将项目配置进入剩余资源最多的项目组合中,直到不能再配置为止。

4) 遗传算子与算法流程。

首先采用完全随机方法生成初始种群,使用上述办法修复不可行解,并针对形成的可行解进行修正完善,基于贪心法产生一个近似最优解,替换种群中适应值最差的个体,得到初始种群,并进行选择、交叉和变异操作。算法流程如图3-15所示。

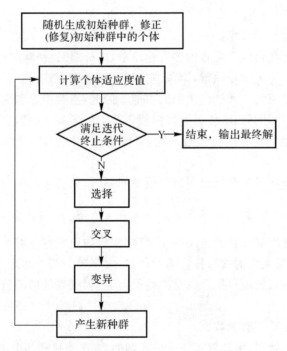

图 3-15 混合遗传算法流程图

3. 案例分析与结论

(1)案例背景描述。成立于1864年的Z公司是一家总部位于瑞士的全球性集团公司,是在电气和光学连接技术元器件和系统领域居国际领先地位的生产厂商,其附属公司遍布欧美及亚洲超过40多个国家和地区,其产品应用于通信、工业和交通行业,并长期以领先的科技和卓越的品质文明于世界。Z公司的核心竞争力集中在高频技术、光纤、电缆和聚合物部件领域。通过与遍布全球的客户密切合作,并凭借数十年开发生产之经验、高品质多样化的产品和完善的技术服务,Z公司成功迈进中国市场。回顾Z公司在中国近十年的发展历程,Z公司瑞士总部的高层和战略项目办公室的顾问们都会为这一成功的项目组合管理组织方式和思路过程带来的多元化效益感到自豪。作为全球为数不多的、在同一家集团公司里实现运用射频、光纤、和聚合体技术来生产元器件和系统的公司之一,Z公司有效地利用动态战略级项目组合管理实现其三位一体的组织多元化战略。

当Z公司在中国市场展现出巨大的实力和成长时,Z公司总部就前瞻性地将进入中国市场并发展投资中国区业务视为一个战略项目组合,并提出了基于项目组合管理的三个发展战略目标:①将组织制定的多元化业务发展战略与具体的项目组合选择和配置相连接;②通过多项目组合配置,实现多个项目组合总的商业战略价值最大化;③实现项目组合配置的协同与平衡,应用一些科学方法进行项目组合的选择和协同配置,寻求最优项目组合以最大化的资源效用来实现多元化战略目标。

Z公司总部决定将中国子公司由单纯的贸易职能单位转化为亚太区的产品研发、加工、制造和服务等综合性基地时,根据其核心竞争力以及多元化发展方向制定了"3×3"的多元化战略,即3项技术(Technology)[射频技术(HF)、光纤技术(FO)、电缆和聚合体技术(NF)],和3个应用领域(Market)]和三大主营市场[通信领域(Communication)、交通领域(Transportation)、工业领域(Industry)]。成立战略项目办公室(SPO)实施项目组合管理的首要目标和工作任务就是引进一个连贯统一的项目评估与选择机制,选择与组织多元化战略目标一致的项目,对项目的特性以及成本、资源、风险等项目要素按照统一的计分标准进行优先级别评定。

根据总部提出的多元化战略发展和项目组合配置的三个目标,SPO建立如下三条项目组合配置的基本原则,在众多待选项目中挑选出能使企业价值最大化的项目组合:

1)项目组合必须符合Z公司在中国的多元化发展战略目标并做出贡献。

2)中国市场环境显示连接器和电缆行业是一个复杂的系统,必须对准备进入的三个市场进行综合分析与判断,综合考虑每个待选项目的收益与风险、项目间的联系和项目可利用的资源等多种影响因素,选择和配置最适合组织现状的项目组合,使项目组合实现的组织整体战略绩效和价值最大化。

3)Z公司在中国的市场和资源尚处在一个相对有限的环境中,对于超过组织可调配和利用的所允许数量的待选项目,在挑选项目进入相应的项目配置组合时必须同时考虑对资源的需求及可用资源的改变、项目依存时间的资源消耗等资源约束因素。

Z公司在欧洲已有百余年的经营历史,市场地位已经十分牢固,但是面对仍然处于发展中的中国及亚太区市场,在决策时需要慎重、系统地综合考虑各种影响因素。作为未来亚太区的技术、生产、营销中心,Z公司在中国投资的项目需要为企业知名度和品牌提升、企业技术战略、技术积累、企业竞争力提升等方面做出战略贡献,总体体现出在未来一段时期的发展方向和总体蓝图。

Z公司是一家典型的多元化企业,并且在制造型企业中有很强的代表性。本案例以Z公司三个技术之一在中国市场的三个领域("1×3")的多元化开展作为分析对象,归纳为3个背包(项目组合)和20个物品(备选项目)的多背包问题数学模型,建立组织多元化战略导向下的项目组合协同配置模型,分析项目组合配置与协同的动态过程。

(2) 基础数据输入。为验证模型及算法的有效性,本案例对Z公司实施多元化战略导向下的3个项目组合($m=3$)、20个候选项目($n=20$)和2类资源($k=2$)构成的项目组合配置问题进行仿真分析。假定根据组织的项目开展和资源使用的知识积累,测评两类资源可共用程度分别为$\theta_1=0.6, \theta_2=0.2$。项目组合及候选项目的相关数据(数据是经过模糊转换处理后的最终数据)见表3-17和表3-18。

表3-17 项目组合配置参数

项目组合配置	$C_{1,j}$	$C_{2,j}$	R_j	μ_j
组合1($j=1$)	142	98	0.96	0.6
组合2($j=2$)	165	100	0.98	0.4
组合3($j=3$)	193	102	0.95	0.7
合计	500	300	—	—

表3-18 候选项目参数

项目序号	v_i	$q_{1,i}$	$q_{2,i}$	r_i
项目1($i=1$)	47	30	11	0.141
项目2($i=2$)	57	37	14	0.171
项目3($i=3$)	63	39	18	0.189
项目4($i=4$)	50	31	13	0.150
项目5($i=5$)	55	36	16	0.144
项目6($i=6$)	51	24	21	0.153
项目7($i=7$)	60	31	23	0.180
项目8($i=8$)	58	35	17	0.174
项目9($i=9$)	44	22	16	0.132
项目10($i=10$)	43	25	20	0.113
项目11($i=11$)	50	20	24	0.151
项目12($i=12$)	51	32	13	0.153
项目13($i=13$)	54	33	15	0.157
项目14($i=14$)	58	41	11	0.174
项目15($i=15$)	57	33	18	0.171
项目16($i=16$)	50	28	16	0.152
项目17($i=17$)	60	36	18	0.181
项目18($i=18$)	59	42	14	0.146
项目19($i=19$)	74	46	22	0.222
项目20($i=20$)	55	29	20	0.165

(3) 实验结果分析。将遗传算法的参数分别假设为:种群规模即种群个体个数Nind=30,

遗传最大进化代数 Maxgen＝100,交叉率 p_c＝0.9,变异率 p_m＝0.01。通过使用 MATLAB 软件求解,得出多元战略导向下的项目组合配置结果(见表 3－19)。

表 3－19 项目组合配置结果

项目组合配置	选择的项目	战略价值	资源 1 使用量	资源 2 使用量	组合风险
组合 1(j＝1)	3,4,7,11,15	280	128.44	90.12	0.673
组合 2(j＝2)	5,6,10,13,18	262	140.2	82	0.963
组合 3(j＝3)	1,9,12,14,16,17,20	365	161.258	95.004	0.695
合计		907	429.898	267.127	

由表 3－19 所示,组织项目资源的使用量是减除资源共用量后的量,组合风险是考虑项目组合风险管理难度后调整的量,结果显示项目组合配置项目共计 17 个,三个项目组合共产生的组织战略价值为 907。结果表明,在考虑资源共享的基础上,项目组合协同配置模型使三个项目组合的资源都得到了最有效的配置,同时在考虑每个项目组合总体风险承受能力的基础上,项目组合协同配置模型能够实现总的项目组合配置对应的组织权衡战略价值最大化,达到了预期的配置目的。

项目种群最优值和种群均值随进化代数的变化趋势如图 3－16 所示,表明能够求得项目组合配置模型的最优解,求解算法比较稳定且收敛效果较好。

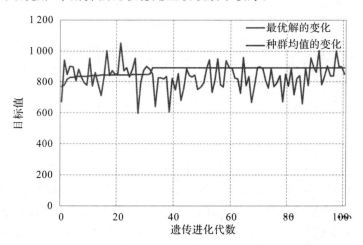

图 3－16 最优目标值和种群均值随进化代数的变化趋势

3.4.3 基于 Logistic 多项目组合的战略协同分析

1. 项目组合协同及 Logistic 理论

(1)多元战略导向下的项目组合战略协同分析。协同理论认为,事物的发展过程是无序状态与有序状态的动态转换过程,无序的状态就是混沌,有序的状态就是协同。由诸多子系统组成的复杂系统,在一定的内外部条件下,由于各子系统之间的相互作用与协作,会产生"1＋1＞2"的整体效应或协同作用。这种协同作用能使系统在临界点发生质变、产生协同效应,并按照某种规则自动形成一定的结构或复合功能,使系统从无序变为有序,从混沌中形成某种新的时间、空间或功能集合下的有序结构。序参量支配和规定着系统的其他变量,并决定着系统动力和突变结构,主宰着系统从无序到有序的整个演化过程。结合系统论的思想,协同就是一个事物(系统)为实现和保持有序状态对其内部相关要素(子系统)进行连接、协调、集成和整合的动态过程。基于协同论,组织可看作一个复杂的开放系统,管理者在组织和流程的支持下通过战略、运营和项目管理等各管理子系统的充分配合和相互协调,使组织内部人员、资源等管理要素在内外部环境条件作用下产生协同效应,实现组织的有序和稳定协调发展。

如上所述,组织的多元化战略是组织发展到了一定的规模和水平后所倾向采取的一种发展方式。尽管以上提出的项目组合配置理论已经为组织的多元化战略提供了一种新的视角和分析方法,然而随着组织战略多元化的发展,我们还需要认识到一条贯穿于多元化战略研究方面的重要线索——"协同"。在组织多元化战略实施的进程中,能否获取真正的协同效应是组织多元化战略成功与否的重要影响因素。从大多数企业目前的运营和发展来看,协同效应不但已愈来愈频繁地成为企业在推行多元化战略时所关注的一项重点内容,而且也是许多企业在进行业务剥离、经营业务重心调整或业务重组等多元化业务处理决策时所必须考虑的关键问题之一。因此,对组织开展多元化战略的项目组合协同效应进行探讨和分析十分必要。目前来看,组织的多元化战略所带来的协同效应不仅在理论探讨中得到了一致的认可,而且在相当一部分企业的多元化战略发展实践中也的确收到了预期的成效。然而,在实际过程中,基于协同方式的多样性及协同实践的复杂性,协同效应的实现也并非易事。在某些难以处理的情形下,为了在多元化战略的实践过程中构建和落实原本所期望的协同效应,组织可能需要付出相当大的成本,出现负效应。即便是协同机会很好,组织内外部多元化战略下的业务单元之间也必须构筑起恰当的协同方式,才能保证组织的多元化战略协同和实现过程更加顺畅。

对项目化管理的组织而言,企业战略和项目管理是其持续发展过程中的序参量,发挥着不同的支配与主导作用。项目化组织的发展,一方面,需要发挥战略的规划与导向作用,即依托战略管理机制把战略和战略目标转化为可以执行的具体项目或者项目组合;另一方面,由于不同项目有不同目标体系,项目数量的增多会分散以目标为导向的单项目管理对组织整体利益和战略目标实现的支撑作用,组织又需要通过项目组合管理把多个项目对战略的不同支撑作用形成合力,使项目组合管理过程与组织的总体战略实现过程有效结合、动态统一。因此,在组织多元化与项目化管理过程中,项目组合管理与组织战略的动态协同有利于提高项目管理的战略性、解决项目组合管理中存在的突出问题,也关系到组织战略的有效实施和持续竞争优势的获得。项目组合管理与组织战略的协同具有动态性、过程性和不稳定性,不仅受到组织战略管理与项目管理两大机制的制约,企业组织结构、文化和管理执行力等也会影响协同效应的最终实现。

从组织多元战略协同效应的内外结构维度看,组织既需要与外界互动适应实现组织内外部协同,也需要获得内部各业务单元之间相互配合的内部协同。

(2)Logistic含义及假设条件。生物学中,Logistic模型用来描述在有限的环境中种群数量的演变过程(增长规律),有时也用来刻画生物种群之间的相互作用关系。自然界中人口数量的增长、疾病的传播、技术革新的推广等都满足Logistic模型的增长规律。

项目组合生存的项目集群环境随着时间的推移而变化,多元战略下的组织多项目组合协同是指项目组合之间以及与外部环境的相互作用会引起各自价值贡献产出量的变化。为计算简便和表达直观,做出以下假设:①项目组合的产出量是时间t的函数,表示为$x(t)$;②在组织有限的资源环境中,项目组合的产量存在一个最大值,表示为 N;③ 项目组合在 t 时刻的自然增长饱和度为 $x(t)/N$,对企业的产出量增长的阻滞作用,表现为 $1-x(t)/N$;④ 项目组合所在的行业的平均增长率(内禀增长率)与行业本身的固定特性有关,表示为 r。自然状态下,项目组合的产出量的演化过程可以描述为

$$x(t+1) = rx(t)\left[1 - \frac{x(t)}{N}\right] \tag{3-57}$$

用 Logistic 模型来描述组织多元战略导向下的项目组合战略协同关系,在模型中将项目组合所经历的产出变化简化为产出水平,通过对产出水平变化的刻画来描述项目组合战略协同两种模式的稳定性条件及演变过程。

2. 协同模式及稳定性分析

组织多元化战略的项目化和项目组合实施方案,需要项目组合的合理配置和有效执行,同时也需要项目组合之间的协同。如图 3-13 所示,对组织内的项目组合进行分析,将组织项目组合之间的协同分为主体组合和辅助组合的"O-A"模型和平等竞争协作的"A-A"模型。"O-A"模型表示辅助组合"A"依赖并为主体组合"O"提供辅助,主体组合可以单独存在和发挥功能效用,辅助模型协助发挥效用。

(1)"O-A"协同模型及分析。设 O(主体项目组合)可以独立存在,O 的产出水平增长按照 Logistic 规律增长,A(辅助项目组合)的存在为 O 提供了专业、资源和技术的支持,增加 O 的产出能力,因此 O 产出水平增长规律可描述为

$$x_1(t+1) = r_1 x_1(t)\left[1 - \frac{x_1(t)}{N_1} + s_1' \frac{x_2(t)}{N_2}\right] \tag{3-58}$$

其中,r_1 为 $x_1(t)$ 产出水平的固有增长率;N_1,N_2 是 O,A 的最大产出量;s_1' 表示 A 的自然增长饱和度对 O 的产出水平增长的贡献,$s_1'>0$。在"O-A"系统里,辅助项目组合的存在依附主体项目组合,O 的消失也会带来 A 的消亡,设 A 其死亡率为 r_2',有

$$x_2(t+1) = -r_2' x_2(t) \tag{3-59}$$

同时,O 的存在为 A 提供辅助任务和产出需求,意味着 A 的市场规模的扩大。设 s_2 为 O 的自然增长饱和度对 A 的产出水平增长的贡献。于是式(3-59)等号右端应加上 O 对 A 产出水平增长的促进作用,则得出 A 产出水平增长规律为

$$x_2(t+1) = r_2' x_2(t)\left[-1 + s_2 \frac{x_1(t)}{N_1}\right] \tag{3-60}$$

与此同时,A 的产出水平增长又会受到自身阻滞作用,所以式(3-60)等号右端还应增加 Logistic 项,方程变为

$$x_2(t+1) = r_2' x_2(t)\left(-1 + s_2 \frac{x_1}{N_1} - \frac{x_2}{N_2}\right) \tag{3-61}$$

联立式(3-58)与式(3-61)得到项目组合的"O-A"协同模型为

$$\left.\begin{aligned} x_1(t+1) &= r_1 x_1(t)\left[1 - \frac{x_1(t)}{N_1} + s_1' \frac{x_2(t)}{N_2}\right] \\ x_2(t+1) &= r' x_2(t)\left(-1 + s_2 \frac{x_1}{N_1} - \frac{x_2}{N_2}\right) \end{aligned}\right\} \tag{3-62}$$

转化式(3-62),利用平衡点稳定性分析,讨论足够长时间以后两个项目组合的产出水平变化趋向,得出表 3-20 中的结果。

表 3-20 "O-A"协同模型平衡点及稳定性

平衡点	p	q	稳定条件
$p_1(N_1,0)$	$r_1 - r_2'(s_2-1)$	$-r_1 - r_2'(s_2-1)$	$s_2<1, s_1's_2<1$
$p_2\dfrac{N_1(1-s_1')}{1-s_1's_2}, \dfrac{N_2(s_2-1)}{1-s_1's_2}$	$\dfrac{r_1(1-s_1')+r_2'}{1-s_1's_2}$	$\dfrac{r_1 r_2'(1-s_1')}{1-s_1's}$	$s_1'<1, s_1's_2<1$
$p_3(0,0)$	$-r_1+r_2'$	$-r_1 r_2'$	不稳定

(2)"A-A"协同模型及分析。多元战略导向下的两个项目组合 A_1, A_2 独立存在。它们独自在组织环境中生存时,A_1 与 A_2 的产出水平演变遵从 Logistic 规律;在组织多元战略发展协同系统中,A_1, A_2 相互协同紧密合作,彼此间相互促进并提高产出水平。$x_1(t), x_2(t)$ 是项目组合 A_1, A_2 的产出量,r_1 为 $x_1(t)$ 产出水平的固有增长率,r_2 为 $x_2(t)$ 产出水平的固有增长率,s_1 为 A_2 产出饱和度对 $x_1(t)$ 的贡献,s_2 为 A_1 产出饱和度对 $x_2(t)$ 的贡献,N_1, N_2 是 A_1, A_2 的最大产出量。可建立项目组合的"A-A"协同模型为

$$\left.\begin{array}{l}f(X_1,X_2) = r_1 X_1(1-\dfrac{X_1}{N_1}+s_1\dfrac{X_2}{N_2}) \\ g(X_1,X_2) = r_2 X_2(1+s_2\dfrac{x_1}{N_1}-\dfrac{x_2}{N_2})\end{array}\right\} \quad (3-63)$$

转化式(3-63),利用平衡点稳定性分析,可得到 4 个平衡点,根据判断平衡点稳定性的方法,可得稳定的条件(见表 3-21)。

表 3-21 "A-A"协同模型平衡点及稳定性

平衡点	p	q	稳定条件
$p_1(N_1,0)$	$r_1 - r_2(s_2-1)$	$-r_1 r_2(1-s_2)$	$s_1<1, s_2>1$
$p_2(0,N_2)$	$-r_1(1-s_1)+r_2$	$-r_1 r_2(1-s_1)$	$s_1>1, s_2<1$
$p_3\dfrac{N_1(1+s_1)}{1-s_1 s_2}, \dfrac{N_2(s_2+1)}{1-s_1 s_2}$	$\dfrac{r_1(1-s_1)+r_2(1-s_2)}{1-s_1 s_2}$	$\dfrac{r_1 r_2(1-s_1)(1-s_2)}{1-s_1 s_2}$	$s_1<1, s_2<1$
$p_4(0,0)$	$-(r_1+r_2)$	$r_1 r_2$	不稳定

3. 协同仿真与结论

(1)"O-A"协同模型仿真。根据上述条件,分别设 $x_1(1)=0.1, x_2(1)=0.1, r_1=2.5, r_2'=1.8, N_1=1.6, N_2=1$,同时根据 p_1, p_2 分别给 s_1', s_2 赋值。还要利用 MATLAB 仿真模拟协同主体的产出水平随时间变化的趋势。

通过对图 3-17 的研究,进行方程的稳定性判别得出 p_2 才是稳定平衡点,O 与 A 可以互相稳定协同。①稳定平衡点的条件为:$s_1'<1, s_2>1, s_1's_2<1$。也就是说,不论初始情况如何,如果辅助项目组合对主体项目组合产出水平的贡献不大(即 $s_1'<1$),而主体项目组合对辅助项目组合产出水平提升的贡献较大($s_2>1$),同时满足 $s_1's_2<1$(要求 s_1' 很小,而 s_2 较大)的话,两者就能达到战略协同的稳定平衡状态。②在平衡状态稳定条件下,主体项目组合的产出水平为 $N_1(1-s_1')/(1-s_1's_2)>N_1$。在有辅助项目组合战略协同的情况下,经过项目组合战略协同发展,主体项目组合的产出水平大于其单独执行时的产出水平,也即主体项目组合的辅助

任务外包可以使辅助项目组合更专业化地发挥专长、发展自己的核心产品,提高自身的竞争力。

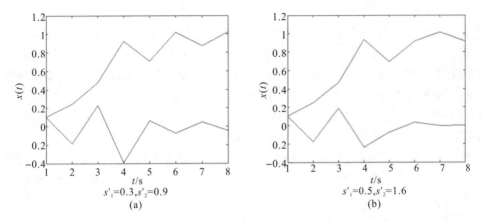

图 3-17 "O-A"协同模型 MATLAB 仿真图

(2)"A-A"协同模型仿真。根据上述条件,分别设 $X_1(1)=0.1, X_2(2)=0.1, r_1=2.5, r_2=1.8, N_1=1.6, N_2=1$,同时根据 p_1, p_2, p_3 分别给 s_1, s_2 赋值。利用 MATLAB 仿真模拟协同主体的产出水平随时间变化的趋势。

通过对比分析图 3-18 中各图,可以得出 p_3 情况才是项目组合协同共存的稳定平衡解,此时 A_1 和 A_2 可以稳定协同。①稳定平衡点的条件为:$0<s_1<1, 0<s_2<1$,它表示项目组合(A_1 和 A_2)相互之间的贡献相对来说都不大,项目组合对对方产出水平贡献主要是通过组织多元战略分工引起的协同合作、技术和管理的模仿、相关信息的共享等,能够保持这个稳定条件的途径是相互之间存在竞争。②在平衡稳定状态下,项目组合的产出水平为 $N_1(1+s_1)/(1-s_1s_2)$,其产出水平的系数为 $(1+s_1)/(1-s_1s_2)$,其随着 s_1, s_2 的增加而快速增加,说明在平衡稳定状态下的项目组合的产出水平都大于各自独立执行时的产出水平,且项目组合之间战略协同工作的紧密开展使项目组合的产出水平随对方自然增长饱和度的贡献的增加而快速增长。

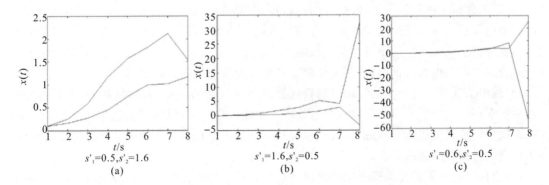

图 3-18 "A-A"协同模型 MATLAB 仿真图

对多元战略导向下的项目组合协同模式的稳定性分析,揭示协同中存在不稳定风险的客观事实。因此应辨别不同协同模式的稳定性条件,辅助进行项目组合战略协同决策。

对于"O-A"协同模式,达到平衡稳定状态需要满足以下三个必要条件:

(1)辅助项目组合的资源流仅占主体项目组合总输入量或者输出量的有限比例,以避免垄断出现;

(2)主体项目组合输入或输出的资源流量占辅助项目组合总产出量的很大比例;

(3)要求主体项目组合的配套和辅助任务分配较多的其他项目组合或者辅助项目组合的专业分布较广,同时主体项目组合资源流的流量较大,以保证辅助项目组合之间的适度竞争。

因此,组织应侧重增强辅助和配套项目组合的产业类型、数目和关联的多样性,以保证某一结点辅助项目组合协同出现问题时,有新的项目组合填补协同空位或搭建新的协同产业链,进而增强组织项目组合战略协同整体的风险抵抗能力。

对于"A-A"协同模式,稳定共生条件是项目组合对对方的贡献都不要太大,表明项目组合之间的协同对提高战略协同整体效益的空间作用有限。因此,组织应充分挖掘组织内部资源优势,延伸和拓展战略协同链条,广泛与同行业其他组织、行业上下游的相关产业建立起互惠互利的协同关系,以扩展提高项目组合战略协同效益的途径。

3.5 本章小结

组织战略目标的实现,需要战略规划的有效执行,项目已成为组织经营活动的载体,组织实现战略必须依赖于项目。由于组织战略的宏观和长远性与单个项目的一次性和局限性无法对接,引入项目组合配置解决传统项目管理不能在宏观上对应组织总体战略目标和全局配置有限资源的问题,能够实现组织的战略目标项目化落地。

本章通过分析项目组合管理的概念和特征,总结项目组合管理和组织战略之间的关系,从组织战略导向创新的视角,提出了组织战略通过项目组合配置的实施路径和项目组合战略导向下的配置框架、模式及核心要素,分析了项目组合配置的战略导向目标及组织资源、风险约束条件,分别设计、求解并验证了项目组合多目标权衡配置模型、分期战略导向下的项目组合滚动配置模型和多元战略导向下的项目组合配置与协同模型。

本章主要工作及相应的研究结论如下:

(1)深入分析了项目组合管理的产生背景、定义、特点和管理过程,总结了项目组合管理和组织战略的关系。项目组合配置就是对组织所承接的项目进行评价分析,按照某一特定的规则选择符合组织战略目标的项目。组织战略指导着项目组合配置,建立了组织战略导向下的项目组合配置理论模式与框架,找到了构建项目组合配置模型的核心要素。

(2)提出了项目组合配置的组织战略目标导向的创新视角,引入项目组合,突破了对传统的战略层次理论,提出了"组织战略—竞争战略+职能战略—项目战略"的创新层级实现关系;从战略的多目标权衡、战略目标的阶段化分解和战略的多元化等三个维度分解和定义,并以此作为项目组合配置的逻辑起点。

(3)项目组合配置需要均衡考虑并协调项目组合利益相关方的目标,实现在资源有限的条件约束下,将项目组合的风险控制在组织可以承受的范围内,达到项目组合收益最大,同时对组织的战略贡献最大;同时,项目本身的不确定性使有关项目的信息是模糊不确定的,组合评估的结果不是精确的,需要将项目的相关数据改为采用模糊的形式表示。因此构建了组织战略导向下的项目组合模糊多目标权衡配置模型,通过双层模型的建立、模糊数的转换和目标的权衡处理方法对模型进行求解,并引入实例对构建的模型及设计的求解方法进行验证,结果表明综合考虑项目组合配置的组织战略目标对应度和组合收益的权衡配置最优解,比单独考虑某个单一目标兼顾并提升了项目组合配置各方利益。

(4)对组织战略目标进行时间分解后落实到每个战略计划执行期,对应分解后的战略计划,以时间轴为推移主线,组织筛选和选择项目进行组合配置实现该期的战略计划,同时筹备相应的资源保证项目组合的正常运行,最终通过项目化方法实现组织总体战略。因此构建了分期战略导向下的项目组合滚动配置模型,考虑项目组合滚动效益、资源增益和风险累积,设计了启发式-遗传算法作为模型求解方法,通过实例和 MATLAB 软件对上述分期战略导向下的项目组合滚动配置模型进行模拟和求解。结果表明本书提出的分期战略导向下的项目组合整体滚动配置效果好于传统分阶段单次项目组合配置决策效果,具有明显优势。

(5)组织实施多元化的发展战略意味着组织必须具备充足的资源和能力,需要协调整合组织的各种资源,支持和配合整个战略的实施过程,需要具体项目、项目组合来实现。通过对组织多元化战略的分析,可以得出组织开展多元化战略的每一个实施路径可以被当作一个项目化的管理过程,组织每开展一项新的事物,都可以作为一个新的项目来管理和实现。同时,从整体业务的运营和长远发展来看,组织内各个项目组合之间的协同也是组织成功实施多元化战略必须解决和处理的重要工作。因此,建立多元战略导向下的项目组合配置与协同模型,将多元化战略导向的项目组合配置问题归结为数学上的多背包问题,并考虑多项目组合的资源公用与风险管理,设计贪心法的混合遗传算法,通过实例验证模型和算法的可行性;借用生态学上的 Logistic 模型来描述组织多元化战略导向下的项目组合战略协同关系,在模型中将项目组合产出变化简化为产出水平,通过对产出水平变化的刻画来描述组织中的项目组合战略协同两种模式的稳定性条件及演变过程。

第四章 项目组合配置战略贴近度研究

4.1 项目组合配置战略贴近度评价指标体系

在组织战略目标既定的条件下,选择正确的项目组件进行组合配置是项目组合配置管理的主要活动。在科学的评价指标体系下,选择能够与组织战略目标保持高度一致的项目组件才能够保证组织战略目标的最终实现。随着组织规模的日益扩大,项目组件的功能以及实现的战略目标也不尽相同,应该根据战略目标需求设定贴近度评价指标,从财务、市场占有率、社会效应等多个方面构建项目组件与组织战略的贴近度评价指标体系。同时各指标之间的内在关联性导致了战略贴近度评价过程中不可避免地出现模糊不确定性。因此,如何设定评价组织战略目标和项目组合配置之间贴近度指标体系,实现配置合理性的有效度量,是现代项目组合配置管理亟须解决的问题,也是本书实现战略贴近度度量的基础。

本节以战略对项目组合配置的影响为出发点,提出了以项目组合配置战略贴近度概念来反映配置组件和组织战略关系,并在综合以往研究和企业调研数据的基础上设计了项目组合配置战略贴近度评价指标体系,为项目组合配置战略贴近度的度量建立评价基础。

4.1.1 广义项目组合配置战略贴近度概念

现有文献还没有明确地提出项目组合配置战略贴近度概念,也没有提出相关的评价指标体系,因此为了方便描述,需要对项目组合配置战略贴近度的概念进行分析。

国内外学者对项目组合配置与组织战略之间的融合研究已经取得了较好的结果,他们提出了很多新的理论方法,这些都为组合配置管理提供了依据。然而,项目组合配置战略贴近度这一概念度量组合配置和战略之间的贴近关系至今仍无人使用,但与之相似的战略符合度概念却为定义战略贴近度提供了借鉴:

马坤认为,项目战略符合度是主要考察备选项目与企业总体战略和竞争战略一致性的工具,不同组织具有不同的符合维度值。项目战略符合度的定义在一定程度上阐述了项目组件与组织战略的关系,但是它也存在着缺点,主要体现在以下方面:

(1) 项目符合度的研究对象只针对项目组合中的项目组件,对组合中的其他组件如工序、子项目乃至项目组合与战略的关系均没有涉及,因此符合度的概念涵盖内容不全面;

(2) 从项目战略符合度定义不难看出,战略符合度主要偏重分析项目对战略所做的贡献程度,忽视了组织战略对项目的影响,形成的是一个"单向"接近途径,不能反映二者之间相互协作、相互贴近的关系。

鉴于以上分析,为了弥补项目符合度在度量组织战略和组合组件关系方面的不足,本节对项目战略符合概念进行拓展,提出广义项目组合配置战略贴近度概念,具体如下:

定义 4.1 项目组合配置战略贴近度:指组织拟实施的项目组合配置对战略目标实现所作出的贡献以及战略与配置组件的贴近程度,若某配置组件(项目组合、项目、工序等)能满足组织战略要求并促进组织战略实现,则称该配置组件与组织战略之间的贴近度比较大。

定义 4.1 中项目组合配置战略贴近度的概念是广泛的,在不同的度量对象和研究角度下,不仅贴近度的度量方法和工具不同,而且得出的贴近度结论也可能不一样。例如当以财务目标为战略目标值时,战略贴近度仅反映项目能够为组织所带来的经济效益值;而在以风险、收益等多目标优化问题中,战略贴近度又是各多目标的综合值。这种多适应性和多内涵性的概念定义,为本书从不同角度研究配置组件和组织战略关系提供了可能。

4.1.2 基于战略贴近度的项目组合配置流程

项目组合配置战略贴近度指标应该涵盖组合配置实施全生命周期,在反映战略目标的同时也应反映组合配置的方方面面。因此,在设计项目组合配置战略贴近度评价指标体系前,有必要对基于战略贴近度的项目组合配置流程进行阐述、分析。

1. 传统项目组合配置流程

传统的项目组合配置主要将配置流程分为项目组合配置概念阶段、项目组合配置可研阶段、项目组合配置选择阶段和项目组合配置实施四个阶段,其主要过程如图 4-1 所示。

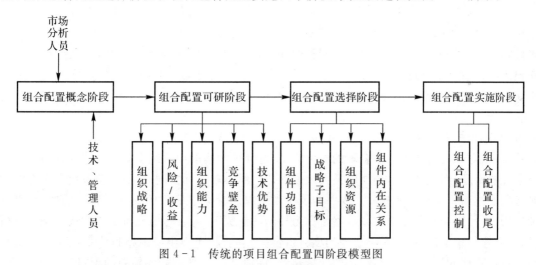

图 4-1 传统的项目组合配置四阶段模型图

(1)项目组合配置概念阶段。项目组合配置的概念阶段主要是由组织的市场分析、技术和管理人员根据市场变化、组织内部需求以及其他需求,提出组织拟实施项目建议书,在建议书中充分说明项目实施的必要性以及如何对组织正在实施或拟实施项目可能带来的影响和促进作用,为组织实施项目组合配置提供丰富的项目来源。

(2)项目组合配置可研阶段。分析组织内部状况,以组织战略目标为实施依据,从组合配置的风险/收益、组织实施项目能力(执行能力、经济能力、技术能力、管理能力等)、项目可能带来的技术优势以及形成的竞争壁垒等几个方面对第一阶段提出的各项目进行综合分析,为项目组合配置组件的选择提供参考依据。

（3）项目组合配置选择阶段。根据组合配置可研阶段得到的组合配置可行性研究结果，对所有项目组件进行试配置，利用以往项目经验和项目概况说明，全面分析项目的构成和特点、分析各配置组件与组织战略子目标的吻合程度，选择与组织战略子目标最贴近的项目组件，形成试配置方案；然后，在组织相关专家和管理人员对试配置方案是否满足组织资源、是否适合组件内部相关性、是否承载相应战略子目标等进行全面分析的同时，对所有拟配置实施组件的权重进行定量分析，确定各配置组件的权重系数、各组件之间的内部相关性以及组合配置的具体内容，选择与组织战略最贴近的组合配置方案，完成战略导向下的项目组合配置方案的确定，保证组合配置最大限度地为组织战略服务。

（4）项目组合配置实施阶段。项目组合配置实施与优化是组合配置管理的主体，包括了组合配置实施、配置调整与优化两个部分。完成项目组件选择之后的下一阶段就是对组件进行组合配置，这一阶段需要解决的是"如何配置组件，如何实现组件实施的优先顺序以及如何实现组件重要程度赋值等问题"。由组织管理者和项目管理专家借用专业项目组合配置管理工具和方法，采取科学度量和控制手段对项目组合配置实施全程跟踪和控制，掌握项目组合配置实施的实际情况。同时，项目组合配置的优化也是这一阶段的重要内容，组织者在充分考虑各种因素的前提下对组合配置实施加以控制，及时分析实施过程中出现的偏差，找出偏差出现的原因，制定并落实相应的纠偏措施，实现对组合配置方案的持续优化，在保证项目组合配置顺利实施的同时保证组合配置与组织战略始终保持一致。

2. 基于战略贴近度的配置流程

基于战略贴近度的项目组合配置与传统项目组合配置的最大差别，就是前者考虑了组织战略对组合配置的影响，对组织战略进行了细分并使之承载于每一个拟实施的项目组件中。因此，在基于战略贴近度的项目组合配置中，战略目标是组织进行项目组合配置管理的前提，在整个项目组合配置过程中，必须保证项目组合配置的目标始终与组织战略目标保持高度一致。组织战略目标的设定是战略管理中的核心部分，是组织管理者在对组织经营内外部环境的有效分析以及对各利益相关者梳理的基础上选择制定的，项目组合配置最终也是由高层管理者、利益相关者以及专家的参与、共同决策形成的。从而实现了对项目组合配置管理指标的有效制定和选取，构建了科学合理的指标体系，选择了精确的项目组合方法对拟实施项目进行组合配置管理，保证项目组合能够最大限度促进组织战略目标。同时，战略项目化要求组织战略必须通过项目承载和实施而实现。为了实现组织综合竞争能力的提升，保证组织实现可持续发展，项目组合配置必须在以战略目标为导向的前提下，综合考虑配置实施的成本、资源、质量、进度等约束条件，构建科学合理的项目组合配置流程，实现组织战略目标最优化。战略是组织运营管理的核心，也是组织经营的指导者，特别是以战略目标为导向的项目组合配置，所有的拟实施项目组合配置组件都必须以承载组织战略为第一目标，保证战略始终贯彻于组合配置全过程并在拟实施配置组件中得以体现。因此，合理的、能够承载组织战略的项目组合配置流程就成为组织战略目标实现的首要保证。

本小节在传统项目组合配置管理研究的基础上，对组织战略进行子目标分解，以组织战略子目标承载为配置方向，在纳入组织战略的前提下将传统项目组合配置流程进行优化，提出基于战略贴近度的项目组合配置流程。基于战略贴近度的项目组合配置流程如图4-2所示。

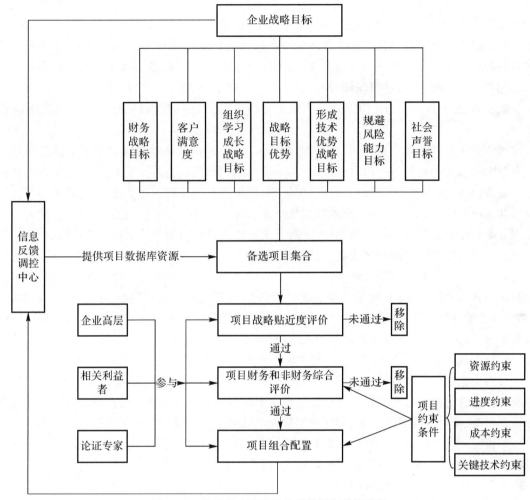

图4-2 基于战略贴近度的项目组合配置流程

组织在战略层次实施项目组合配置要求所有拟实施项目及其组件必须与组织战略保持高度一致,项目组合配置不仅要保证所有拟实施项目能够顺利实施,而且要保证组织战略在各个项目组件之间得到有效的过渡和衔接。因此组织管理者必须将战略目标进行层层分解,使之落实到每一个拟实施项目中,保证战略在项目组件中的有效承载。此处将战略目标划分为财务和非财务战略目标两大部分,按以下流程实施项目组合配置:

(1)备选项目集合的建立。备选项目集合,顾名思义就是建立组织项目组合配置的拟实施项目集。拟实施项目集的建立是组织管理者根据企业发展的需要,研究可能为组织发展带来新机遇、新市场的拟实施项目,通过搜集、整理、分析和完善这些项目的各方面信息,综合考虑包括拟实施新项目成本、预期收益、客户满意度、风险以及组织内部的人力资源、软硬件条件和项目之间协同作用等要素,掌握各拟实施项目组件的状态,将满足组织战略目标和发展需求的新生项目纳入同一项目集合中,对其进行组合评估,构建战略导向下的项目组合配置拟实施"项目池"。

(2)备选项目评价。拟实施项目组件的战略贴近度评价和度量是在完善的指标体系上进行的,因此建立科学、有效的战略贴近度评价指标体系就成为项目组合配置战略贴近度评价的首要任务。本节综合分析以往文献中战略贴近度评价的相关指标,通过组织项目组合管理领域的论证专家和学者对各拟实施项目的论证分析,针对不同项目对组织战略实现的贡献度列出"项目池"中各拟实施项目的优先次序清单,纠正、终止不符合组织战略或者对组织战略目标实现贡献程度值达不到要求的项目组件;吸收新生项目进行替换,保证组合配置始终保持与战略目标的高度一致;对通过组织评价的、满足组织战略需求的新生项目,将其纳入统一项目集中形成拟实施项目组合配置项目集,并作为整体进行统一管理,以待进入下一阶段的综合评价。

虽然多项目并行趋势在全球范围内逐渐扩大,但是面对这一趋势大多组织依然停留在以离散分布项目为基础的单一项目管理阶段,不能从组织战略实施层面分析拟实施项目组件的综合收益,在收益方面依然停留在只关注单个项目短期财务收益的短视阶段,忽略了项目组件财务和非财务收益之间的平衡,导致组织战略无法实现可持续发展。因此,在本节构建的基于组织战略目标的项目组合配置流程中,对所有拟实施项目的限制和约束条件进行综合考虑,打破以往项目"各自为政"的管理模式,将所有拟实施项目组件看成一个整体进行统一管理,将项目财务和非财务指标纳入综合评价指标体系内,实现项目财务和非财务指标的全面分析,不仅保证了二者收益的平衡,实现了全面反映项目信息的管理目标,而且提高了组织战略的系统性,为组织管理和决策人员进行科学决策提供了科学的配置标准和系统的评估方法,避免因主观决策失误造成进度滞后、资源浪费和成本超支等情况的出现。

该阶段具体的实施步骤如下:

1)拟实施项目信息收集:通过对拟实施项目各方面的信息、数据的收集和整理,分析项目实施的可能性。需要收集的拟实施项目信息主要包括项目预算成本、项目预期收益、各项目资源需求情况、项目实施风险因素、市场预期数据以及对组织其他项目的影响等。

2)拟实施项目评估:从财务、非财务以及组织战略贴近度三个方面对拟实施项目进行单项目评估,对于符合财务、非财务评价的项目,在基本满足组织战略目标的前提下直接进入项目组合配置备选"项目池",保证项目组合配置方案的财务、非财务可行性;也必须将不符合组织财务、非财务评价但是满足组织战略需要的项目纳入组织拟实施"项目池",保证项目组合配置满足组织战略目标的有效需求;对于那些既不满足组织财务、非财务性评价,同时也不满足组织战略目标的项目,则直接排除。

(3)项目组合配置。项目组合配置流程的最终目标是保证组织内所有拟实施项目组件均能实现最佳选择和最优配置。在项目组合配置选择阶段,组织管理高层、论证专家和利益相关者更多地参与到项目组件的评价、论证和分析中,论证专家根据组织提供的项目成本、资源、工期等基本资料论证评价,并由组织高层和利益相关者提供的项目组件的可行性和最优性,促使项目组合配置对组织战略各项内容的有效承载,实现项目组合配置在组织战略目标要求导向下的动态优化;在资源配置管理方面,项目组合配置将有限的组织资源在拟实施项目集内进行了统一的管理和配置,实现了资源的有效控制和调度,提高了组合配置的综合收益;通过对组合配置过程信息的汇总分析,将分析结果及时地向控制中心进行反馈,并将组合配置选择、调整等信息录入组织数据库,不断充实和补充组织项目信息库的内容,为组织进行下一阶段的项目组合配置提供数据和资料支撑,帮助组织项目组合配置能力的整体提升。

3.基于战略贴近度的项目组合配置流程合理性分析

传统项目组合配置流程是以项目组合实施阶段为划分依据的。这种划分模式过多地强调了组合配置项目组件的优先级评估,没有将组织战略纳入项目组合配置管理流程中,无法有效指导项目组合配置从战略贯彻到项目的执行过程。同时,由于缺乏科学的管理工具和流程指导组合配置实施,大部分组织仍采用单项目管理方式对项目组合配置进行管理。这种管理模式无疑导致组织在进行项目组合配置选择和项目组合执行过程中,具有很强的随意性,无法从整体综合考虑组织的战略目标和资源配置,导致组织内部资源分配不合理,甚至在项目已经完成收尾后,才发现配置组件与组织战略相偏离,造成了无可挽回的损失。

基于战略贴近度的项目组合配置流程就是针对这一问题设计的,它的根本基础就是组织战略目标的有效分解,每一项拟配置项目组件都承接了组织的一项子战略目标,能够有效实现组织战略的落地管理,而且该配置流程能够结合组织综合实力和市场竞争环境的变化进行配置组件的动态调整,使之始终与组织战略保持高度的一致性。

这种配置流程与传统配置流程相比的另一突出优势就是建立了战略与项目组合配置管理的良性循环。通过对组织战略的层层细分,构建不同层次的战略目标(企业层、项目组合层、职能层),实现了承担战略目标项目组件的层次划分。同时,在项目组合配置实施过程中,将组织各层战略子目标进行项目化执行,可以实现依据组织战略对项目组合配置执行过程进行动态控制的管理目标,保证战略目标实现的最优化。因此,本节提出的基于战略贴近度的项目组合配置流程相对于传统配置流程,在实现组织战略目标、保证组织实现循环提升中有着巨大的优势和合理性。

4. 项目组合配置战略贴近度指标体系

战略对项目组合配置的影响是贯彻整个配置全生命周期的,组合配置战略贴近度指标体系的构建必须建立在已有的项目组合配置战略贴近度流程的基础之上,只有这样才能保证组合配置始终与战略保持高度一致,为组织综合实力的提升提供不竭动力。

(1)项目组合配置战略贴近度指标构建原则。如何在组织战略目标约束的条件下构建项目组合配置指标体系,或者说如何明确地制定出度量项目组合配置与组织战略贴近程度的分析指标,是能否科学度量组合配置战略贴近度值的关键问题。项目组合配置战略贴近度指标体系建立的难点就是甄别和界定各层指标的意义以及科学地选择合适的指标。项目组合配置战略贴近度能够帮助组织从各个方面反映项目配置的实际情况,实现项目组合配置与组织战略目标的全面覆盖。项目组合配置战略贴近度指标体系应该以承载组织战略目标为核心,应该是一个指标间相互联系、权重合理、指标科学的系统指标群。项目组合配置战略贴近度指标是合理分析组合配置与组织战略目标贴近程度的基础,直接或间接影响组合配置战略贴近度的精确性。因此,项目组合配置战略贴近度指标体系的实质就是在组织战略目标导向下的一系列相互联系并且能够有效反映战略子目标与配置组件贴近程度的指标有机体。本节将从战略导向下的项目组合配置角度出发,分析探讨影响组合配置和战略贴近度之间的影响因素,构建项目组合配置战略贴近度指标体系。为保证构建体系的科学性,在构建指标体系过程中,应秉持以下原则:

1)动态性原则。项目组合配置战略贴近度指标体系应该可以随着组织战略的调整进行动态完善,各指标权重能够紧随战略变化而变化,从而动态、科学地反映项目组合配置组件与战略之间的贴近关系。

2)系统性原则。项目组合配置战略贴近度是在组织战略和项目组合配置组件共同作用下形成的。在构建项目组合配置战略贴近度过程中应该综合分析各种影响因素的内在联系和目标关联性,保证战略贴近度指标体系的科学性和系统性。系统性要求指标体系应该具有典型代表性,不仅要尽量避免指标体系过于冗杂,而且还要避免指标体系过于精简,保证指标体系对组织战略的覆盖的全面性。所以,项目组合配置战略贴近度指标体系既不能包罗万象也不能顾此失彼,应该尽量保证指标体系的整体最优。

3) 可量化比较原则。项目组合配置战略贴近度指标体系的对象是组织中所有拟实施的项目组件,应该具有很强的普适性。因此,指标体系的构建必须立足组织战略项目化管理的实际情况,横跨各类型企业、组织的内部职能机构,并且各指标必须能够被量化分析,保证指标的可量化比较分析。

4) 相对独立性原则。战略贴近度指标的独立性是指体系中所包含的各项子指标应该尽量保持独立。这就要求在设置指标名目时,充分考虑指标之间的独立性、协同性和内源联系性,防止指标被多重计算。因此,在构建项目组合配置战略贴近度指标体系过程中,要尽可能降低各二级、三级指标之间的重叠值,充分保证各指标的相对独立性。

5) 定量与定性分析相结合原则。为了实现项目组合配置战略贴近度的综合分析和评价,必须对项目组件与组织战略之间的关系进行量化分析。这就要求承载组织战略目标的各项指标体系不仅能够被定性的描述,而且能够被规范化、定量化计算,以实现定量和定性的综合分析,将无法进行直接度量的指标进行具体化转化。

6) 灵活多变原则。评价指标体系应该具有可扩展性和可调整性,针对不同环境下由不同配置对象组成的项目组合配置,应该能够依据具体要求,对组合配置战略贴近度指标体系进行删除、添加和修改等管理操作,实现指标体系的灵活多变性。

(2) 项目组合配置战略贴近度指标构建。由图4-2所示的基于战略贴近度的项目组合配置流程可知,组织发展战略被分解为财务指标和非财务指标两个子战略目标。财务指标一直以来就是组织用于衡量战略目标实现程度的主要标准之一,为现代管理组织所熟悉。然而由多个项目共同组建而形成的项目组合配置具有资金投入大、技术性强、周期长和规模大等特点,仅用财务指标衡量组织战略的实现程度明显是不科学的,因此就需要借助非财务指标进行辅助度量和计算。用来度量组织战略目标实现程度的非财务指标有很多,涉及组织经营和管理的各个方面,既包括组织管理和技术管理等内部指标,也包括组织所处环境的客户满意度、市场需求等外部指标。通过对相关文献的整理分析,本节将反映项目组合配置战略贴近度评价的非财务指标归纳六类,即客户满意度、战略目标优势、组织成长目标、形成的技术优势目标、规避风险能力目标和社会声誉目标。在这六项非财务指标的基础上,本节将组织战略纳入组合配置评价指标体系中,依据美国项目管理协会制定的7个项目标准化项目管理指标体系对指标进行战略化改进,实现对非财务指标的子指标细分,构建出基于组织战略导向的项目组合配置战略贴近度指标体系,具体见表4-1。

表4-1 项目组合配置战略贴近度指标体系

财务指标	财务净现值
	投资回报率
	投资回收期
	资金周转期

续表

财务指标	资金筹措方式	
	存货周转率	
	资金利润率	
非财务指标	客户满意度	形成的技术优势目标
	1.客户关系对战略成果的评价值； 2.战略成果给客户带来的效应； 3.客户预期的满意程度； 4.客户忠诚度； 5.遗失客户返还率	1.技术上的领先程度； 2.架构一致性； 3.新技术的采用成果； 4.技术可实性； 5.技术的成熟与可靠性； 6.形成专利与产权数量
	战略目标优势	规避风险能力目标
	1.战略目标和企业发展适应度； 2.战略目标可细分度； 3.产品形象提升度； 4.企业声誉提升度； 5.战略对企业市场竞争能力提升	1.风险因素识别完备度； 2.风险组织合理度； 3.风险措施及时性和有效性； 4.风险处理科学性； 5.风险预测精准度
	组织成长目标	社会声誉目标
	1.专业人才培养能力； 2.员工满意度； 3.组织项目管理成熟度提升； 4.组织成员协作能力的增强； 5.资源整合与共享带来的收益； 6.管理过程优化度	1.组织社会责任实现度； 2.组织社会感召力； 3.公共关系良好度； 4.服务质量口碑； 5.社会形象认可度； 6.产品顾客喜好度

(3)项目组合配置战略贴近度指标优化。本节从项目组合配置财务指标、客户满意度、战略目标优势、组织成长目标、形成的技术优势目标、规避风险能力目标和社会声誉目标七个方面构建了较为笼统的项目组合配置战略贴近度指标体系，然而该战略贴近度指标体系是在原有文献的基础上改进形成的，指标的科学性无法保证。为了保证项目组合配置战略贴近度指标的科学合理性，实现指标体系的科学性和可操性，依据指标构建原则，对上述战略贴近度指标进行优化处理。本节是从战略角度分析项目组合配置，指标构建和优化方法还比较少；由于该问题具有很强的实际应用性，需要有过组织实际管理经验的人进行评价才更具科学性，才能保证指标体系的可信度。因此，本节借助中国项目管理研究委员会平台，邀请了十位项目管理领域的专家，借助专家评定法对项目组合配置战略贴近度指标体系进行提升优化。项目组合配置战略贴近度指标体系的优化过程主要包括以下方面：

1)整理需要进行意见征询的项目组合配置战略贴近度指标，制定科学、合理的评价表格，发放给受邀的专家；请专家对已经构建的指标体系中的所有指标按重要性进行排序打分，设定打分范围为(1~10)。如果专家认为需要添加或删除某项评价指标,也可以在意见表格中的其他意见栏中进行填写。征询意见表基本格式见表4-2。

表4-2 项目组合配置战略贴近度评价指标体系征询意见表

指标	I_1	I_2	I_3	…	I_n
评价值					
其他意见					

其中:I_n 表示项目组合配置战略贴近度指标的第 n 个待优化指标。

2)回收整理评分完成后的专家意见表。根据各专家学者所处的行业地位、企业的管理经验、发表的相关文献以及专著等因素设定各专家意见的权重。限于篇幅,本节仅以财务指标为例对专家意见进行汇总分析。项目组合配置战略贴近度财务指标专家意见汇总在表4-3中。

表4-3 项目组合配置战略贴近度指标体系财务指标专家意见汇总表

专家权重	指标						
	财务净现值 I_1	投资回报率 I_2	投资回收期 I_3	资金周转期 I_4	资金筹措方式 I_5	存货周转率 I_6	资金利润率 I_7
0.08	9	6	5	4	6	5	8
0.12	7	6	9	7	8	6	7
0.15	5	5	7	6	6	7	8
0.05	3	4	7	2	8	5	6
0.09	8	6	3	5	5	4	5
0.13	7	5	8	4	8	3	6
0.08	6	6	9	8	8	7	8
0.15	9	5	7	9	9	6	7
0.09	8	4	3	5	8	5	6
0.06	4	5	9	6	6	3	5
综合值	6.27	4.9	6.22	4.82	6.82	4.72	6.33

(3)项目组合配置战略贴近度综合评价值。根据表4-3,利用加权求和方法可得到财务指标各项子指标综合评价值。当综合评价值小于5时,证明该评价指标对组织战略和组合配置影响较小,应该将该指标从战略贴近度评价指标中剔除。以财务指标第一项财务净现值 I_1 为例,计算获得综合评价值为

$$V_{I_1} = 0.08 \times 9 + 0.12 \times 7 + 0.15 \times 5 + 0.05 \times 3 + 0.09 \times 8 + 0.13 \times 7 + 0.08 \times 6 + 0.15 \times 9 + 0.09 \times 8 + 0.06 \times 4 = 6.27$$

同理,可求得财务指标中其他项目组合配置战略贴近度指标的综合评价值(见表4-3)。

(4)指标优化。根据表4-3可知,财务指标中的各项子指标值分别为6.27,4.9,6.22,4.82,6.82,472,6.33。根据优化原则,综合评价值低于5分的评价指标予以剔除,可得到优化后的项目组合配置战略贴近度财务子指标分别为资金筹措方式、投资回收期、投资回报率和资金利润率。由此实现了对项目组合配置战略贴近度指标的优化调整。

按此方法可以对其他组合配置战略贴近度子指标(包括表4-1中的二级评价指标)进行

优化调整,在此不做赘述。最终得到优化后的项目组合配置战略贴近度评价指标体系,如图4-3所示。

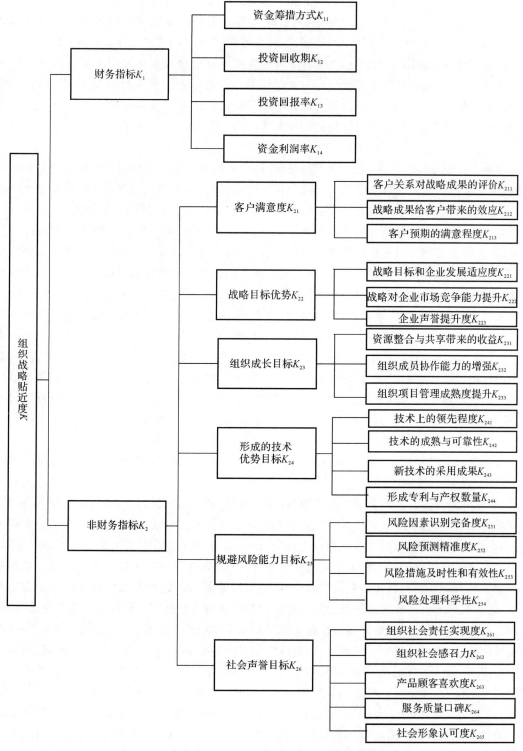

图4-3 优化后项目组合配置战略贴近度评价指标体系

1)财务评价指标。财务指标是现阶段组织用来度量战略目标实现程度的主要标准。组织进入以战略目标为导向的项目组合配置管理阶段后,就要求组织必须追求长远目标最优化。要实现组织的可持续发展,组织管理人员必须迅速改变以短期利益最大化为经营目标的短视经营模式,将组织经营提升至战略层面,从战略高度统筹分析项目组合配置管理的内外部环境,在充分发挥财务评价决策作用的基础上,综合考虑、分析各非财务目标,实现项目组合配置战略目标的最优化。图 4-3 所示的项目组合配置战略贴近度评价体系中的财务指标为传统财务评价指标,其战略贴近度评价指标主要包括项目组合配置的资金筹措方式、投资回收期、投资回报率和资金利润率等;项目组合配置战略贴近度财务指标全面反映了拟实施组合配置的资金来源和收益情况,为组织进行战略导向下的项目组合配置提供了金融财务方面的决策依据。

2)企业非财务评价指标。虽然财务指标能够有效地为组织的项目组合配置管理提供参考依据,保证组织在进行项目组合配置时实现组织的经济效益,为组织实现长久发展奠定经济基础,但是由于财务评价本身具有的滞后性和过去性,加之财务评价是立足于过去已经发生的、不可改变的经济活动,导致财务评价无法全面反映组织在项目组合配置过程中形成的社会信誉度、客户满意等和组织无形资产等不可见收益,无法精确反映项目组合配置与组织战略贴近程度。这种仅考虑财务目标的局部评价造成组织不能依据战略目标及时预测组织未来的发展趋势和收益状况,无法实现战略导向下的项目组合配置的动态调整和优化;同时,财务指标在反映项目组合配置管理质量和效果方面也略显不足,无法实现组织对拟实施项目组合配置的定性描述和定性度量,使众多能够有效反映组织战略目标实现程度评价因素被排于指标体系之外,不利于精确度量和科学计算拟实施组合配置对组织战略实现所做出的贡献度。因此,基于组织战略目标导向,立足于传统项目组合配置财务评价指标,构建评价项目组合配置与组织战略目标贴近程度的非财务指标体系,实现项目组合配置战略贴近度的财务和非财务评价均衡,提高组织战略系统性,为组织进行战略导向下的项目组合配置管理提供系统、科学的评价方法和选择标准,对保证组织战略目标的实现有着至关重要的作用。

根据已有文献和图 4-3,影响组织战略目标实现程度的项目组合配置非财务评价指标如下:

(a)客户满意度。客户满意度直接影响组织及项目的长远发展,是反映组织市场竞争力和综合实力的重要内容之一,客户满意度高有利于形成较高的客户忠诚度,造成较高的行业进入壁垒,保证组织产品的市场占有率和行业影响力,为组织在激烈的竞争中提供市场需求保障。客户满意度指标主要包括客户关系对战略成果评价、战略成果给客户带来效益以及客户预期满意程度等方面。组织在实施项目组合配置、追求战略目标最优化过程中存在很多不确定性因素,这些不确定因素直接或间接地给项目组合配置实现组织战略目标的落实效果带来影响。为保证项目组合配置成果能够以最快的速度得到竞争市场的接受和认可,组织必须与客户(项目最终交付人、项目成果实际实施人、项目成果最终购买者等)保持良好的伙伴关系,分析客户的内心需求,保证组合配置效果能够为客户带来最佳效益,提升客户对组织下一阶段组合配置实施的预期信心,建立客户对组织及其产品的忠诚度,促进战略目标的有效实现。

(b)组织战略目标优势。组织战略目标优势反映了项目组合配置对组织战略提升所起到的重要促进作用。组织战略目标优势评价指标主要包括组织战略与组织发展适应度、战略对组织竞争能力提升度、战略对组织声誉提升度等内容。在保证组织实现可持续发展的目标导向下，项目组合配置所需实现的管理目标必须与组织实际情况相吻合，并与组织战略保持高度一致。组织制定发展战略必须立足现有综合实力，不能脱离实际。战略与组织发展适应度正是反映这方面效果、保证组织战略与企业实际保持紧密联系的贴近度评价指标。项目组合配置为组织战略带来的竞争优势还体现在其为组织竞争能力和声誉度提升等方面，不仅保证了组织战略的最终目标，实现效益最优化，而且为组织在复杂多变的市场竞争中赢得客户忠诚和信赖、实现组织可持续发展奠定了良好的市场基础。同时，组织竞争能力和声誉的不断提升也为组织提供了更高水准、更高层次的可实施备选项目集，为组织的进一步发展拓宽了业务渠道和经营范围。

(c)组织成长目标。组织成长是现代企业实现可持续发展的必经之路，也是组织能否做大做强的决定性因素之一。作为项目组合配置战略贴近度评价指标之一的组织战略成长目标主要包括组织资源整合与共享带来的收益度、组织成员协作能力的增强和组织项目管理成熟度提升三个指标。项目组合配置管理过程是在组织资源、成本和进度等约束条件下进行的，为了充分利用组织资源、实现组织资源效益最优化，必须对组织所有资源进行有效整合和共享，使其最大限度满足组织战略目标需求。项目组合配置需要综合考虑组织资源的稀缺性以及资源整合、共享为组织所带来的效益，并以其为标准评价项目组合配置管理的有效性。战略导向下的项目组合配置目标不仅要为组织赢得最大的经济效益，建立稳固的战略和竞争优势，而且还必须为组织可持续发展提供良好的经营环境，形成项目成员协同合作能力强、项目组合管理成熟度高的实施团队，为组织发展培养不可替代、具有较强竞争力的人才储备。组织高层在进行项目组合配置时应该对培养职工协作能力、提升项目管理成熟度的项目组合进行优先配置，为组织的长久发展提供坚固的组织优势和良好的文化环境。

(d)技术优势目标。技术是组织发展和壮大的核心，也是产品的灵魂所在，对组织战略目标实现的重要性不言而喻。项目组合配置战略贴近度非财务指标的另一个重要评价指标就是组合配置形成技术优势。该指标主要包括技术领先程度、新技术成熟度和可靠性、新技术的应用情况和形成的技术专利数目和数量情况等评价子指标。在组织战略执行和实现过程中，必然会遇到对战略能否实现起到决定性作用的关键技术问题。基于战略贴近度的项目组合配置技术优势评价就是对影响组合配置能否顺利进行、组织战略能否有效实现的关键技术在同行业、相似项目中的应用和领先程度进行有效度量和科学评价，将项目组合配置团队的实施经验和管理水平转化为科学合理、切实可靠的技术优势。同时，应对项目组合配置过程中形成新技术的应用情况、可靠性和成熟度进行考察、总结、验证和推广，保证新技术能顺利应用于其他项目组合中，实现新技术的全面应用和推广。

(e)规避风险能力。风险作为项目管理的重要因素之一，在实现项目组合配置目标、保证组织战略目标最优化方面有着决定性作用。因此，实施战略导向下的项目组合配置管理，风险规避能力也是评价项目组合配置战略贴近度的重要指标之一。风险规避能力评价指标应根据风险识别的过程设定，主要包括风险因素识别完备度、风险预测精准度以及风险措施及时性和有效性、风险处理科学性等指标。这些风险指标应贯穿组织项目组合配置的全生命周期，在组合配置承接组织战略目标前期就应着手组织配置全过程的风险预测以及风险因素的识别，根据组织以往实施项目经验结合拟实施组合配置特征，比对、识别风险因素种类，及时添加相应风险因素，并针对已预测风险事件制定相应的措施；在风险事件发生时，组织是否能够及时、有效地采取措施将风险危害降到最低也是衡量组织规避风险能力的重要反映之一。

(f)社会声誉。社会声誉是组织获得市场占有率的重要保证之一,也是组织经营多年的无形资产,是组织无法替换和度量的发展保障。组织社会声誉指标主要包括组织社会责任实现度、组织社会感召力、产品客户喜欢度、服务质量口碑、社会形象认可度。组织的发展离不开客户对产品的购买,更离不开社会的支持。组织需要实现可持续发展,就必须获得市场和客户的支持与信任,获得良好的社会口碑,并勇于承担组织的社会责任,努力落实社会赋予组织的义务,在社会需要时及时承担责任,回馈社会,这不仅是组织实力的表现,也反映了组织对社会的价值。无论是组织公益性事业,还是组织售前售后的优良服务,都能够提升组织的客户满意度,获得社会、客户的一致信任,提高组织自身的社会形象,在为组织获得更好的经济效益同时,也为组织的进一步扩张和发展奠定良好的社会基础。

4.2 模糊情境下基于目标协同的项目组合配置战略贴近度研究

随着项目管理理论在各组织范围内的应用和推广,项目组合配置管理也从单一情境推广到混合模糊情境,逐渐引起了国内外学者的关注和重视,他们对不同情境下的项目组合配置进行了大量研究。

国外方面,学者主要分析了项目管理与资源不确定性的关系,提出了企业为减小不确定性应形成的运行机制,通过分析动态环境下资源不确定性与这种机制的关系,验证了该机制的有效性,为项目组合配置决策提供了一般化模型与标准,同时构建了一种能够抓取不确定环境下高质量信息的模型,并基于该模型建立了投资项目资源配置效用函数,为在不确定情境下企业进行项目组合配置提供依据;有学者在分布鲁棒优化理论的基础上,通过应用两时刻信息分布,考虑模型在极端时刻的不确定性,提出了一种新的惩罚模型,帮助投资者针对时间变量不确定情境做出合理的项目组合配置方案;还有学者在对不确定情境下项目组合配置优化问题的研究中,引入了区间随机不确定性集合,应用区间不确定机会约束规划给出鲁棒性半绝对偏差,解决了现实中无法通过收集信息确定及不确定性集合边界的问题;另有学者优化了情境还原算法,构建了简化的情境树,模拟了多阶段项目组合配置过程,解决了多阶段随机项目组合模型情境混乱的问题。

国内方面,学者在综合考虑资源约束与项目交互作用的基础上,进一步引入信息不确定性,并用情境集来刻画不确定参数,建立了求解信息不确定条件下的项目组合选择鲁棒优化模型,该模型可以较好地平衡解的可行性与最优性,从而帮助决策者根据风险偏好进行较优的项目组合配置方案。同时还应用了模糊集理论描述 R&D 项目过程的模糊不确定性,建立了模糊净现值度量费用的多目标 R&D 项目组合配置优化数学模型,有效求解了资源不确定情境下多目标 R&D 项目组合配置优化问题。

通过分析不难发现,以上内容虽然是对不同情境下的项目组合配置管理的相关研究和分析,但是主要还停留在不确定环境下任务层面的项目组合配置组件优选和项目调度算法方面,忽略了模糊情境下拟实施项目之间、拟实施项目与组织战略之间的协同作用,不能实现组织战略决策对项目组合配置影响程度的定量分析和精确度量,不能为组织决策提供参考。因此,本节以模糊情境为分析背景,引入模糊物元战略导向从优隶属度,以项目组合配置方案和组织战略的关系为出发点,结合粗糙集理论提出项目组合配置战略贴近度概念,构建战略贴近度计算模型,为企业进行战略导向下的项目组合配置提供决策依据。

4.2.1 模糊情境下基于目标协同的项目组合配置战略贴近度模型构建

1. 问题描述

战略导向下的项目组合配置是在组织范围内通过项目组合配置实现组织战略目标的,不仅需要将组织内的所有拟实施项目进行单独评价配置,而且需要对组织内的所有拟配置项目进行全面考虑,从全局对项目组合配置进行统筹安排。组织战略目标在战略实施过程中是保持不变的,通过分解手段可将组织战略目标分为很多不同领域的组织子战略目标,这种分解将笼统的战略总目标进行了精确划分,通过不同子目标的落地汇总组织战略目标的综合实现。通过4.1节,我们知道组织战略可以分为战略财务目标、客户满意度、战略目标优势、组织成长目标、形成的技术优势目标、规避风险能力目标和社会声誉目标等七项子项目指标。虽然在构建子战略指标秉持了相对独立原则,但是要实现各子战略目标之间的完全独立是不可能实现的,各指标之间必然会存在种种模糊、不确定的内在联系,这种隐藏的关系导致各子目标的重叠,增加了项目组合配置战略贴近度研究的难度。

模糊情境下基于目标的项目组合配置战略贴近度问题就是在组织公司战略既定前提下,通过对组织战略目标的子目标分解,对项目组合配置进行指导实施问题。该问题是在项目组件层级探讨分析组织子战略之间的协同关系,在协同视角下分析各子战略目标之间隐形关系对组织配置的影响,并以此为基础研究组织项目组合配置对组织子战略的承接,保证项目组合配置战略贴近度实现最大化。因此,模糊情境下基于目标的项目组合配置的研究问题需要解决以下问题:

(1)根据项目组合配置战略贴近度提取组织战略子目标,分析各指标间的模糊关系,在模糊协同视角下分析各子战略目标之间的内在关系对组合配置的影响;

(2)分析各拟实施配置组件对每一项战略子目标的承载能力(组件对子目标的隶属度),保证组合配置组件对组织战略子目标承载的有效性;

(3)组合配置的对象是拟实施项目总体,战略贴近度也必须以整个配置方案为度量对象。这是模糊情境下基于目标的项目组合配置战略贴近度问题的难点,也是必须解决的重点。

2. 模型构建

基于战略导向的项目组合配置问题中,假设项目池(即组织所有拟实施项目组成的项目集)中共有 N 个拟实施配置项目,对项目池中的每一个项目按次序进行编号 $N_j(j=1,2,3,\cdots,n)$,项目池中项目所具有的特征为:战略子目标记为 M,对每一个项目特征按次序进行编号 $M_i(i=1,2,3,\cdots,m)$;N_{iji} 表示考虑拟配置项目 N_i,N_j,N_i 之间相互关系的项目组合配置方案;r_{iji} 为组合配置方案 N_{iji} 和战略目标的贴近度值,项目组合配置组件的构成一般不固定数量。本节为简化计算,仅探讨选择两个项目为组合配置构成的情形进行分析,其他多项目构成也可按此方法进行类推。

在实现组合配置战略贴近度的分析过程中,除了拟配置组件本身对战略贴近度有影响外,项目组合配置实施者的主观意识也有很大的影响力,因此,需要根据战略导向项目组合配置的特点,将组织拟实施配置管理者主观因素也纳入考虑范围,设计客观计算和专家打分法相结合的战略贴近度度量方法,以保证战略贴近度的精确程度。构建的战略贴近度模型为

$$V_{ij} = \max(a\omega_{ij} + be_{ij}) \tag{4-1}$$

s. t.
$a + b = 1$
$0 \leqslant \omega_{if} \leqslant 1$
$0 \leqslant e_{if} \leqslant 1$

式中,V_{ij} 为由配置组件 N_i,N_j 形成的组合 N_{ij} 与组织战略目标的贴近度值,由两部分构成,即客观计算获得的组合战略贴近度值和专家评价获得组合战略贴近度值;ω_{ij} 表示由客观计算获得的组合 N_{ij} 的战略贴近度值;e_{ij} 为专家打分法所得到的贴近度值($i=1,2,3,\cdots,p,j=1,2,3,\cdots,q$),$a$ 和 b 分别表示客观计算和主观打分法所得战略贴近度的权重系数;约束条件 $a+b=1$ 保证了客观计算和主观评价得到的贴近度值权重把持归一性,约束条件 $0 \leqslant e_{ij} \leqslant 1$,$0 \leqslant \omega_{ij} \leqslant 1$ 保证了贴近度值的有效性,实现了最终结果的可比性。

4.2.2 基于模糊物元的模型求解

基于组织战略目标分析拟实施项目之间、拟实施项目与战略之间协同关系对组合配置的影响是一个十分复杂的模糊数学问题。由于该问题的项目子目标隶属度描述、拟配置项目之间协同界定以及拟配置项目组件内部的情况等都是未知模糊的,具有不确定性强、隐蔽信息多等特点,一般数学方法很难满足该问题的处理要求。模糊物元是在物元分析理论基础上发展起来的一门新兴学科,能够有效处理分析对象的内部隐藏信息。因此其在处理分析项目组合配置组件相关性、组件与战略贴近度方面有着很好的针对性,对处理模糊不相容问题有很强适应性,是解决项目组合配置战略贴近度的有效方法之一。本节利用模糊粗集理论对模糊情境下基于目标协同的项目组合配置战略贴近度问题进行求解。

1. 模糊物元原理

模糊集理论最先由美国著名学者 L. A. Zadeh 于 1965 年提出,用于处理和分析实物之间模糊不确定关系的数量度量,随后得到众多学者和专家的认可,并在经济学和计算机智能模拟领域取得了比较大的发展,为处理模糊环境下对象关系提供了工具和方法。为了方便分析,本节作如下定义:

定义 4.2 隶属度:设集合 A 为给定论域 U 上的一个模糊子集,有映射 $U_A:U \to [0,1]$,$u \to U_A(u) \to [0,1]$ 该映射将每一个 $u \in U$ 对应着数值 U_A 取值与 $[0,1]$,则称 $U_A(u)$ 为 u 属于模糊子集 A 的隶属度,表示元素 u 隶属于 A 的程度;同时称映射关系 U_A 为 A 的隶属函数。

定义 4.3 模糊基数:设 U 为给定论域,且模糊集合 $A \in F(U)$,则称 $|A| = \sum_{x \in U} A(x)$ 为称模糊集合 A 的基数。

定义 4.4 模糊截集:设 $A \in F(U)$,若 $A = U\{\lambda A_\lambda / \lambda \in [0,1]\}$,则称 λA_λ 为 λ 和 A_λ 的模糊截集,且其隶属度函数为 $(\lambda A_\lambda)(x) = \lambda \wedge A_\lambda(x)$。

定义 4.5 集合关系:假设集合 $A, B \in F(U)$,对于任取 $x \in U$,若 $A(x) \leqslant B(x)$,则称集合 A 包含于集合 B 或者集合 B 包含 A,即 $A \subseteq B$。若 $A \subseteq B$ 且 $B \subseteq A$,则称集合 A 和集合 B 相等,即 $A = B$。

定义 4.6 运算关系:模糊集合 A, B 的并为 $A \cup B$,隶属度函数为 $(A \cup B)(x) = A(x) \vee B(x)$;$A$ 的补集为 $\widetilde{A}$,其隶属度函数为 $\widetilde{A}(x) = 1 - A(x)$;$A \cap B$ 记为集合 A, B 的交集,隶属度函数为 $(A \cap B)(x) = A(x) \wedge B(x)$;$A - B$ 为集合 A, B 的差集,其隶属度函数为 $(A - B)(x) = A(x) \wedge [1 - B(x)]$。

以上定义中,φ 为空集,表示隶属度函数值恒为 0 的模糊集合;U 为全集,表示隶属度函数恒为 1 的模糊集合。

2. 模糊粗集

在模糊系统内,设论域为 U,集合 R 表示论域 U 中的一个等价关系集,论域 U 上由 R 导出所有等价类簇,记为 U/R,任取 $x \in U$,则所有包含 x 的属于 R 的等价类记为 $[X]_R$。对于内部相互关联的封闭系统 $K=<U,P>$,P 为论域 U 上的一个等价类簇,若 $D \subseteq P$ 且 $D \neq \varphi$,则 D 的所有等价关系集的交集 $\bigcap D$ 也属于等价关系,记为 $IND(D)$。

对系统 $K_1=(U,P)$ 和系统 $K_2=(U,D)$,若 $IND(D)=IND(P)$,则认为系统 K_1 和系统 K_2 是等价的,记为 $K_1 \cong K_2$,表示着两个系统具有相同的基础类信息,它们的表达和反映系统特征的能力是相同的。

四元数据组 $S=<U,R,V,f>$ 反映的系统一般称为信息系统,其中论域 $U=\{x_1,x_1,\cdots,x_n\}$ 为非空集合。为了描述系统内部概念,令非空有限集合 R 为属性集合,非空有限集合 V 是与属性集合 R 相对应的属性特征值,$V=\underset{a \in A}{U} V_a$,$V_a$ 为属性 a 的特征值取值范围;函数关系 f:$U \times R \rightarrow V$ 满足 $f(x,a) \in V, a \in R, x \in U$,函数值 $f(x,a)$ 为属性 a 的特征值。

在模糊粗集领域中,可以将属性集 R 进行归类管理,构建两个完全独立的属性子集,即为组织决策提供依据的条件属性集 C 及组织决策集 E。由于是对属性集合 R 的整体、独立切割,因此必有 $R=C \cup E$ 且 $\varphi=C \cap E$,二者构成了组织的决策信息系统。将以上数据代入,可以得到信息系统,记为 $S=<U,C \cup E,V,f>$,组织决策集 E 一般可穷尽,可以用列举法表示。当 $E=\{e_1,e_2,\cdots,e_n\}$ 时,信息系统表示为 $S=<U,C \cup \{e_1,e_2,\cdots,e_n\},V,f>$。

属性集合 U 的基用 $card(U)$ 进行表示,其代表了属性集合 U 所包含对象的个数,即属性个数。属性决策系统具有多样性,当决策属性具有唯一性时,决策属性基记为 $card(E)=1$;当决策属性比较多时,决策属性基记作 $card(E)>1$,此时称其为多属性决策信息系统;不同项属性对组织决策影响是不同的,粗糙集理论认为属性 attr 在属性集中对决策制定的重要性为

$$\text{sig}_p(\text{attr}) = \frac{|\text{pos}_p(R) - \text{pos}_p - \text{attr}(R)|}{|o|} \tag{4-2}$$

其中,attr 为决策属性;R 为属性的集合;P 为论域;o 为所有对象;pos_p 为集合 R 的正域,表示集合 R 所占的区域。用此方法可以实现单对象重要值的度量。

3. 模型求解过程

(1) 模糊物元和复合模糊物元。基于战略导向的项目组合配置问题中,需要进行战略贴近度值计算的对象是组织内部所有拟实施的项目组件,假设项目池(即组织所有拟实施项目组成的项目集)中共有 N 个拟实施配置项目,为了科学识别每一个拟实施项目组件,对项目池中的每一个项目按次序进行编号 $N_j(j=1,2,3,\cdots,n)$,项目池中项目所需要承载和实现的组织战略子目标为 M。与配置组件一样,为了实现有效识别,也对每一个战略子目标按次序进行编号 $M_j(j=1,2,3,\cdots,m)$,同时每一个拟配置项目的战略子目标的特征量值记为 x,特征量值 x 根据特征变化而变动,具有很强的模糊性和不确定性。

根据以上描述,不难得到由拟配置项目、战略子目标和战略子目标特征值组成的项目组合配置战略子目标有序模糊物元 $\boldsymbol{X}=(\boldsymbol{N},\boldsymbol{M},\boldsymbol{x})$,即

$$\boldsymbol{X} = \begin{array}{c} \\ M_1 \\ M_2 \\ \vdots \\ M_3 \end{array} \begin{array}{cccc} N_1 & N_2 & \cdots & N_j \\ \begin{bmatrix} x_{11} & x_{12} & \cdots & x_{1j} \\ x_{21} & x_{22} & \cdots & x_{2j} \\ \vdots & \vdots & & \vdots \\ x_{i1} & x_{i2} & \cdots & x_{ij} \end{bmatrix} \end{array} \quad (4-3)$$

式中，X 表示项目池中各战略子目标的复合模糊物元集；x_{ij} 表示第 j 个项目的第 i 个特征所对应的特征量模糊值。从而实现了各拟配置项目与拟承接的组织子战略目标的量化分析。

(2) 复合模糊物元的从优隶属度。虽然通过式(4-3)对项目组合配置组织子战略目标实现了量化表示，但是它却无法反映拟配置组件对战略子目标实现的从属程度，不能有效反映二者之间的关系。为了进一步明确二者关系，本节提出项目组合配置战略从优隶属度概念，即：

定义 4.7 项目组合配置战略导向从优隶属度：项目组合配置过程中物元特征值对应的模糊量值从属于战略目标评价指标模糊量值 X 的隶属程度，称为项目组合配置战略导向从优隶属度，该隶属度一般为正值。

项目组合配置评价指标特征值对于设定指标评定的标准是相对的，会随着具体环境的变化而发生改变，但无论如何变化其原则只有两条，即越大越优原则和越小越优原则。不同的隶属度最优原则有不同的计算公式，从项目组合配置的实际意义出发，采用以下两式对最大最优和最小最优隶属度原则进行刻画：

$$y_{ij} = 1 - \frac{B - x_{ij}}{B - A} \quad (4-4)$$

$$y_{ij} = 1 - \frac{x_{ij} - A}{B - A} \quad (4-5)$$

式中，y_{ij} 为项目组合配置拟配置组件对战略子目标的从优隶属度；特征量模糊值 $x_{ij} \in [A,B]$，$[A,B]$ 是战略子目标评价指标模糊量值设定的取值范围，在组织进行战略分解后、项目组合配置实施前为已知参数。从而可得到组织战略导向下项目组合配置的复合从优隶属度模糊物元 Y_{ij}：

$$\boldsymbol{X} = \begin{array}{c} \\ M_1 \\ M_2 \\ \vdots \\ M_i \end{array} \begin{array}{cccc} N_1 & N_2 & \cdots & N_j \\ \begin{bmatrix} y_{11} & y_{12} & \cdots & y_{1j} \\ y_{21} & y_{22} & \cdots & y_{2j} \\ \vdots & \vdots & & \vdots \\ y_{i1} & y_{i2} & \cdots & y_{ij} \end{bmatrix} \end{array} \quad (4-6)$$

在组织实施组合配置的过程中，基于组织战略子目标的项目组合配置从优隶属度评价，各评价指标的从优隶属度最大最优或最小最优均可作为从优隶属度的标准，从而构建相应的模糊物元 S。本节以从优隶属度最大最优为标准模糊物元 S，即模糊物元 S 中的所有元素值为 1。令 $u_{ij} = (1 - y_{ij})^2$，可得由标准模糊物元 S 和复合从优隶属度模糊物元 S 所组成的差平方复合模糊物元 $\boldsymbol{U}$：

$$\boldsymbol{X} = \begin{array}{c} \\ M_1 \\ M_2 \\ \vdots \\ M_3 \end{array} \begin{array}{cccc} N_1 & N_2 & \cdots & N_j \\ \begin{bmatrix} u_{11} & u_{12} & \cdots & u_{1j} \\ u_{21} & u_{22} & \cdots & u_{2j} \\ \vdots & \vdots & & \vdots \\ u_{i1} & u_{i2} & \cdots & u_{ij} \end{bmatrix} \end{array} \quad (4-7)$$

战略导向下的项目组合配置的实质就是分析各组合配置方案和组织战略子目标之间的吻合和贴近程度,从而优选吻合度最优、贴近度最高的组合配置方案加以实施,通过最大限度实现各战略子目标保证组织战略总目标实现最优。然而,综合现有文献和相关研究,发现在这方面没有行之有效的分析方法和度量工具,限制了战略贴近度在组织实践中的应用。因此,本节从模糊情境视角提出基于目标的项目组合配置战略贴近度的概念,并通过粗集理论提出战略贴近度的计算公式。模糊情境下基于目标的项目组合配置战略贴近度定义如下:

定义 4.8 项目组合配置战略贴近度:各项目组合配置方案对组织战略目标实现的贡献程度值(按所有组合配置方案贡献百分比计算),其值越大则表示该项目组合配置方案越符合战略需求,反之则越远离战略需求。

(3)项目组合配置多元组合权重系数的确定。根据模糊物元理论得到的式(4-3)～式(4-7)项目组合配置战略贴近度是以单个战略子目标评价指标为出发计算的拟配置项目从优隶属度的方法,可以为单目标单项目组合配置提供很好的计算方法。但是在组织实际项目组合配置实践和管理过程中,各项目组合配置需要承接的战略子目标评价指标并不是独立存在的,而是相互影响、相互协同的,独立考虑单个项目的战略子目标评价指标,必然会导致较大偏差的出现,影响项目组合配置的最优性。因此必须将各战略子目标进行赋权综合分析,提高配置过程精确性。由于各战略子目标指标的从优隶属度均以百分比形式表示,因此在综合分析各战略子目标之间的相互协同关系时,可以采用指标权重求和思想对各指标进行定量分析。

依据粗集理论,模糊情境下基于目标协同的项目组合配置方案中拟配置项目 N_j 在组合配置战略贴近度度量过程中的贴近度值 $\text{sig}_{N-N_j}(N_j)$ 可表示为

$$\text{sig}_{N-N_j}(N_j) = 1 - \frac{\text{Card}[\text{pos}_{N-N_j}(D)]}{\text{Card}[\text{pos}_N(D)]} \tag{4-8}$$

式中,$\text{sig}_{N-N_j}(N_j)$ 表示拟实施组合配置项目集合中项目 N_j 的战略贴近度;$N=\{N_1,\cdots,N_j\}$ ($j=1,2,3\cdots$)表示组织中拟实施组合配置的所有项目集合,$\text{pos}_N(N-N_j)$ 表示由项目集 N 得到的项目子集 $N-N_j$ 中的具有独立特征的子项目集,即项目集 $N-N_j$ 的正域值;Card( )表示项目子集中的组成项个数。

对由式(4-8)得到的各项目子战略贴近度进行归一化处理可以得到单个项目与组织战略目标实现的贴近度值,即

$$G_{N_j} = \frac{\text{sig}_{N-N_j}(N_j)}{\sum_{j=1}^{n}\text{sig}_N(N_j)} \tag{4-9}$$

由粗糙集理论和文献,对式(4-8)和式(4-9)表示的组合配置单项目组织战略贴近度计算式进行拓展,得到拟实施项目组合配置集中各项目的战略贴近度为

$$G_{N_k\cdots N_f} = \frac{\text{sig}_{N-(N_k\cdots N_j)}(N_K\cdots N_j)}{\sum_{j=1}^{n}\text{sig}_{N-(N_k\cdots N_j)}(N_k\cdots N_j)} \quad (k \leqslant j) \tag{4-10}$$

其中

$$\text{sig}_{N-(Nk\cdots N_j)}(N_k\cdots N_j) = 1 - \frac{\text{Card}\{\text{pos}_N[N-(N_k\cdots N_j)]\}}{\text{Card}[\text{Pos}_N(N)]} \tag{4-11}$$

式(4-10)和式(4-11)中,$G_{(N_k\cdots N_j)}$ 表示拟实施项目组合配置集中各单项目的战略贴近度;$\text{sig}_{N-(N_k\cdots N_j)}(N_k\cdots N_j)$ 表示由拟实施项目组合配置集合中的项目组件 $N_k,\cdots,N_j$ 所组成的组

合配置方案的战略目标贴近度值;$\text{pos}_N[N-(N_k\cdots N_j)]$表示$N-(N_k\cdots N_j)$的正域,即由拟实施组合配置项目集$N$得到的项目子集$N-(N_k\cdots N_j)$中具有独立特征的子项目集,由此实现了单项目配置组件战略贴近度计算向由多项目组件构成的项目组合配置战略贴近度度量方法的推导,实现了对两个及两个以上项目组合配置方案的多元组合战略贴近度的计算。

由多配置组件形成的项目组合配置具有多重性、多属性,在计算过程中具有很大难度。为了简化计算,本节以两个项目为例计算由拟实施项目组件形成的项目组合配置方案战略贴近度R:

$$\boldsymbol{R}=\begin{matrix}&N_1&N_2&\cdots&N_j\\N_1\\N_2\\\vdots\\N_j\end{matrix}\begin{bmatrix}r_{11}&r_{12}&\cdots&r_{1j}\\r_{21}&r_{22}&\cdots&r_{2j}\\\vdots&\vdots&&\vdots\\r_{i1}&r_{i2}&\cdots&r_{ij}\end{bmatrix} \quad (4-12)$$

式中,N_{ij}表示考虑拟配置项目N_i与N_j之间相互关系的项目组合配置方案;r_{ij}表示由拟配置项目N_i与N_j组成的拟实施配置组合方案N_{ij}和组织各项战略子目标之间的贴近度值,且$r_{ij}=r_{ji}$。由式(4-12)获得的新项目组合配置方案使得项目决策者在对单个项目进行考虑的同时也能考虑到各项目之间协同、排斥等综合作用,避免了单项目、单特征计算的片面性和局限性。

(4)粗集项目组合配置战略贴近度修正。根据粗集物元理论,用以上公式进行分析时,会有战略贴近度$W=0$的情况出现,虽然战略贴近度$W=0$从数学角度上是可行的,但是从对项目组合配置战略贡献角度来看,所有拟实施配置项目组件都应该对战略目标实现有一定的影响(无论是正影响还是负影响)。而战略贴近度$W=0$显然与组合配置实际不符,故应对由粗集物元理论获得的项目组合配置组合权重值进行修正。

在项目组合配置过程中,不可避免地会出现一定程度的混乱和不确定现象。熵作为处理信息不确定性的有效工具,相对于传统权重赋值和修正的方法,能定量地反映组合配置过程中的不确定信息和混乱程度,权重修正精度更高、客观性更强;同时熵值法采用归一化思想对项目组合配置信息的无序性进行无量纲处理,在实现模糊信息清晰化的过程保证了权重数据的总量恒定性,提高了数据结果的透明度和可信度,对处理项目组合配置过程中的不确定信息具有很强的鲁棒性。基于熵的特征和优点,本节仿照熵定义对项目组合的权重系数进行修正。

项目组合配置战略贴近度值具有一定的不确定性,因此可以借助熵定义对其含义进行描述和修正。由熵的定义出发,可以确定项目组合配置的战略贴近度评价指标熵,即

$$\left.\begin{aligned}H_{ij}&=-\frac{1}{\ln k}(f_{ij}\ln f_{ij})\\f_{ij}&=\frac{r_{ij}}{\sum_{i=1}^{p}\sum_{j=1}^{q}r_{ij}}(i=1,2,\cdots,p;j=1,2,\cdots,q)\end{aligned}\right\} \quad (4-13)$$

根据组织战略目标对拟实施项目组合配置的实际指导意义,为避免组织战略贴近度为零情况的出现,需要对f_{ij}加以修正,即

$$f_{ij}=\frac{\varepsilon+r_{ij}}{\sum_{i=1}^{p}\sum_{j=1}^{q}(\varepsilon+r_{ij})},\quad(i=1,2,\cdots,p;j=1,2,\cdots,q) \quad (4-14)$$

由式(4-14)可知,对f_{ij}的修正处理避免了当$f_{ij}=0$和$f_{ij}=1$时,项目组合配置的战略贴近度评价指标熵所反映的信息无序化、相冲突情况的出现,保证了项目组合配置战略贴近度的实际有效性。式(4-14)中,$\varepsilon = \min(r_{ij})$且$r_{ij} \neq 0$。为拟实施配置项目组件战略贴近度的最小值,用$k$表示由战略总目标分解得到的用于被拟实施配置项目承接的战略子目标的数量值。从而可得由熵值表示的项目组合配置战略贴近度数值矩阵,即

$$W = (w_{ij})_{1 \times n} \tag{4-15}$$

式中,$w_{ij} = \dfrac{\varepsilon + H_{ij}}{\varepsilon q + \sum\limits_{j=1}^{q} H_{ij}}$,$\varepsilon = \min(H_{ij})$且有$\sum\limits_{i=1}^{p}\sum\limits_{j=1}^{q} w_{ij} = 1$。

(5)战略贴近度函数求解。将式(4-15)所得结果矩阵带入目标函数中,即可获得模糊情境下的项目组合配置战略贴近度最大值,在实现模糊情境下的项目组合配置方案的实施决策的同时也实现了拟实施组合配置与组织战略之间贴近度的度量。

4.2.3 案例分析

本节以某国有集团公司 M 公司的项目组合配置为例,对项目组合配置战略贴近度度量过程及决策模型进行实践分析,以说明该度量方法的有效性和可行性。

1. 案例背景

M 公司是由我国国务院国有资产委员会直接管理的大型国有中央企业,成立于 20 世纪 60 年代。自成立以来,M 公司秉持"为国防现代化服务,为民生现代化服务"的经营理念,全面服务国家各行各样,为我国的军用和民生发展提供了巨大帮助,在计划经济和管理时代取得了巨大的发展成果;但是随着改革开放步伐的加快,市场经济的浪潮逐渐冲击了 M 公司的原有管理模式,对 M 公司发展提出了巨大的挑战。为了应对挑战,同时也为了获得更长久的发展,在国家大力支持下,M 公司最先引入项目化管理思想,通过体制改革,成了涵盖军民品贸易、文化艺术经营、矿产资源领域投资开发和房地产开发等领域的综合一体化特大型中央企业,为 M 公司实现可持续发展,稳固行业龙头地位奠定了基础。但是,随着 M 公司的不断发展壮大,不仅组织需要实施的项目数量变得越来越多,而且实施项目的复杂度也越来越高,组织原有的单项目管理模式应对日益复杂的管理现状逐渐显示出了疲惫不足之态。为了解决这一难题,M 公司高层和管理人员在原有项目化管理基础上提出了多项目组合配置管理理念,分析和应用了现有多项目管理相关理论,但应用效果却并不理想。通过分析,M 公司在进行多项目组合配置过程中存在以下问题:

(1)项目组合的配置管理没有统一的目标指导,各项目实施均以项目实现为最终目标,名为项目组合配置管理,实则依然是采用传统单项目管理模式进行配置。

(2)项目组合配置与组织战略完全脱节,战略目标不能在组合配置中贯彻落实,也不能指导组合配置的实施和调整,导致组合配置组件无法对项目子目标进行有效承接。

(3)各项目实施目标不能承接组织战略目标,对各项目目标之间的内在联系也没有进行协同分析,导致各项目之间的关系被强行"割裂",无法形成真正的组合整体,为组织战略服务。

基于以上分析,M 公司经营问题与本节构建的模糊情境下基于目标协同的项目组合配置战略贴近度模型所需要解决的问题具有很强的一致性。因此,应用本节所构建的战略贴近度

模型分析组合配置各项目之间的内在关系,度量组合配置与组织战略之间的贴近程度,在战略目标下指导组织实施项目组合配置,具有可行性。

2. 模型应用

目前,M 公司的战略总目标是在 10 年内实现组织盈利排名全国前十。为了实现这一目标需要实施项目组合配置,因此项目组合配置方案的确定就成为组织战略目标实现的前提。通过分析和筛选,M 公司从该公司涉及的军民品贸易、文化艺术经营、矿产资源领域投资开发和房地产开发等经营领域选择了五个特大型项目拟加以实施,然而公司目前流动资金和组合管理能力只能支撑 2 个项目的组合管理,这就为 M 公司的组合管理带来了难题。如何对拟实施项目组件进行配置才能最大限度承接组织战略目标就成为 M 公司实施项目组合配置管理的首要任务。

根据 4.1.2 节所述,我们对组织"10 年内实现组织盈利排名全国前十"的战略总目标进行战略子目标分解,通过聘请组织内管理经验丰富的专家学者对由拟实施的项目构成的项目池中每一个项目承载战略子目标能力进行评价,得到各项目承接子战略能力矩阵,具体如下(各战略子目标承接能力值最高分 5 分、最低分 0 分):

$$X = \begin{array}{c} \\ \text{财务目标} \\ \text{客户满意度} \\ \text{组织成长} \\ \text{战略目标优势} \\ \text{技术优势} \\ \text{规避风险能力} \\ \text{社会声誉} \end{array} \begin{array}{c} N_1 \quad N_2 \quad N_3 \quad N_4 \quad N_5 \\ \begin{bmatrix} 4.5 & 3.5 & 3.0 & 4.0 & 2.5 \\ 3.0 & 2.0 & 3.5 & 3.5 & 3.5 \\ 3.5 & 4.0 & 3.0 & 2.0 & 3.0 \\ 2.5 & 3.5 & 4.0 & 3.0 & 3.5 \\ 4.0 & 2.0 & 3.5 & 3.0 & 1.5 \\ 3.5 & 4.0 & 3.0 & 4.0 & 3.0 \\ 3.5 & 2.0 & 3.5 & 3.5 & 3.5 \end{bmatrix} \end{array} \quad (4-16)$$

为了得到 M 公司各拟配置项目组件对战略子目标实现的从属程度,清晰明确地反映二者之间的内在隶属关系,根据 4.2.1 节中给出的隶属度最优原则和转化公式[式(4-4)~式(4-6)],可计算得到由标准模糊物元 S 和复合从优隶属度模糊物元 Y 所组成的差平方复合模糊物元 U:

$$U = \begin{array}{c} \\ \text{财务目标} \\ \text{客户满意度} \\ \text{组织成长} \\ \text{战略目标优势} \\ \text{技术优势} \\ \text{规避风险能力} \\ \text{社会声誉} \end{array} \begin{array}{c} N_1 \quad N_2 \quad N_3 \quad N_4 \quad N_5 \\ \begin{bmatrix} 0.01 & 0.09 & 0.16 & 0.04 & 0.25 \\ 0.16 & 0.36 & 0.09 & 0.09 & 0.09 \\ 0.09 & 0.04 & 0.16 & 0.36 & 0.16 \\ 0.25 & 0.09 & 0.04 & 0.16 & 0.09 \\ 0.04 & 0.36 & 0.09 & 0.16 & 0.49 \\ 0.09 & 0.04 & 0.16 & 0.04 & 0.16 \\ 0.09 & 0.36 & 0.09 & 0.09 & 0.09 \end{bmatrix} \end{array} \quad (4-17)$$

分析所得的 M 公司拟配置实施项目组件对战略子目标的隶属度之后,需要进一步确定各个单项目配置组件的战略贴近度值。根据粗集理论、式(4-8)和式(4-9)所示的单项目战略贴近度计算公式,并带入式(4-17)中的数据,可得不考虑目标内在联系时,各拟配置项目组件的战略贴近度值分别为

$$\text{sig}_{N-N_1}(N_1) = \frac{2}{7}; \quad \text{sig}_{N-N_2}(N_2) = 0; \quad \text{sig}_{N-N_3}(N_3) = 0;$$

$$\text{sig}_{N-N_4}(N_4) = \frac{2}{7}; \quad \text{sig}_{N-N_5}(N_5) = 0$$

对不考虑内在联系的项目组合配置组件战略贴近度值进行归一化处理后,可得到归一化后的各项目组合配件战略贴近度分别为:$W_1 = \frac{1}{2}, W_2 = 0, W_3 = 0, W_4 = \frac{1}{2}, W_5 = 0$。

对归一化后的各拟配置项目组件战略贴近度进行分析,可知该结果不考虑组件间相互关系是存在问题的,而且 $W_2 = 0, W_3 = 0, W_5 = 0$ 的出现表明拟配置项目 2,3,5 对组织战略目标的实现没有起到任何作用,这显然与 M 公司项目组合配置管理的实际是不一致的。同时,对各配置组件进一步分析可以发现,如果考虑战略目标导向下的项目组合配置过程中各个项目间的内部关系时,组织战略决策和组合配置会发生非常大的变化。这说明,战略目标导向下的拟配置项目池中的项目承载的战略子目标之间一定存在着某种相互制约、相互协同的关系。因此,在判断拟配置项目对组织战略目标实现的贡献度时,仅计算单个项目对战略子目标的贴近度,并不能客观地表示每个项目对战略子目标实现的贡献程度。为了更加准确地反映其对战略实现程度的贡献度,还必须考虑承接战略子目标的项目与项目之间的关系。

在分析配置组件间的相互关系时,涉及的项目数目具有不确定性,为了简化计算,本节以两个拟配置项目之间的关系为例进行说明。根据式(4-10)和式(4-11)可得 M 公司项目组合配置各组合方案的战略贡献程度,即

$$\boldsymbol{R} = \begin{array}{c} \\ N_1 \\ N_2 \\ N_3 \\ N_4 \\ N_5 \end{array} \begin{array}{cccccc} N_1 & N_2 & N_3 & N_4 & N_5 \\ \begin{bmatrix} 2/7 & 2/7 & 2/7 & 5/7 & 2/7 \\ & 0 & 0 & 2/7 & 0 \\ & & 0 & 2/7 & 0 \\ & & & 2/7 & 2/7 \\ & & & & 0 \end{bmatrix} \end{array} \quad (4-18)$$

对式(4-18)所示的 M 公司项目组合配置中各组合配置战略贴近度进行归一化处理,可得到归一化后的 M 公司项目组合配置各组合项目方案的战略贴近度 $\boldsymbol{R'}$,即

$$\boldsymbol{R'} = \begin{array}{c} \\ N_1 \\ N_2 \\ N_3 \\ N_4 \\ N_5 \end{array} \begin{array}{cccccc} N_1 & N_2 & N_3 & N_4 & N_5 \\ \begin{bmatrix} 2/21 & 2/21 & 2/21 & 5/21 & 2/21 \\ & 0 & 0 & 2/21 & 0 \\ & & 0 & 2/21 & 0 \\ & & & 2/21 & 2/21 \\ & & & & 0 \end{bmatrix} \end{array} \quad (4-19)$$

按式(4-13)和式(4-14),对 M 公司项目组合配置各组合项目方案的战略贴近度进行修正处理,得到修正后的模糊情境下基于目标协同的项目组合配置战略贴近度为

$H_{ij} = [0.102\ 60 \quad 0.102\ 60 \quad 0.102\ 60 \quad 0.140\ 10 \quad 0.102\ 60 \quad 0.065\ 27 \quad 0.065\ 27$
$0.102\ 60 \quad 0.065\ 27 \quad 0.065\ 27 \quad 0.102\ 60 \quad 0.065\ 27 \quad 0.102\ 60 \quad 0.102\ 60 \quad 0.065\ 27]$

$$\boldsymbol{W}_{ij} = [0.070\,84 \quad 0.070\,84 \quad 0.070\,84 \quad 0.098\,08 \quad 0.070\,84 \quad 0.055\,99 \quad 0.055\,99$$
$$0.070\,84 \quad 0.055\,99 \quad 0.055\,99 \quad 0.070\,84 \quad 0.055\,99 \quad 0.070\,84 \quad 0.070\,84 \quad 0.055\,99]$$

由专家对项目组合配置者进行访谈打分,得到的项目组合项目配置战略贴近度为

$$\boldsymbol{e}_{ij} = [0.08 \quad 0.13 \quad 0.06 \quad 0.09 \quad 0.11 \quad 0.05 \quad 0.09 \quad 0.04 \quad 0.07 \quad 0.05 \quad 0.08 \quad 0.07$$
$$0.10 \quad 0.05 \quad 0.06]$$

从项目组合配置的实际意义和相关经验角度考虑,取 a 和 b 的值分别为 0.7 和 0.3;将矩阵 H_{ij},W_{ij} 和 e_{ij} 数据代入模型目标函数[式(4-1)],即可得到各项目组合配置方案的战略贴近度值 v_{ij} 为

$$\boldsymbol{V}_{ij} = [0.051\,99 \quad 0.088\,59 \quad 0.067\,59 \quad 0.101\,66 \quad 0.064\,59 \quad 0.054\,15 \quad 0.066\,19$$
$$0.061\,59 \quad 0.060\,19 \quad 0.054\,19 \quad 0.073\,59 \quad 0.060\,19 \quad 0.079\,59 \quad 0.064\,59 \quad 0.057\,19]$$

从而实现 M 公司考虑战略子目标协同的项目组合配置战略贴近度度量,为 M 公司以项目组合配置战略贴近度值为标准进行组合配置决策提供了参考依据。

3. 结果分析

从得到 M 公司项目组合配置战略贴近度计算结果 V_{ij} 中可以看出拟配置项目组件 N_1,N_4 形成组合配置的战略贴近度最大,占所有组合配置方案的 10.166%。利用蚁群算法也可对本模型进行仿真,按传统蚁群算法得到的该组合配置方案贴近度值为 6.312 4%,此值明显低于本模型所得战略贴近度值,表明了本模型在求解模糊情境下基于目标协同的项目组合配置战略贴近度问题中的有效性和优越性。同时项目组合配置战略贴近度值也说明了 M 公司在进行两两项目组合配置管理时,应优先考虑组合项目组件 N_1,N_4,促使组合配置与组织战略目标始终保持高度一致(本案例以 2 个项目组件构成组合配置为例进行介绍,3 个及 3 个以上项目组件构成的组合配置可按同样方法计算得到),保证组合配置项目组件承载战略子目标最优和组织战略目标最优化的实现。

4.3 基于要素协同的项目组合配置战略贴近度研究

随着研究的深入,我们发现项目组合配置在国内外已经有了大量研究。国外研究主要集中于项目与组织战略贴近程度的衡量标准、战略目标下的多项目选择和配置方法等方面;国内学者对战略层次的项目组合配置的研究比较少,主要从项目组合管理流程模式研究出发,阐述了企业项目组合管理与组织战略管理的关系,构建了"SDPCE"模式及其配套机制,并对该方法在创新型组织战略实施的适用性方面进行了阐述。

但是,这些研究并未阐述拟配置项目组件与项目组件、项目组件与战略目标,以及战略子目标之间协同关系对配置方案的影响,也没有对组合配置方案的有效性进行度量分析,无法量化反映组合配置方案与战略目标的一致性程度。基于上述分析,本节以组织战略目标为导向,以质量展开功能(Quality Function Deployment,QFD)为分析工具,建立综合考虑拟配置项目组件与项目组件、项目组件与战略目标以及战略子目标等配置要素相互协同影响的项目组合配置优化模型,构建协同度函数,并通过战略贴近度度量配置方案有效性的分析方法,为组织进行战略导向的项目组合配置优化提供可供参考的决策依据。

4.3.1 基于要素协同的项目组合配置战略贴近度模型构建

1. 问题描述

在面向战略的项目管理中,不仅战略贴近度指标间的内在关系对组合配置决策有重大影响,拟实施配置组件间的内在关系,甚至拟配置组件与组织战略贴近度评价指标间的关系对组合配置的决策也有着重要影响。这些关系是隐形的但又是确实存在的。拟配置组件之间项目的相似性、成本进度的互悖性、资源能力的共享性以及组件与战略指标的承载性,这些都能对组合配置形成重大影响,给组织经营管理决策的制定带来了难度。

基于目标协同的项目组合配置战略贴近度问题是比较单一的、仅考虑单独协同对象的配置优化问题。由于其考虑对象单一,因此在实际运用中受到了很大限制。基于要素协同的项目组合配置战略贴近度研究是在目标协同的组合配置战略贴近度问题基础上的进一步扩展,不仅将组织战略子目标间的关系纳入分析范围,而且也对组织战略子目标与拟配置组件、拟配置组件与拟配置组件之间的协同关系进行了综合考虑,将影响组织战略目标实现的各项配置要素间的关系进行全面度量。这种分析方法,更具全面性,保证了组合配置战略贴近度值度量的精确性,提高了以项目组合配置战略贴近度为依据进行决策结果的可信度。

基于要素协同的项目组合配置战略贴近度问题就是在组织公司战略既定的前提下,对组织战略目标的子目标分解,并通过选择科学合理的项目组件承载、执行从而实现战略总目标的管理过程。该问题不仅需要在项目组件层级探讨分析组织子战略之间的协同关系,而且需要对拟配置项目组件之间的协同关系、拟配置组件与组织战略子目标间内在联系进行分析、描述,需要在协同视角下分析项目组合配置要素间隐性关系对组织组合配置的影响,并以此为基础分析组织项目组合配置与组织战略的贴近程度,保证组织战略目标实现最优化。因此,基于要素协同的项目组合配置战略贴近度问题的研究需要解决以下问题:

(1)根据组织战略构建拟实施项目池,在提取分析组织战略子目标之间协同关系的同时,对各拟配置组件之间、拟配置组件与战略贴近度指标(战略子目标)间的关系进行定量描述,实现项目组合配置要素间关系的有效分析。

(2)分析配置要素间的协同关系对组合配置决策的影响,数字化描述这种内在关系在构建组织战略贴近度值模型、实现贴近度度量分析中的效用。

(3)依据基于要素协同的项目组合配置战略贴近度分析结果,制定组合配置决策,保证项目组合配置始终与组织战略保持高度一致。

2. 模型构建

考虑配置要素协同关系的项目组合配置战略贴近度模型的构建,不仅需要对战略子目标之间的关系进行描述,而且需要反映拟配置项目组件与组件、组件与战略评价指标间的内在联系,同时需要将组织配置的效益目标函数约束纳入分析范围,保证项目组合配置战略贴近度最大化。

因此,构建以项目组合配置战略贴近度最大化为优化目标的项目组合配置决策模型,如下:

$$S = \max[\mathrm{SD}(x)] \tag{4-20}$$

s.t.
$\mathrm{ET}(x) \geqslant A$

$$SD(x) = Z^T X' \qquad (4-21)$$

对于式(4-20)模型的目标函数,S 为函数目标值;$SD(x)$ 为拟实施配置的项目组合与组织战略的贴近度函数表达式,由组织战略子目标、拟配置组件间以及拟配置组件与战略目标之间协同关系确定,基于要素协同的项目组合配置战略贴近度是要实现贴近度值最大化,因此 $SD(x)$ 的最大值即为目标函数 S 的取值。式(4-21)是该战略贴近度模型的约束条件,其中 $ET(x) \geqslant A$ 为组织实施组合配置的效益约束条件,$ET(x)$ 表达式随要素协同关系变动而改变,可由各要素协同关系确定,A 为已知常数参量,是组织实施实施组合配置收益最小值,由组织战略目标确定;Z^T 为要素协同关系函数表达式,由拟配置组件间协同关系、拟配置组件与组织战略贴近度评价指标、战略贴近度指标间协同关系确定;X' 为项目组合配置调节参数,是为了处理量纲不一致问题而设计的参数,本节以组合配置实际适配率定义、表示。

根据以上描述,由目标函数[式(4-20)]和约束条件[式(4-21)]构成了基于拟配置项目之间、战略评价指标之间、拟配置项目与指标之间协同度等要素协同关系的项目组合配置战略贴近度优化模型。

4.3.2 基于 QFD 的模型求解

基于要素协同的项目组合配置战略贴近度问题是对仅考虑目标协同问题的扩展,相比于仅考虑目标协同的项目组合配置战略贴近度分析,研究对象更多、分析目标更广、复杂性也更大。模糊物元在处理单维度战略子目标与子目标协同关系时有着很好的适应性,但是针对基于要素协同的考虑战略贴近度评价指标协同、项目配置组件间协同以及战略贴近度评价指标协同的多维协同度量分析,模糊物元无法精确分析它们之间的关系,也不能实现他们的定量描述,因此需要采用能在更多维上实现要素协同度量的分析工具。质量功能展开(Quality Function Deployment,QFD)是将客户需求转化为产品特性的产品开发方法,将客户的需求进行有效转化是 QFD 方法的核心思想。QFD 理论是将客户需求各个要素关系进行综合分析的工具,能够将复杂多维而且不易度量的客户关系进行精确化度量分析,为组织基于客户需求制定决策提供依据,这与所要解决的各配置要素间协同关系度量有着很高的相似度,在解决基于要素协同的项目组合配置问题中有着很高的实用性。因此,可以利用 QFD 理论对基于要素协同的项目组合配置战略贴近度问题进行求解。

1. QFD 基本理论

QFD 理论最先由日本学者赤尾洋二提出,并于 1972 年被日本企业神户造船厂应用于海洋船舶的设计与制造领域中,获得了极大的成功,吸引了国内外大批学者的关注,取得了较多的研究成果,大大提升了该理论在缩短开发周期、提高产品质量、降低生产成本以及提高客户满意度等方面的应用价值。

QFD 理论中客户需求转化,需要将客户需求的各个要素关系进行分析,其要素及其转化基本结构如图 4-4 所示。

(1)左墙:客户需求及其重要程度。客户的需求是质量展开的输入内容,解决了"客户需要什么"的问题。通常可以通过组织市场调研采用定性和定量相结合的方法识别和确定客户需求,并对这些需求的重要程度进行判定。为了有效区分和确定不同客户需求的重要性及其分布状况,QFD 通常采用 Affinity Diagram 和 Tree Diagram 处理、归纳、分析和整理,为下阶段 QFD 展开和分析奠定目标基础。

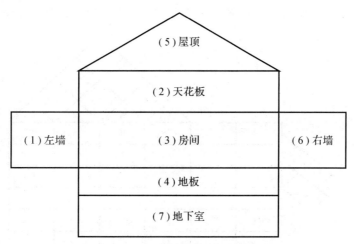

图 4-4 QFD 结构模型(质量层)

(2)天花板:设计及质量要求。天花板代表的设计和质量要求是组织利用技术语言描述项目的核心业务版块,解决项目"如何开展"的问题,从而实现客户需求。这一部分的主要内容是将客户需求转化为服务和产品的技术语言,用设计语言清晰、完整地反映需求及其程度。

(3)房间:关系矩阵。关系矩阵是 QFD 方法最重要的部分,实现了客户需求和设计要求的定量描述。在关系矩阵方面,组织管理和设计人员需要判断每一项设计要求对不同客户需求产生的影响。QFD 关系矩阵可以用 $\boldsymbol{R}=[r_{ij}]$ 表示,其中 r_{ij} 表示设计要求 i 对客户需求 j 的影响程度。关系值 r_{ij} 一般是具有一定的取值范围,取值越大,表明客户需求和设计要求关系要密切,反映设计要求 i 对客户需求 j 的影响程度越深。

(4)地板:各项措施及其重要性。地板是 QFD 的输出部分,主要包括由客户要求和关系矩阵得出的各项设计要求的权重、组织应对内外部竞争环境技术能力的评估值以及设计指标的目标函数值。

(5)屋顶:技术需求关系矩阵。QFD 方法中屋顶代表了组织中技术需求的相关关系矩阵,记录和反映了设计要求自身的冲突、协同和支持程度。

(6)右墙:市场能力评价矩阵。QFD 右墙是组织市场竞争能力的评价矩阵,定量描述了组织的市场竞争能力,为组织发现自身薄弱点、寻求改善领域和方法、调整组织战略目标提供了参考和依据。

(7)地下室:技术能力评价矩阵。地下室包括组织技术需求的重要性、技术需求的目标值和技术竞争性评估值,该地下室数据主要用于确定组织中应优先配置的组件和项目。

采用质量屋展开功能对顾客需求进行分解主要是将组织产品开发过程方方面面的内在关系转化为关系矩阵,通过定量化数字描述为组织实施 QFD 展开提供比较好的数据和技术支持,是应用 QFD 展开功能的难点和重点。

2. 模型求解过程

(1)基于战略导向的项目组合配置质量屋构建。依据 QFD 基本原理,构造基于组织战略目标贴近度的项目组合配置质量屋(见图 4-5),并将之应用于处理项目组合拟配置组件要素之间的协同关系,从而建立涵盖拟实施项目配置组件间协同关系、组织战略评价指标间协同关系,以及组织战略贴近度指标与拟配置组件协同度的项目组合配置战略贴近度优化模型。借鉴质量屋构建原则,项目组合配置战略贴近度质量屋由六部分组成,如图4-5所示。

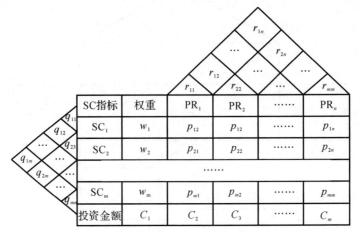

图4-5 项目组合配置战略贴近度质量屋

如图4-5所示,项目组合配置战略贴近度质量屋各组成部分在组织项目组合配置管理中的具体含义如下:

1)左墙:表示项目组合配置战略贴近度的评价指标,包括组织战略目标中财务目标、客户满意度、组织成长目标、技术优势目标、风险规避能力目标、战略目标优势等影响企业可持续发展的因素。对这些因素进行综合考虑,可形成战略目标导向下的项目组合配置战略贴近度指标体系。如图4-5所示,假定各指标为$SC_j(j=1,2,\cdots,m)$,其中m为项目组合配置战略贴近度评价指标的数目,它们的指标权重值为$w_j(j=1,2,\cdots,m)$。

2)吊顶:由组织所有拟实施配置项目组成的拟配置项目集(也称为项目池)$R_i(i=1,2,\cdots,n)$,n为项目池中拟配置项目的个数。

3)阳台:表示项目组合配置战略贴近度评价指标SC的自相关矩阵,该自相关矩阵可实现各指标相互协同关系的量化处理。其中,q_{jk}表示评价指标SC_j和SC_k之间的协同度值,$Q_{m \times m}$为战略目标贴近度评价指标的协同关系矩阵。

4)屋顶:表示项目集PR中各拟实施项目的协同关系矩阵。r_{ij}为拟实施项目组件PR_i和项目组件PR_j之间的协同度,$R_{n \times n}$表示项目集中拟实施项目组件之间的协同关系矩阵。

5)质量屋内部空间:表示战略目标评价指标与拟配置项目之间的协同关系矩阵$P_{m \times n}$。其中,$P_{ij}(i=1,2,\cdots,n;j=1,2,\cdots,m)$表示战略目标评价指标集SC与项目集PR之间的协同度值。

6)地板:项目组合配置的战略目标值,是企业实施项目组合配置所要实现的最终成果。$C_i(i=1,2,\cdots,n)$为组合配置项目PR_i的配置效益系数,C为项目组合配置的效益向量。

(2)项目组合配置战略贴近度影响因素协同度分析。项目组合配置战略贴近度是由多因素共同作用的全方位评价体系,项目组合配置和组织战略贴近度的提升是由组织可持续发展战略贴近度指标、拟配置项目组件和组织战略目标等要素的优化组合而实现的。由于各影响因素间存在相互影响和相互制约的内在联系,在进行项目组合配置时必须考虑和计算各要素之间的协同作用。

要素之间协同作用的分析不能局限在定量描述方面,必须选择具体清晰的描述对象,但是目前研究文献中对此涉及很少,因此需要对相关概念进行定义。由于协同度及其相关概念并没有明确的定义,也没有相关文献对其应用和计算进行明确的阐述,因此在进行项目组合配置战略贴近度的量化计算之前,先作以下定义:

定义 4.9 协同度函数:指在考虑要素协同的战略导向下进行项目组合配置时,各影响因素之间存在的协同关系表达式,其协同度以各因素之间的相关程度表示。

定义 4.10 正协同:配置因素之间存在相互促进作用,当某要素促进另一个要素的提升和改进时,则称这两个要素之间存在相互正协同关系。

定义 4.11 负协同:与正协同定义类似,表示配置因素间的相互削弱关系,此时因素间为负协同关系。

(3)拟配置项目协同度分析。由图 4-5 所示,R 表示组织在战略导向下实施的满足战略贴近度要求的拟配置项目组件间的协同关系矩阵,$r_{ij}(i,t=1,2,\cdots,n)$ 表示组织项目池中拟配置项目组件 PR_i 和 PR_t 之间的协同度。本节采用数列(0,1,2,3,4)描述协同度的强弱关系,各数值分别表示项目组合配置组件间的协同关系强弱,即(不协同、微协同、弱协同、中协同、强协同)。其中协同度等于 4 表示拟配置因素与自身的协同关系,如拟配置项目组件 PR_i 和 PR_t 之间的关系为强协同,则它们之间的协同度值等于 4。根据定义 4.10 和定义 4.11 可知,拟配置项目组件 PR_i 和 PR_t 之间的关系可能存在负协同,即二者的协同度可能为负。对已经得到的项目组合配置要素协同矩阵 R 进行归一化处理,得到归一化后的项目组合配置要素协同矩阵 R',对协同矩阵 R' 要素,有 $r_{it}' \in [-1,1]$,且 $R' = R'^{\mathrm{T}}$。

项目组合配置要素之间的关系虽然可以通过协同矩阵进行描述,但是各要素之间的量纲是不一致的,因此不能直接用来比较分析。为了解决这一问题,本节引入了项目组合配置适配率概念,其定义如下:

定义 4.12 适配率:项目组合配置适配率存在越大越优原则和越小越优原则两种情况。从组织战略导向的项目组合配置的实际意义出发,适配率如下:

$$x_i = 1 - \frac{B_i - B_i^{\mathrm{mtn}}}{B_t^{\max} - B_i^{\mathrm{mtn}}} \tag{4-22}$$

$$x_i = 1 - \frac{B_t^{\max} - B_t}{B_t^{\max} - B_i^{\mathrm{mtn}}} \tag{4-23}$$

式中,x_i 表示组织项目池中拟配置项目组件的适配率,$B_t^{\max}$,$B_t^{\min}$ 分别表示拟配置项目组件 PR_i 适配率的最大值和最小值,取值根据战略子目标和项目组件在组织战略目标中的重要地位等情况综合确定;B_i 表示拟配置项目 PR_i 实施组合配置率的目标值。

假设项目组合配置项目池中拟配置项目组件的计划适配率和实际适配率向量分别为 X 和 X',则不难得到拟配置项目的计划适配率和实际适配率值分别为 x_i 和 x_i'。计划适配率 x_i 为不考虑组织拟配置要素间协同度的影响,是组织战略导向下项目组合配置实施所要达到的配置目标;实际适配率指在考虑组织拟配置项目组件间协同作用后组合配置实施所达到的适配水平值。项目组合配置实际适配率和计划适配率之间存在着非常复杂的关系。为了实现该关系的简化计算,本节假定二者之间的关系为线性关系,由此可以得到拟配置组件 PR_i 的实际适配率为

$$x_i' = x_i + \sum_{t=1,t\in i}^{n} r_{it}' x_i = \sum_{t=1}^{n} r_{it}' x_i \tag{4-24}$$

式中，$0<x_i<1$；$0<x'_i<1$；$i,t=1,2,\cdots,n$

对式(4-24)进行转化，可实现其矩阵形式表示，如下：

$$\boldsymbol{X}' = \boldsymbol{R}'^{\mathrm{T}}\boldsymbol{X} \tag{4-25}$$

(4)战略贴近度评价指标协同度分析。项目组合配置战略贴近度指标的制定是衡量组合配置效果的难点和重点，由于缺乏成熟有效的分析界定工具和度量方法，导致现有的组合配置效能度量评价指标具有很强的主观性和模糊性，各组合配置战略贴近度指标之间无法避免地出现了相互协同影响现象，因此需要对各指标间的相互关系进行定量分析。同项目组合的拟配置项目组件间协同度类似，本节以数列(0,1,2,3,4)对组合配置战略贴近度指标间的协同度强弱进行描述，并将组合配置战略贴近度协同矩阵 $\boldsymbol{Q}_{m\times m}$ 进行归一化处理。可以得到归一化后的组合配置战略贴近度指标协同度矩阵 $\boldsymbol{Q}'$，有 $q'_{jk}\subseteq[-1,1]$ 且 $\boldsymbol{Q}'=\boldsymbol{Q}'^{\mathrm{T}}$。

假设项目组合配置战略目标贴近度指标所要实现的计划适配率和实际适配率矩阵分别为 $\boldsymbol{Y}'$ 和 $\boldsymbol{Y}$，各贴近度指标的计划适配率和实际适配率值分别为 y'_j 和 y_j，则有实际适配率和计划配置率之间的关系表达式为

$$y_j = y'_j + \sum_{k=1,k\in j}^{n} q'_{jk}y_i = \sum_{k=1}^{n} q'_{jk}y'_j \tag{4-26}$$

式中，$0<y_i<1$；$0<y'_j<1$；$j,k=1,2,\cdots,m$

用矩阵形式表示二者之间的关系，则有

$$\boldsymbol{Y} = \boldsymbol{Q}'^{\mathrm{T}}\boldsymbol{Y}' \tag{4-27}$$

在项目组合配置战略目标贴近度的确定和计算过程中，各战略贴近度评价指标的权重 $w_j(j=1,2,\cdots,m)$ 也是影响配置方案与战略一致性的度量的决定性因素之一，权重值 w_j（$0<w_j<1, \sum_{j=1}^{m} w_j = 1$）可以按熵值的计算方法来确定。

(5)拟配置项目组件与战略贴近度评价指标协同度分析。项目组合配置战略贴近度值的提升是通过项目池中拟配置项目组件的组合配置实现的，拟配置项目组件与战略贴近度评价指标间的协同影响作用也是项目组合配置过程中的重要影响因素之一。由图4-5可知，项目组合配置战略贴近度评价指标与拟配置项目组件之间的协同关系矩阵可以用 $\boldsymbol{P}$ 表示，关系值 p_{ji} 表示战略贴近度评价指标 SC_j 和拟配置项目组件 PR_i 之间的协同度关系值，对协同矩阵进行归一化处理后得到新的拟配置组件和组织战略贴近度评价指标之间协同关系的协同关系矩阵 $\boldsymbol{P}'_{m\times n}$，且 $p'_{ji}\in[-1,1]$。

假如组合配置自相关矩阵 R 和 Q 之间是相互独立的，即不考虑矩阵 R 和矩阵 Q 之间存在相互协同时，当拟配置项目组件所要实现的计划适配率达到 x'_i 时，可得到项目组合配置战略贴近度的计划适配率为

$$y'_j = \sum_{i=1}^{n} p'_{ij}x_i \tag{4-28}$$

用矩阵表达式对式(4-28)进行表达，可得项目组合配置战略贴近度的计划适配率和实际配置率之间的关系表达式，即

$$\boldsymbol{Y}' = \boldsymbol{P}^{\mathrm{T}}\boldsymbol{X} \tag{4-29}$$

考虑拟配置项目组合配置组件 R 和组件 Q 之间的协同关系时，当拟配置项目组件的实际适配率达到 x_i 时，可以得到项目组合配置战略贴近度的实际适配率为

$$y_j = \sum_{i=1}^{n} p_{ij}' x_i' \qquad (4-30)$$

用矩阵表达式对式(4-30)进行表达,可得

$$\boldsymbol{Y} = \boldsymbol{P}^\mathrm{T} \boldsymbol{X}' \qquad (4-31)$$

3. 基于要素协同的组合配置战略贴近度函数确定

项目组合配置之间的协同对组织战略目标的实现起到了很大的促进作用,而项目组合配置对战略目标实现的促进作用为所有拟配置项目的战略贴近度之和,其度量表达式为

$$\mathrm{SD} = \sum_{j=1}^{m} w_j y_j = \boldsymbol{W}^\mathrm{T} \boldsymbol{Y} \qquad (4-32)$$

式中,SD(Strategy of close Degree)为项目组合配置的战略贴近度度量值,是基于要素协同的项目组合配置战略贴近度模型的目标函数值。考虑各拟配置要素协同度的存在,将式(4-2)和式(4-12)带入式(4-32),可得项目组合配置战略贴近度的矩阵形式表达为

$$\mathrm{SD} = \boldsymbol{W}^\mathrm{T} \boldsymbol{p}'^\mathrm{T} \boldsymbol{R}'^\mathrm{T} \boldsymbol{X} \qquad (4-33)$$

令 $\boldsymbol{Z}' = = \boldsymbol{W}^\mathrm{T} \boldsymbol{p}'^\mathrm{T} \boldsymbol{R}'^\mathrm{T} = \boldsymbol{R}' (\boldsymbol{p}' \boldsymbol{W})^\mathrm{T}$,假设目标矩阵 $\boldsymbol{Z}'$ 为拟配置项目组件的绝对权重矩阵,对 $\boldsymbol{Z}'$ 中所有权重进行归一化处理,得到拟配置项目组件的绝对权重矩阵 $\boldsymbol{Z}$,即

$$\mathrm{SD} = \boldsymbol{Z}^\mathrm{T} \boldsymbol{X} \qquad (4-34)$$

4. 项目组合配置效益函数构建

效益函数是项目组合配置的战略目标值,是企业实施项目组合配置所要实现的最终成果。假设拟配置组件 PR_i 的配置效益 ET_i 与其实际适配率 x_i 的关系为线性关系,考虑二者之间存在的协同作用,可以得到拟配置组件件 PR_i 的组合配置效益为

$$\mathrm{ET}(x) = \sum_{i=1}^{n} e_i \mid 1 - \sum_{t=1, t\neq i}^{n} r_{it} x_t \mid \times \mid x_i + \sum_{t=1, t\neq i}^{n} r_{it} x_t \mid \qquad (4-35)$$

其中 $-1 \leqslant \sum_{t=1, t\neq i}^{n} r_{it} x_t \leqslant 1; \quad 0 \leqslant x_t \leqslant 1, \quad i=1,2,\cdots,n$

式中,e_i 为拟配置项目件 PR_i 所形成的单位配置效益;x_i 表示拟配置项目组件的实际适配率;件 r_{it} 表示拟实施项目组件 PR_i 和组件 PR_t 的协同度值。

5. 基于QFD的项目组合配置战略贴近度求解

将式(4-35)所得的组合配置效益函数带入基于要素协同的项目组合配置战略贴近度模型[式(4-1)]中,即可获得基于要素协同的项目组合配置战略贴近度的目标函数值。这样,在实现考虑要素协同的项目组合配置方案实施决策的同时也实现了拟实施组合配置与组织战略之间贴近度的有效度量,为考虑要素协同作用的项目组合配置优化模型的建立和求解提供思路。

4.3.3 案例分析

本节以H公司的项目组合配置为例,在考虑各配置要素协同的基础上,对本节所述项目组合配置战略贴近度度量过程及决策模型进行实践分析,以说明该度量模型和方法的有效性和可行性。

1. 案例背景

H公司是在国家"一五"期间苏联援建的重点建设项目的基础上发展起来的国有大型能

源建设企业。H公司自诞生之日起,就以"承担民族工业希望,彰显中国动力风采"的民族责任感为己任,通过一代代领导和企业员工的不懈努力,走出了一条具有民族特色的"引进、消化、吸收、再创新"的发展之路,创造了我国能源行业的多项第一,实现了我国电力能源设备的自主创新和能力提升,率先带领我国能源行业实现了能源设备由"中国制造"向"中国创造"的成功转变。几十年来,作为我国电力能源行业装备制造业的重要角色,H公司始终谨记自己发展使命,认真履行国家赋予的每一道责任和义务,在实现我国能源行业自主创新的同时,也为我国国家电力的基础建设提供了重大的动力基础。然而,随着上海电气、东方电气的迅速崛起,在激烈的市场竞争中,H公司原有的组织管理模式和思想无法指导新形式下的企业发展,导致其在国内能源市场占有率急剧萎缩,在国外能源建设的竞争优势也逐渐下降。为了实现组织在能源行业的领导位置,保证组织实现平稳可持续发展,项目组合管理理论被H公司高层决策人员引入到公司管理实践中。但是如何在项目组合理论下选择合适的配置组件实现其与组织战略目标最大一致,是困扰H公司决策者的难题之一。为了有效解决这一问题,通过对H公司管理实际进行的分析,管理者认为目前H公司在实现组织战略目标和组合配置战略最大贴近之间存在以下问题:

(1)虽然组织已经制订了明确的战略规划,但是对于何如有效实现和执行组织战略、落实战略目标的科学落地却没有科学的工具方法;虽然公司采用了项目化管理思想,但是却没有实现对组织战略目标的有效承载,组织战略和项目管理严重脱节。

(2)组织在确定拟实施项目时,主要依据管理者的主观决策,没有合理的方法指导管理这分析拟实施项目之间的关系,也不能将组织战略与拟实施的项目之间的关系进行明确描述。

(3)拟实施项目组件形成组合时,各项目的入选没有系统性,通常都是在各部门提交的拟实施项目清单中进行立项实施;项目入选组合具有很强的随意性,对组织战略目标实现的贡献度严重不足。

对H公司项目管理实践中存在的问题进行分析可知:问题(1)的形成是因为组织没有将拟实施项目组件之间的协同关系进行综合考虑分析,问题(2)的形成主要是因为没有精确分析组织战略和拟实施项目组件,无法实现组织战略和配置组件关系的准确描述;问题(3)的形成是因为组织没有考虑组合配置对组织战略承载有效性。这三个贯穿H公司项目组合配置管理全过程的实践问题,正是本节构建的基于目标协同的项目组合配置战略贴近度问题所要解决的。因此将本节构建的基于要素协同的战略贴近度模型应用于H公司拟配置组件间、拟配置组件与组织战略以及组织战略与拟配置组件间的协同关系的度量,实现组织战略目标和组合配置方案的高度一致,具有一定的可行性和科学性。

2. 模型应用

目前,H公司的战略总目标是在一个10～20年稳定其在电力能源行业的领导地位,为了实现这一目标不仅需要实现组织财务方面的盈利,而且需要在地区竞争市场、社会声誉等无形资产方面获得收益,这些都是需要通过实施项目组合配置加以承载和实现,因此项目组合配置的确定和实施就成为组织战略目标实现的前提。根据4.1节,通过对企业外在市场竞争和企业内部环境的研究和分析,确定了财务目标、客户满意度、组织成长、战略目标优势、研发与技术优势、规避风险能力等作为企业可持续发展的战略贴近度评价指标,从公司"拟实施项目池"中选择了8个拟实施项目组件作为组织提升战略贴近度的拟配置对象,根据公司战略目标组织专家评价,对各项目组件实现组织战略的贡献进行评价,得到H公司拟实施的各组合配置组件战略贴近度配置效益表(见表4-4)。

表4-4 战略贴近度项目组合配置效益表

战略贴近度评价指标	拟配置项目	配置效益指标	单位配置效益
财务能力 客户满意度 组织成长 研发与技术优势 规避风险能力 社会声誉	PR_1 PR_2 PR_3 PR_4 PR_5 PR_6 PR_7 PR_8	组织管理能力 多项目并行能力 优秀员工流失 核心技术可复制性 企业行业壁垒度 企业财务管理 知识积累能力 企业创新能力	5% 10% 5% 25% 30% 5% 25% 10%

根据图4-5所示的项目组合配置战略贴近度质量屋和表4-4列出的战略贴近度项目组合配置效益,可得到H公司的项目组合配置战略贴近度质量屋,如图4-6所示。

在图4-6中拟配置项目组件上方的"max"表示组织拟实施拟配置项目组件适配率按照越大越优原则实施,而"min"则表示组织公司拟实施项目池中的拟配置项目组件适配率按越小越优原则实施。各个组织所属行业、业务以及运营理念的不同和特殊性,导致了各组织在进行战略目标分解中对各战略子目标的分解偏重相差较大。各战略子目标之间的协同关系也是不同的,这是H公司与M公司各战略子目标关系不同的根本原因。根据H公司所属电力行业的特殊性,由公司组织专家评价,采用模糊评价法和熵的计算方法,采用一致性检验为标准,得到包括财务能力、客户满意度、组织成长、研发与技术优势、规避风险能力、社会声誉等战略贴近度指标之间的协同度矩阵 Q 以及各指标的相对权重 W 分别为

$$Q = \begin{bmatrix} 4 & 1 & 3 & 2 & 2 & 1 \\ 1 & 4 & 3 & 1 & 1 & 4 \\ 3 & 3 & 4 & 3 & 3 & 1 \\ 2 & 1 & 3 & 4 & 3 & 2 \\ 2 & 1 & 3 & 3 & 4 & 3 \\ 1 & 4 & 1 & 2 & 3 & 4 \end{bmatrix}$$

$$W = \begin{bmatrix} 0.2045 & 0.2711 & 0.1325 & 0.1161 & 0.1122 & 0.1636 \end{bmatrix}^T$$

同理,可以得到H公司拟配置项目组件之间的协同关系矩阵 R 为

$$R = \begin{bmatrix} 4 & -3 & 1 & 0 & 1 & 0 & 0 & 0 \\ -3 & 4 & -3 & 0 & 2 & 2 & 0 & 2 \\ 1 & -3 & 4 & 1 & 0 & 0 & -2 & 1 \\ 0 & 0 & 1 & 4 & -2 & 4 & 2 & -3 \\ 1 & 2 & 0 & -2 & 4 & 3 & 0 & 0 \\ 0 & 2 & 0 & 4 & 3 & 4 & 0 & 1 \\ 0 & 0 & -2 & 2 & 0 & 0 & 4 & 2 \\ 0 & 2 & 1 & -3 & 0 & 1 & 2 & 4 \end{bmatrix}$$

拟配置项目	max PR_1	max PR_2	min PR_3	min PR_4	max PR_5	max PR_6	max PR_7	max PR_8	权重 w_n
PR_1	4	-3	1	0	1	0	0	0	0.204 5
PR_2	-3	4	-3	0	2	2	0	2	0.271 1
PR_3	1	-3	4	1	0	0	-2	1	0.132 5
PR_4	0	0	1	-2	-2	4	2	-3	0.116 1
PR_5	1	2	0	4	4	3	0	0	0.112 2
PR_6	0	2	0	2	3	4	0	1	0.163 6
PR_7	0	0	-2	-3	0	0	4	2	
PR_8									
目标	95	85	40	20	88	95	90	85	
最小值	95	80	0	0	85	90	85	80	
最大值	100	100	50	35	95	100	95	100	
配置效益	0.05	0.1	0.05	0.25	0.3	0.05	0.25	0.1	

SC_m	SC_1	SC_2	SC_3	SC_4	SC_5	SC_6
SC_1	4	1	3	2	2	1
SC_2	1	4	3	1	1	4
SC_3	3	3	4	3	3	1
SC_4	2	1	3	4	3	2
SC_5	2	1	3	3	4	3
SC_6	1	4	1	2	3	4

图 4-6　H公司项目组合战略贴近度质量屋

拟配置项目组件与战略贴近度指标之间的协同关系矩阵 **P** 为

$$\boldsymbol{P} = \begin{bmatrix} 4 & 2 & 3 & 4 & 4 & 0 & 2 & 2 \\ 3 & 3 & 4 & 3 & 4 & 4 & 1 & 4 \\ 2 & 3 & 2 & 1 & 3 & 0 & 2 & 3 \\ 2 & 2 & 3 & 2 & 1 & 4 & 0 & 2 \\ 3 & 1 & 1 & 4 & 2 & 2 & 3 & 2 \\ 2 & 1 & 3 & 2 & 3 & 2 & 1 & 1 \end{bmatrix}^{\mathrm{T}}$$

对 H 公司的战略贴近度相关关系矩阵、战略贴近度指标与拟配置组件以及拟配置组件间的关系矩阵进行归一化处理,可得归一化的各关系矩阵分别为

$$\boldsymbol{Q}' = \begin{bmatrix} \frac{2}{45} & \frac{1}{90} & \frac{1}{30} & \frac{1}{45} & \frac{1}{45} & \frac{1}{90} \\ \frac{1}{90} & \frac{2}{45} & \frac{1}{30} & \frac{1}{90} & \frac{1}{90} & \frac{2}{45} \\ \frac{1}{30} & \frac{1}{30} & \frac{2}{45} & \frac{1}{30} & \frac{1}{30} & \frac{1}{90} \\ \frac{1}{45} & \frac{1}{90} & \frac{1}{30} & \frac{2}{45} & \frac{1}{30} & \frac{1}{45} \\ \frac{1}{45} & \frac{1}{90} & \frac{1}{30} & \frac{1}{30} & \frac{2}{45} & \frac{1}{30} \\ \frac{1}{90} & \frac{2}{45} & \frac{1}{90} & \frac{1}{45} & \frac{1}{30} & \frac{2}{45} \end{bmatrix}$$

$$\boldsymbol{R}' = \begin{bmatrix} \frac{2}{25} & -\frac{3}{50} & \frac{1}{50} & 0 & \frac{1}{50} & 0 & 0 & 0 \\ -\frac{3}{50} & \frac{2}{25} & -\frac{3}{50} & 0 & \frac{1}{25} & \frac{1}{25} & 0 & \frac{1}{25} \\ \frac{1}{50} & -\frac{3}{50} & \frac{2}{25} & \frac{1}{50} & 0 & 0 & -\frac{1}{25} & \frac{1}{50} \\ 0 & 0 & \frac{1}{50} & \frac{2}{25} & -\frac{1}{25} & \frac{2}{25} & \frac{1}{25} & -\frac{3}{50} \\ \frac{1}{50} & \frac{1}{25} & 0 & -\frac{1}{25} & \frac{2}{25} & \frac{3}{50} & 0 & 0 \\ 0 & \frac{1}{25} & 0 & \frac{2}{25} & \frac{3}{50} & \frac{2}{25} & 0 & \frac{1}{50} \\ 0 & 0 & -\frac{1}{25} & \frac{1}{25} & 0 & 0 & \frac{2}{25} & \frac{1}{25} \\ 0 & \frac{1}{25} & \frac{1}{50} & -\frac{3}{50} & 0 & \frac{1}{50} & \frac{1}{25} & \frac{2}{25} \end{bmatrix}$$

$$P' = \begin{bmatrix} \frac{1}{28} & \frac{1}{56} & \frac{3}{112} & \frac{1}{28} & \frac{1}{28} & 0 & \frac{1}{56} & \frac{1}{56} \\ \frac{3}{112} & \frac{3}{112} & \frac{1}{28} & \frac{3}{112} & \frac{1}{28} & \frac{1}{28} & \frac{1}{112} & \frac{1}{28} \\ \frac{1}{56} & \frac{3}{112} & \frac{1}{56} & \frac{1}{112} & \frac{3}{112} & 0 & \frac{1}{56} & \frac{3}{112} \\ \frac{1}{56} & \frac{1}{56} & \frac{3}{112} & \frac{1}{56} & \frac{1}{112} & \frac{1}{28} & 0 & \frac{1}{56} \\ \frac{3}{112} & \frac{1}{112} & \frac{1}{112} & \frac{1}{28} & \frac{1}{56} & \frac{1}{56} & \frac{3}{112} & \frac{1}{56} \\ \frac{1}{56} & \frac{1}{112} & \frac{3}{112} & \frac{1}{56} & \frac{3}{112} & \frac{1}{56} & \frac{1}{112} & \frac{1}{112} \end{bmatrix}^T$$

根据拟配置项目组件的绝对权重向量 $\boldsymbol{Z'}=\boldsymbol{W}^T\boldsymbol{P'}^T\boldsymbol{R'}^T=\boldsymbol{R'}(\boldsymbol{P'W})^T$，不难得到

$\boldsymbol{Z'}=[0.00193\quad 0.00121\quad 0.00186\quad 0.00488\quad 0.00395\quad 0.00632\quad 0.00216\quad 0.00246]^T$

对各组件的绝对权重向量 $\boldsymbol{Z'}$ 进行归一化处理，可以得到归一化后的拟配置项目绝对权重 $\boldsymbol{Z}$ 为

$\boldsymbol{Z}=[0.0780\quad 0.0488\quad 0.0751\quad 0.1970\quad 0.1595\quad 0.2551\quad 0.0872\quad 0.0993]^T$

H 公司决策层根据组织战略目标规划，预期未来拟实施项目组合配置能给 H 公司管理效率带来 0.05 的预期收益。根据式(4-1)构建以项目组合配置战略贴近度最大化为优化目标的项目组合配置决策模型为

$\max SD = 0.078X_1 + 0.488X_2 + 0.0751X_3 + 0.0197X_4 + 0.1595X_5 + 0.2251X_6 + 0.0872X_7 + 0.0993X_8$

$0.53X_1 + 0.112X_2 + 0.042X_3 + 0.247X_4 + 0.298X_5 + 0.084X_6 - 0.238X_7 + 0.02X_8 - 0.005X_{12} - 0.00534X_{22} - 0.0092X_{32} - 0.0059X_{42} - 0.00076X_{52} - 0.00168X_{62} - 0.00064X_{72} - 0.0015X_{82} + 0.00712X_1X_2 - 0.000112X_1X_3 + 0.00236X_1X_4 - 0.00652X_1X_5 - 0.00024X_1X_6 0.00008X_1X_7 + 0.00044X_1X_8 + 0.00896X_2X_3 + 0.00988X_2X_4 + 0.016X_2X_5 - 0.0076X_2X_6 - 0.0004X_2X_7 - 0.00828X_2X_8 - 0.00496X_3X_4 + 0.00084X_3X_5 + 0.00948X_3X_7 - 0.00112X_3X_8 + 0.03352X_4X_5 - 0.01376X_4X_6 - 0.00944X_4X_7 + 0.0063X_4X_8 - 0.03352X_5X_6 + 0.0008X_5X_7 + 0.00076X_5X_6 - 0.0096X_6X_7 - 0.00012X_6X_8 - 0.01348X_6X_8 \geqslant 0.05$

$-1 \leqslant -3/50X_2 + 1/50X_3 + 1/50X_5 \leqslant 1$

$-1 \leqslant -3/50X_1 - 3/50X_3 + 1/25X_5 + 1/25X_6 + 1/25X_8 \leqslant 1$

$-1 \leqslant -1/50X_1 - 3/50X_2 + 1/50X_4 + 1/25X_7 + 1/50X_8 \leqslant 1$

$-1 \leqslant -1/50X_3 - 1/50X_5 + 2/25X_6 + 1/25X_7 - 3/50X_8 \leqslant 1$

$-1 \leqslant -1/50X_1 + 1/25X_2 - 1/25X_4 + 3/50X_6 \leqslant 1$

$-1 \leqslant -2/50X_2 + 2/25X_4 - 3/50X_5 + 1/50X_8 \leqslant 1$

$-1 \leqslant -1/25X_3 + 1/25X_4 + 1/25X_8 \leqslant 1$

$-1 \leqslant 1/25X_2 + 1/50X_3 - 1/50X_4 + 1/50X_6 + 1/25X_7 \leqslant 1$

$0 \leqslant X_1, X_2, X_3, X_4, X_5, X_6, X_7, X_8 \leqslant 1$

利用 Lingo 软件对本节构建的基于目标协同的项目组合配置战略贴近度模型进行辅助计

算,得到结果如图 4-7 所示。

```
Local optimal solution found.
Objective value:                    0.6161337
Infeasibilities:                    0.000000
Total solver iterations:            10

            Variable       Value          Reduced Cost
            X1             0.000000       0.2375444
            X2             0.000000       0.8002103E-02
            X3             1.000000       0.000000
            X4             0.000000       0.1278670
            X5             0.6234089      0.000000
            X6             1.000000       0.000000
            X7             1.000000       0.000000
            X8             1.000000       0.000000

            Row       Slack or Surplus    Dual Price
            1         0.6161337           1.000000
            2         0.000000            0.5997764
            3         0.9675318           0.000000
            4         1.032468            0.000000
            5         0.9550636           0.000000
            6         1.020000            0.000000
            7         0.9449364           0.000000
            8         0.9400000           0.000000
            9         0.9425955           0.000000
            10        1.000000            0.000000
            11        0.9200000           0.000000
            12        1.000000            0.000000
            13        1.000000            0.000000
            14        0.000000            0.5564105E-01
            15        1.000000            0.000000
            16        0.3765911           0.000000
            17        0.000000            0.2230819
            18        0.000000            0.2378286
            19        0.000000            0.9584901E-01
```

图 4-7 项目组合配置战略贴近度决策模型计算结果

由图 4-7 可知,利用本节构建的基于要素协同的项目组合配置战略贴近度模型,通过对模型进行优化计算,得到的项目组合配置战略贴近度最大值为

$$SD = 0.6161337$$

$$(X_1, X_2, X_3, X_4, X_5, X_6, X_7, X_8)^T = (0, 0, 1, 0, 0.62, 1, 1, 1)^T$$

3. 结果分析

对 H 公司项目组合配置管理的实施现状进行分析,可以得到 H 公司现有的基于组织战略目标导向下的项目组合配置所形成的实际配置效率为 $\boldsymbol{X}' = (0, 0.05, 0.02, 0.35, 0, 0.78, 0.1, 0.85)$,根据目标函数 $SD = \boldsymbol{Z}^T \boldsymbol{X}$ 计算可以得到 H 公司按现有组合配置方案对拟配置项目组件进行组合时所能达到的组织战略贴近度为 $SD_{现有方案} = 0.3362261$;根据式(4-24)和式(4-25)所示的项目组合配置实际适配率和计划适配率之间协同关系矩阵 $\boldsymbol{X}' = \boldsymbol{R}'^T \boldsymbol{X}$ 可计算出考虑拟配置要素之间协同度的拟配置组合项目的实际适配率最优解为:$\boldsymbol{X}' = (0.001, 0.0572, 0.033, 0.0474, 0.0348, 0.1094, 0.048, 0.0726)^T$。

通过对以上结果对比分析可知,拟配置的组合项目在本节所构建的项目组合配置战略贴近度模型进行组合配置时,得到的项目组合配置战略贴近度为 0.6161337,和现有配置方案的 0.3363362 相比,明显更能贴近 H 公司的组织战略目标值。从而论证了本节构建的组合配置战略贴近度优化方法在解决战略目标导向下的项目组合配置方面的实际有效性。

4.4 基于组件协同适配的项目组合配置战略贴近度研究

前面,我们已经分析了模糊情境目标协同和考虑要素协同的项目组合配置战略贴近度研究,构建了相应的优化模型和计算方法,为组织进行战略导向下的项目组合配置提供了较好的参考和决策依据,但是在组合配置协同适配方面却没有进行相应的深入研究。本节将以组合配置协同适配为基础探讨组织项目组合配置战略贴近度模型和度量。在适配和协同方面从不同角度选择模型和方法。在组件适配方面,可使用项目组合过程中各拟配置项目间的资源分配和组合配置调度冲突问题的优化模型,为项目组合资源配置提升其适配程度提供参考方法;以多项目管理中成本和技术的约束关系为研究出发点,参考基于组合层面的项目资源配置方案;在资源约束条件下的项目组合配置这类问题中,可得出实现资源调度效果最优的缓冲配置策略,并通过对比蒙特卡罗模拟优化结果验证该方法的实际有效性;从分析工程项目组合的多情景多准则协同管理特征角度,结合改进的网络分析法和折中排列法构建两阶段集体决策(GDM)模型,提高工程项目组合阶段性配置决策的适配性;在协同优化方面,将协同进化算法引入大型张拉整体结构生产中,为技术生产领域的大型复杂不规则张拉整体结构提供新的解决方案;在结合布里渊原则的基础上,将社会协同学概率模型应用于优化二进制程序决策问题中,并使用蒙特卡罗模拟方法验证模型的有效性;在协同学原理分析的基础上,使用自组织模块化方法,通过优化柔性制造中基于时间的目标分配问题阐释其鲁棒性和最优性,证实自组织解决方案的可行性,为项目组合配置协同度研究提供借鉴。

通过对现有研究分析可以发现,以上研究虽然对项目组合配置适配度和协同度概念及其应用做了相关描述,但是很少有专门从组件协同和适配合理度两方面对项目组合与组织战略的关系进行的研究,也没有将二者进行综合考虑从组合配置协同适配角度进行定量分析的。现有研究虽然很大程度上提升了项目组合配置与组织战略的贴近程度,但是组合配置内部的有序性得不到保障,不能实现最大的组合配置组件协同程度,也无法为组织战略目标实现提供保障。

基于上述分析,本节以组织战略目标为导向,以协同学、系统论和熵为依据,定义适配序参量、适配度、适配熵概念,构建、求解组合配置内部适配度分析模型,并在协同视角下提出定量描述项目级、工序级配置组件协同关系矩阵,设计以阶段协同熵加权反映配置组件模糊协同关系、以组件内外协同关系之和度量项目组合配置组件协同度的分析方法。通过赋予适配度和协同度的相应权重,构建基于协同适配的项目组合配置与组织战略贴近度度量优化模型,为企业进行项目组合配置管理提供决策依据。

4.4.1 基于组件协同适配的项目组合配置战略贴近度模型构建

1. 问题描述

基于组件协同适配的项目组合配置战略贴近度的研究是在模糊情境下基于目标协同和基于要素协同的项目组合配置战略贴近度问题上延伸而来的。该问题的基础是在组织战略子目标的导向下探讨如何根据拟配置项目组件的协同关系以及适配程度对组合配置进行管理,实现其与组织战略目标的最优贴近。该研究问题的提出避免了由于缺乏组织适配有序性而带来的战略贴近度不完善的弊端,不仅在组织战略层面、项目级上研究拟配置组件之间的关系,而且将研究视角拓展至项目级和工序级交叉领域,探讨工序级配置组件间的协同关系对组合配置的影响。同时,对组合配置外部战略有序度的研究保证了组织战略与组合配置的高度一致,进一步提升了项目组合配置战略贴近度研究的有效性。

基于组件协同适配的项目组合配置战略贴近度问题和基于目标协同和基于要素协同的项目组合配置战略贴近度研究问题的本质相同,都是在组织公司战略既定前提下对组织战略目标的子目标分解,并通过选择科学合理的项目组件承载、执行从而实现战略总目标的管理过程。该问题和其他两个研究的不同之处在于其不仅探讨了组织战略对组合配置管理的影响,还分析了承载组织战略子目标的项目组合配置组件在组合层、项目层甚至工序层的协同配置关系,以期通过保证组合配置的最优性实现其与组织战略目标的贴近度最大。根据以上分析,可以看出基于组件协同适配的项目组合配置战略贴近度问题的主要内容和应解决的问题包括以下几方面:

(1)根据组织战略目标实现拟实施项目池的有效构建,在对战略目标进行有效分解的基础上探讨组织拟实施项目各层级组件之间的协同关系。同时分析各层拟配置组件对战略子目标的有效承载。

(2)在协同视角下提出定量描述项目级、工序级配置组件协同关系矩阵,并通过对组件内协同、外战略适配度有效性双向综合分析,从内外两个方面对组合配置战略贴近度进行有效度量。

(3)依据基于组件协同适配的项目组合配置战略贴近度度量结果,立足组织项目组合管理的实际,制定相应的项目组合配置决策,保证项目组合配置对组织战略的有效承载。

2.模型构建

在基于组织战略的项目组合配置过程中,组合配置与战略的贴近程度是由协同度和有序度二者共同作用形成的,组件内部协同和外部有序重要性可视为等同,即它们对组织战略实现所做出的贡献是一致的。因此默认协同度 w_1 和适配度的战略贴近度权重 w_2 相等,均为0.5,则可以获得以组织战略贴近度最优化为目标的项目组合配置决策模型,即

$$\mathrm{SD} = W_1 \times \sum_{i=1}^{q} H_{V_t} + W_2 \times \sum_{t=1}^{5} \chi^t(P_t) \tag{4-36}$$

式(4-36)是以协同适配为基础而构建的项目组合配置战略贴近度优化模型,其中,SD为考虑拟配置项目组件协同度和战略适配度的项目组合配置战略贴近度决策模型目标值; P_i 为组织项目池中由拟实施配置的项目 V_i 形成的项目集合,表示项目组合配置的项目组件方案; H_{V_t} 表示拟实施配置的项目 V_i 形成的项目集合的内部协同度,其表达式由拟实施配置的项目组件的协同关系确定; $\chi^t(P_i)$ 项目组合配置 P_i 的外部战略适配度,其表达式由构成集合 P_i 的拟实施项目组件的适配度确定; w_1 和 w_2 分别为组合配置内部协同度和外部适配度对拉近组合配置与目标战略贴近度的重要性。这样就实现了考虑组件协同适配的项目组合配置战略贴近度模型的构建。

4.4.2 基于熵的模型求解

基于组件协同适配的项目组合配置战略贴近度问题具有基于目标协同和要素协同的组合配置战略贴近度研究所不具备的特点:既要考虑同一层级下的拟配置组件的相互协同关系,又要对跨层级的组件(如项目组件和工序组件、组合组件与项目组件、甚至组合组件与工序组件

之间的协同关系)之间的协同关系进行分析,研究的复杂性更大。因此模糊物元和QFD理论无法适应这种情形下的战略贴近度管理。熵是实现生活中对各决策目标重要性进行排序的定量工具,熵值反映的是评价指标区分决策对象的能力大小以及提供信息量的多寡程度,可以用来分析和度量评价对象信息量的大小,并通过分析、甄别获取信息所隐藏和涵盖的有用信息,对研究对象之间的关系进行清晰化度量。熵不仅能度量不同领域和学科中计算决策对象的重要性,而且能有效应用于分析项目组合配置中的属性、战略和贴近度决策的优化配置问题。因此,本节主要利用熵值理论对基于组件协同适配的项目组合配置战略贴近度问题进行求解。

1. 熵基本理论

1957年,最大熵原理被正式提出。熵作为处理系统不确定性工具得到了广大学者和专家的认可,并迅速被众多学者研究。后来学者根据最大熵理论及其在实际中的应用,逐渐将熵推广至"权重"分配领域,提高了权重系数的精确度。

熵权是一种根据各评价指标对象承载信息量大小及其重要程度确定权重系数的方法。在熵的研究视角下,分析对象评价指标的重要作用需要用评价指标的变异度来表示。变异度越大,指标函数具有的信息量就越大。相对于其他指标,该指标就越利于分析和鉴别。指标信息量、有序度等内部信息可以用熵值进行描述,熵值降低则表示评价指标信息量增加。熵权赋值的基本思想就是根据组织各决策方案的内部属性差异性大小确定指标权重。差异性越大,该指标权重也就比较大,系数就比较大;相反,则权重系数比较小。这种相同指标相对不同决策方案重要性不同的差异性大小便是该指标"熵权"大小的直接体现。

熵在信息学中可以用来分析和度量信息量的大小,并通过分析、甄别获取信息所隐藏和涵盖的有用信息。故而,熵权是不同领域和学科中计算决策对象重要性非常有效的度量尺度。熵的定义为

$$H_i = -k \sum_{j=1}^{n} f_{ij} \ln f_{ij} \quad (i=1,2,\cdots,m) \tag{4-37}$$

式中,H_i 指标 i 的熵;m 为评价指标的数量;n 为决策对象需要评价的属性个数,为 $f_{ij} = \dfrac{r_{ij}}{\sum\limits_{j=1}^{n} r_{ij}}$,$k = \dfrac{1}{\ln n}$。可以得到指标 i 的熵权 w_i 为

$$w_i = \frac{1-H_t}{m - \sum\limits_{j=1}^{n} H_i} \tag{4-38}$$

通过对熵的基本原理分析可以认为,熵权并不是组织评价实际对象的指标权重,其重要程度是相对的,具体指不同指标之间的相对重要性,反映的是各指标之间的实际竞争情况。熵值反映的也是评价指标区分决策对象的能力大小以及提供信息量的多寡程度。熵理论在适用于项目组合配置中的属性、方案决策的优化配置问题方面具有很好的适应性。这与考虑不同层级组件协同适配的项目组合配置战略贴近度研究是所需要解决的问题是相吻合的。因此本节将借鉴熵理论对基于组件协同适配的项目组合配置战略贴近度问题进行有效分析。

2. 模型求解过程

(1)项目组合配置协同度。

1)项目组合配置协同关系分析。项目组合配置的优劣是众多因素共同作用的结果,配置

效益的提升是由组织战略、拟配置项目、项目工序等内外部因素优化组合而实现的。由于组件间的复杂模糊关系,在进行项目组合配置时不能对各组件进行独立管理,而必须综合地考虑各组件间的交互影响,从协同视角对组合配置进行全面管理。

为了精确描述项目组合配置各拟配置组件间的交互关系,本节对组件协同关系进行定义,具体如下:

定义 4.13 组件正协同:各组件之间存在相互促进作用,当某组件直接或间接促进其他组件提升和改进时,则称该组件之间存在相互正协同关系,此时协同值为正。

定义 4.14 组件负协同:各组件之间存在相互削弱关系,某组件直接或间接降低其他组件时,则该组件之间存在相互负协同关系,此时协同值为负。

定义 4.15 组件模糊协同:组件之间的相互关系不是固定的,会随着条件的改变在正负协同之间进行转化变动,则称该组件之间存在模糊协同关系。

项目组合配置拟配置组件间协同关系错综复杂,即便是处于单一协同关系中的组件,它们之间的协同强度也不尽相同。为了便于计算,采用数列($-2,-1,0,1,2$)表示各组件之间的协同关系,对应于(强负协同 SN、负协同 N、独立 D、正协同 P、强正协同 SP)。组件间的模糊协同度 F 的定量描述非常困难,为了实现其有效计算,本节采用赋值期望法对模糊协同关系进行度量,有

$$X_{ij} = \sum_{t=1}^{4} \boldsymbol{W}^t X_{ij}^t \tag{4-39}$$

式中,X_{ij} 表示组合配置组件 X_i 和 X_j 的模糊协同关系的期望;t 表示拟实施的项目组合配置实施阶段,$t=1,2,3,4$ 分别表示项目组合配置全生命周期,即项目组合配置的启动、规划、计划、实施和收尾过程;x_{ij}^t 表示 t 阶段组合配置组件 X_i 和 X_j 的模糊协同关系值。

在项目组合配置全寿命周期内,不仅各配置组件间的协同关系不同,而且它们对组合配置影响的程度也不同。要衡量不同组件、不同阶段的组件间协同关系对组合配置影响程度并对其赋予权重是不现实的。因此本节在赋予权重时,做了如下假设:

假设 4.1 协同关系不变性:当项目组合配置组件之间关系确定为正协同或负协同时,则假设该组件在项目组合配置生命周期内的协同关系不变,并且协同强度也不会变化。

假设 4.2 权重系数等值性:在项目组合配置实施的同一阶段内,不同组件间形成的相互协同关系对整个项目组合配置的影响程度是一样的,即组件权重系数完全相等。

假设 4.2 保证了项目组合配置模糊协同关系权重系数 w_t 只与项目组合配置的实施阶段有关,排除了组件本身对组合方案的影响;w_{ij}^t 和 w^t 是由组织实施专家评价法和资料分析法综合预测获得的,在组织实施项目组合配置前给出,为已知参数。

2) 项目组合配置协同结构。项目组合配置是将多个项目进行协同管理的企业行为,具有多层次、多对象组合的管理特征。项目组合配置协同管理主要由组织项目组合配置项目池 P、拟配置项目组件 P_i 以及项目工序组件 P_{ij} 三个层次构成,形成相互影响、相互制约的协同关系,其协同关系如图 4-8 所示。

如图 4-8 所示,项目组合配置组件协同关系可以表示为 $\boldsymbol{R}=(r_1,r_2,r_3,r_4)$,其中 r_1 表示项目组合配置池中项目 V_i 的第 j 道工序的外部协同关系,即工序 V_{ij} 与其他工序的协同关系;r_2 表示组合配置项目池中拟配置项目组件 V_i 的内部协同关系,指项目 V_i 自身工序间的协同关系;V_i 表示组合配置项目池中项目组件 V_i 的外部协同关系,即项目 V_i 与其他项目的协同

关系；r_4 表示企业项目组合配置项目池协同关系。当所选择项目均为确定的拟实施项目时，r_4 即表示组合配置方案的协同关系。

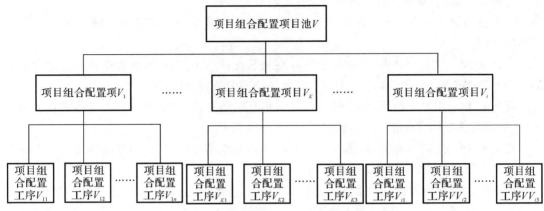

图 4-8 项目组合配置组件协同关系结构图

(2)项目组合配置协同度。

1)项目组合配置协同熵。在项目组合配置实施过程中，有序和无序协同并存是不可避免的。将它们转化成有序的组合配置协同管理，是项目组合配置取得成功的关键问题之一。熵作为描述有序度的工具，能够通过衡量配置方案内部混乱程度来反映配置方案的秩序。因此在解决项目组合配置协同管理问题时具有很好的适应性。用协同熵描述项目组合配置组件之间的协同强度，熵值越大，组件间协同强度越低；熵值越小，组件间的协同强度越高。

设项目组合配置池 V 中拟实施项目个数为 q，即 $V=(V_1,V_2,\cdots,V_q)$，有 S 项组件(包括项目和项目工序)，各组件协同概率 $V_Z^P=(V_{Z_1}^P,V_{Z_2}^P,\cdots,V_{Z_s}^P)$，则根据熵的定义式(4-37)可得项目组合配置组件间的协同熵，即

$$H = -\sum V_{Z_t}^P \log V_{Z_t}^P; \quad i=1,2,\cdots,s \qquad (4-40)$$

若第 k 项组件与其他组件的协同链数为 g_k，则可得拟配置组件 k 的协同概率，即

$$V_{Z_1}^P = \frac{g_k}{\sum g_k}; \quad k=1,2,\cdots,3 \qquad (4-41)$$

将式(4-37)带入式(4-38)，可得项目组合配置拟配置组件的协同熵为

$$H = -\sum \frac{g_k}{\sum g_k} \log \frac{g_k}{\sum g_k}; \quad k=1,2,\cdots,s \qquad (4-42)$$

令 $G=\sum g_k, k=1,2,\cdots,s$，则可以得到项目组合配置组件的协同熵，即

$$H = -\sum \frac{g_k}{G} \log \frac{g_k}{G}; \quad k=1,2,\cdots,s \qquad (4-43)$$

2)项目组合配置协同矩阵。项目组合配置协同熵决策的关键是求出组合配置协同结构中各层组件间协同关系，并以各层次协同关系累计迭加之值为衡量标准判断组合配置的优越性。

以项目组合配置协同结构最底层为研究出发点，组合配置工序组件间的协同关系反映了项目组件内部及项目组件之间的交互影响。通过分析工序组件协同关系，得到组合配置工序组件协同关系矩阵 r_1 为

$$\boldsymbol{r}_1 = \begin{bmatrix} r_{11} & r_{12} & r_{13} & \cdots & r_{1N} \\ r_{21} & r_{22} & r_{23} & \cdots & r_{2N} \\ r_{31} & r_{32} & r_{33} & \cdots & r_{3N} \\ \vdots & \vdots & \vdots & & \vdots \\ r_{N1} & r_{N1} & r_{N1} & \cdots & r_{NN} \end{bmatrix} \tag{4-44}$$

式中，$N=n+\cdots+m+\cdots+h$，r_{NN}表示项目组合配置工序组件V_{ij}与其他工序组件的协同关系值，其协同强度由专家评价在数列$(-2,-1,0,1,2)$中判断取值。当工序组件协同关系为模糊协同时，按照式(4-39)进行计算。工序组件间的协同关系是相互的，必然有$r_{ij}=r_{ji},i\neq j$。

定义 4.16 自协同：当$i=j$时，会出现工序与工序自身相互协同的现象，该协同关系属于信息、资源、条件等完全共享、完全透明的理想状态，称为自协同。

显然，自协同属于强正协同的一种，即$r_{ij}=r_{jj}=2$。由此可知，工序组件协同矩阵关系为对称矩阵。

同理，可建立组合配置项目池中项目组件内部协同关系矩阵$\boldsymbol{r}_2$、外部协同关系矩阵$\boldsymbol{r}_3$。

3)项目组合配置协同度。组合配置组件协同对象识别是实现项目组合配置协同决策的第一步，是协同对象甄别和协同强度度量的基础。为了实现协同强度的定量描述，本节提出协同度概念，如下：

定义 4.17 协同度：组织在进行项目组合配置管理时，用于度量各配置组件之间协同影响程度的变量。

不同研究视角下得到的协同度值，代表的含义也不相同。本节研究的主要是组合配置组件之间的协同强度以及组合配置方案适配程度。因此，用处理后的熵值求解项目组合配置的协同度。

在进行项目组合配置管理中，处于同一层级(工序级、项目级、组合级)的配置组件之间的协同关系属于项目组合配置组件的外部协同。以工序级组件为例，与组件V_{ij}相互协同的所有组件构成了V_{ij}协同关系节点集$Q=\{(V_{ij},V_{1a}),(V_{ij},V_{k\chi}),(V_{ij},V_{i\delta})\}$。其中，$1\leqslant a\leqslant n$，$1\leqslant \chi\leqslant m$，$1\leqslant \delta\leqslant h$。由集合$Q$可知与工序$V_{ij}$相互协同的协同链数目$L_{ij}$；由工序组件协同关系矩阵$\boldsymbol{r}_1$得出各强度下协同链数目分别为$L_{ij}^{SN},L_{ij}^{N},L_{ij}^{D},L_{ij}^{P},L_{ij}^{SP},L_{ij}^{F}$，且有$L_{ij}=L_{ij}^{SN}+L_{ij}^{N}+L_{ij}^{D}+L_{ij}^{P}+L_{ij}^{SP}+L_{ij}^{F}$。则可得到工序$V_{ij}$各强度下的项目组合配置组件协同熵为

$$H_{V_{ij}^{XY}} = -\frac{L_{ij}^{XY}}{L_{ij}}\log\frac{L_{ij}^{XY}}{L_{ij}} \tag{4-45}$$

式中，XY取值范围为$(SN,N,D,P,SP,F)=(-2,-1,0,1,2,F)$，表示项目组合配置组件的协同强度；$H_{V_{ij}^{XY}}$为项目$V_i$的第$j$道工序协同强度为$XY$的组合配置协同熵，$L_{ij}^{XY}$表示工序$V_{ij}$协同强度为$XY$的协同链数。

同理，可以得到组件工序级协同强度为XY的项目组合配置协同熵，即

$$H_{D^{XY}} = \sum_{i=1}^{q}\sum_{j=1}^{N}\left(-\frac{L_{ij}^{XY}}{L_{ij}}\log\frac{L_{ij}^{XY}}{L_{ij}}\right) \tag{4-46}$$

式中，D为项目组合配置工序集，即$D=(p_{11},p_{12},\cdots,p_{km},\cdots,p_{in})$。

项目级组合配置协同关系是由项目内协同和项目外协同两方面构成的。项目组件内协同主要指项目自身包含工序之间的协同关系，外协同主要指拟配置项目组件与拟配置项目组件之间的协同关系。设项目V_i由μ道工序构成，则可以得到协同强度为XY的项目V_i内协同

熵 $H_{V_{ij}^{XY}}$，其表达式为

$$H_{V_u^{XY}} = \sum_{j=1}^{\mu} H_{V_{ij}^{XY}} = \sum_{j=1}^{\mu} \left(-\frac{L_{ij}^{XY}}{L_{ij}} \log \frac{L_{ij}^{XY}}{L_{ij}} \right) \qquad (4-47)$$

同理，不难求得协同强度为 XY 的拟配置项目组件 V_i 的外协同熵 $H_{V_{to}^{XY}}$，其表达式为

$$H_{V_{to}^{XY}} = \sum_{i=1}^{q} H_{V_{ij}^{XY}} = \sum_{i=1}^{q} \left(-\frac{L_t^{XY}}{L_t} \log \frac{L_t^{XY}}{L_t} \right) \qquad (4-48)$$

由式(4-47)和式(4-48)可知，协同强度为 XY 的拟配置项目组件 V_i 协同熵 $H_{V_t^{XY}}$，其表达式为

$$H_{V_t^{XY}} = H_{V_u^{XY}} + H_{V_{to}^{XY}} = -\sum_{j=1}^{\mu} \frac{L_{ij}^{XY}}{L_{ij}} \log \frac{L_{ij}^{XY}}{L_{tj}} - \sum_{i=1}^{q} \frac{L_t^{XY}}{L_t} \log \frac{L_t^{XY}}{L_t} \qquad (4-49)$$

从而可以实现项目级协同强度为 XY 的组合配置协同熵的确定，其表达式为

$$H_{V^{XY}} = \sum_{i=1}^{q} H_{V_t^{XY}} = -\sum_{i=1}^{q} \sum_{j=1}^{\mu} \frac{L_{ij}^{XY}}{L_{ij}} \log \frac{L_{ij}^{XY}}{L_{tj}} - \sum_{i=1}^{q} \frac{L_t^{XY}}{L_t} \log \frac{L_t^{XY}}{L_t} \qquad (4-50)$$

项目组合配置的优劣是由项目组件和工序组件间的协同关系共同决定的，工序协同虽然处于工序级，但其最终效果却由项目内外协同集中反映；同时，项目组合配置是以项目为单元进行优选配置。因此，项目组合配置各项目组件的协同度 H_{V_t} 为

$$H_{V_t} = -\sum_{XY=SN}^{F} (XY) \left(\sum_{i=1}^{q} \sum_{j=1}^{\mu} \frac{L_{ij}^{XY}}{L_{ij}} \log \frac{L_{ij}^{XY}}{L_{tj}} + \sum_{i=1}^{q} \frac{L_t^{XY}}{L_t} \log \frac{L_t^{XY}}{L_t} \right) \qquad (4-51)$$

式中，H_{V_t} 为项目组合配置各项目组件的协同度；XY 表示项目组合配置协同强度，取其相对应的强度数据值。当 $XY=F$ 时，按式(4-41)计算得到的是两两组件间的协同关系值，以其作为协同度计算基数显然不科学，应对该协同值做相应的修正处理，修正过程按下式进行：

$$F = \sum_{i=1}^{q} \frac{\sum_{j=1}^{n} f_{ij} + \min |X_{ij}|}{\sum_{j=1}^{n} |X_{ij}|} \qquad (4-52)$$

式中，f_{ij} 为组件 i 和组件 j 的模糊协同关系值，$\min|X_{ij}|$ 为 f_{ij} 所在矩阵行向量协同关系绝对值的最小值；根据式(4-52)计算得出的协同度值可能为负值，反映拟配置项目组件之间的关系是负协同、相互冲突的。显然包含负协同拟配置组件的项目组合配置是不宜实施的，应予以剔除。同时，由于熵反映的是项目组合配置内部有序和混乱程度，熵值越大表示组合配置内部越混乱、有序度越低。因此，当组件协同度为正值时，则应优先选择组件协同度值最小的组合配置实施，保证项目组合配置管理实现最优化。

(3) 项目组合配置适配度。

1) 项目组合配置适配序参量。项目组合配置是企业为实现战略目标最优化而实施的管理行为，构成了与组织战略相互影响的协同系统。作为企业管理子系统，项目组合配置与战略目标的协同体现在多个方面。在宏观上，主要包括财务目标、客户满意度、组织成长、战略目标优势、技术优势、规避风险能力和社会声誉等指标。其中，对客户满意度、组织成长和社会声誉等协同要素是无法进行直接度量描述的，需要利用与之相关联的评价指标进行间接描述。协同学通过给予序参量恰当的数学定义，定量地反映各子系统之间的有序状态、结构性能和有序度进化方向，有效描述序参量、子系统和系统之间的协同作用，在解决项目组合配置战略贴近度度量优化问题上有着较强的优越性。为了更好地结合协同学度量项目组合配置与组织战略的

贴近程度,应对能够描述组合配置与战略关系的对象进行定义,因此提出了适配序参量概念,具体如下:

定义 4.18 适配序参量:能描述和反映项目组合配置过程的关键性协同指标,称为项目组合配置适配序参量。适配序参量反映了项目组合配置过程的科学合宜度,配置方案与战略由疏远走向贴近的关键在于适配序参量的演变方向以及各适配参量之间的协同关系。

由协同学序参量定义,组合配置方案 Z_k 的适配序参量为 $\rho_k = \rho_{k1},\cdots,\rho_{ki},\cdots,\rho_{kn}$。其中 $a_{ki} \leqslant \rho_{ki} \leqslant \beta_{ki}, i \in [1,n]$。$n$ 表示项目适配序参量分量的个数,k 表示子系统序数,本节仅探索组合配置方案与组织战略之间的适配性,子系统个数为 2,因此 k 的取值为 1 或者 2;a_{ki} 为影响组合配置与组织战略贴近度的适配序参量的最小值,可选取同类项目组合配置方案的往年最低值或组合方案的预测最低值;β_{ki} 为影响组合配置与组织战略贴近度的适配序参量最大值,一般由组织战略预测目标值确定。

2)项目组合配置适配熵。适配序参量由适配快弛豫参量和适配慢弛豫参量构成。适配快弛豫参量与项目组合配置方案适配度呈反比,其值越大,组合配置方案的适配程度越低,即组合配置方案的适配程度越合理。慢弛豫参量与项目组合配置方案适配度呈正比。其值越大,该方案的适配度越合理;其值越小,该方案适配度越低。

适配序参量分量的适配度是反映其对组合配置方案与战略贴近程度贡献的指标,假设 $\rho_{k1},\cdots,\rho_{ki},\cdots,\rho_{kj}$ 为项目组合配置适配慢弛豫参量,$\rho_{kj+1},\rho_{kj+2},\cdots,\rho_{kn}$ 为适配快弛豫参量,项目组合配置是一个持续不断的多阶段过程,适配序参量在各阶段的贡献度不尽相同。因此,有必要对 t 阶段适配序参量适配度做出定义,具体如下:

$$\chi_k^t(\rho_{ki}) = \begin{cases} \dfrac{\rho_{ki} - a_{kt}}{\beta_{kt} - a_{kt}}, & i \in [1,j] \\ \dfrac{\beta_{ki} - \rho_{ki}}{\beta_{kt} - a_{ki}}, & i \in [j+1,n] \end{cases} \quad (4-53)$$

式中,$\chi_k^t(\rho_{ki}) \in [0,1]$,$\chi_k^t(\rho_{ki})$ 越大,表示适配序参量 p_{ki} 在 t 阶段对拉近项目组合配置战略贴近度的贡献越大。为反映项目组合配置全阶段 T 中适配序参量 p_{ki} 对拉近项目组合配置战略贴近度所做贡献的大小,本节提出项目组合配置适配熵的概念。本节借鉴负熵理论描述适配序参量从 t 阶段 $t+1$ 阶段对组合配置战略贴近度所作贡献的变化程度[见式(4-40)],定义组合配置全生命周期 T 中适配序参量 p_{ki} 的熵之和 S_{ki} 为 p_{ki} 的适配熵,有

$$f_{ki} = \begin{cases} q_{ki}\log\dfrac{1}{q_{ki}}, & q_{ki} > 0 \\ 0, & q_{kt} < 0 \end{cases} \quad (4-54)$$

其中,

$$q_{ki} = \frac{\chi_k^{t(g+1)}(\rho_{kt}) - \chi_k^{tg}(\rho_{kt})}{\max[x_k^{t0}(p_{kt}),\cdots,x_k^{tT}(p_{kt})]}, i = 0,\cdots,n; g \in [0,T-1] \quad (4-55)$$

由式(4-54)和式(4-55),结合项目组合配置适配熵的定义,可以得到适配熵 S_{ki} 的表达式为

$$S_{ki} = \sum_{i=1}^{n} f_{ki}/n; \quad i = 0,\cdots,n; \quad k = 1 \text{ 或 } 2 \quad (4-56)$$

式(4-54)~式(4-56)中,n 为组合配置方案中的适配序参量个数;S_{ki} 为组合配置方案适配熵,其值越大,表明方案配置效果越好;q_{ki} 为适配序参量 p_{ki} 从组合配置的第 $t(g+1)$ 阶段到第

tg 阶段的适配度之差与 p_{ki} 在全配置周期 T 内的项目组合配置适配度最大值的比值。如果 q_{ki} 的值为负数,则说明适配序参量 p_{ki} 在第 $t(g+1)$ 阶段到第 tg 阶段的配置过程中出现衰退,此时 q_{ki} 的取值为 0;相反,若 q_{ki} 为正值,则 p_{ki} 从 tg 阶段到 $t(g+1)$ 阶段配置良好有序,有利于拉近项目组合配置战略贴近度。

3) 项目组合配置适配度。

(a) 项目组合配置适配度模型。项目组合配置适配度是所有适配序参量对方案适配度的总和,是对适配序参量 $x_k(p_{ki})$ 的集合。根据集合方法不同,可以将组合方案适配度表达式分为几何平均集成法和线性加权求和法两类。由于前者不能区分各适配序参量对组合方案战略贴近度的重要程度,无法反映组合配置过程的实际情况,故本节采用线性加权求和法描述项目组合配置适配度,有

$$x_k(p_{ki}) = \sum_{i=1}^{n} w_{ki} x_k^t(p_{ki}) \tag{4-57}$$

式中,w_{ki} 为项目组合配置适配序参量权重系数,根据组合配置实际情况选择合适方法计算;$x_k^t(p_{ki})$ 为项目组合配置适配度,值越大表明项目组合配置方案效果越优。

(b) 项目组合配置适配度权重。由式(4-57)不难看出,在求解项目组合配置适配度过程中,各适配序参量的权重系数对适配度值的大小有着至关重要的影响,因此需要采用相关处理手段来保证各权重系数的精确性。

在项目组合配置过程中,由于组合手段和管理工具的不完善,系统内部出现模糊不确定和混沌扰动信息的问题是无法避免的。熵是处理混沌信息和不确定因素的有效工具。和传统确定指标权重的方法相比,熵能精确度量配置过程中的混沌程度,并且客观性强、精度高。同时,熵的无量纲归一化思想在实现模糊数据透明化过程中保证了指标权重的守恒性,提高了指标权重的可信度和鲁棒性。基于熵的优点,本节按熵的方法计算项目组合配置适配度权重系数,求解过程参见 4.4.2 节中战略贴近度修正过程,得到可得熵值指标权重矩阵为

$$\boldsymbol{W} = (w_{ki})_{k \times n} \tag{4-58}$$

$$w_{ki} = \frac{\zeta + H_{ki}}{\zeta n + \sum_{i=1}^{n} H_{kt}}$$

其中,n 表示所选的项目组合配置适配序参量个数,$\zeta = \min(p_{ki})$,且有 $\sum_{i=1}^{n} w_{ki} = 1$。

(4) 基于组件协同适配的项目组合配置战略贴近度求解。

将式(4-51)和式(4-57)所得计算结果带入基于组件协同适配的项目组合配置战略贴近度模型[式(4-36)]中,即可获得基于组件适配协同的项目组合配置战略贴近度的目标函数值,从而实现考虑组件协同适配的项目组合配置方案实施决策。同时这也实现了拟实施组合配置与组织战略之间贴近度的有效度量,可以为组织实现考虑协同适配的项目组合配置优化模型的建立和求解提供参考依据。

4.4.3 案例分析

本节以某房地产集团 K 公司在新形势下的项目组合配置过程为例,在考虑各拟配置组件内部协同和外部适配的基础上,对构建的基于组件协同适配的项目组合配置战略贴近度模型进行案例分析,并对模型的有效性和可实践性进行论证。

1. 案例背景

K集团是伴随着我国房地产行业兴起而迅速崛起的年轻公司。在过去10年内,随着房地产行业在我国兴起,K集团以其"艰苦创业、开拓进取"的经营理论和管理精神,立足房地产行业浪尖。在以房地产企业为核心的经营业务中实现了公司资金的迅速积累。但是,随着我国政府对房地产行业的严格控制,K公司的业绩受到了很大影响,公司的生存和发展受到了极大的挑战。为了使组织长久发展,进一步提高组织的综合竞争能力,组织高层迅速转变经营理念,将组织的经营业务进行了多元化扩展,以期确保其在多行业齐头并进的趋势下实现进一步发展。然而随着组织项目数量的增多,原有围绕地产建设领域的大批项目和新型项目之间产生了无法消弭的隔阂,组织在保证拟实施项目高度和谐的前提下对实现组织战略目标最大化进行了研究,发现现有管理中主要存在以下问题:

(1) 组织原有的项目和现有项目之间的关系没有理清,原有项目各层级的资源对现有项目的实施控制资源共享和促进作用没有合理发挥,导致各项目之间无法有效利用组织已用的各层级资源。

(2) 组织战略对拟实施项目组件进行选择配置时,过多考虑资源、能力的配置,不能在组织战略范围内对各组件的适配情况进行合理安排,不能实现组织战略目标的最优化。

(3) 战略目标承载的有效性和可实现性是实施组合配置管理的根本目标。然而各配置组件形成组合配置却无法直接实施项目子战略,不能直接用于落实组织战略目标。

通过对K公司进行多元化项目组合配置管理现状的分析,可以看出K公司当前需要解决的主要问题就是在战略目标的指导下对组织拟实施项目组件各层级的相互促进和制约作用进行科学分析,同时根据组织已有资源能力对组织拟配置项目的适配关系进行合理的安排管理。这与本节所构建的"基于组件协同配置的项目组合配置战略贴近度"模型所要解决的问题是一致的,为本节引入K公司案例对模型的有效性和可实践性进行论证。

2. 模型应用

根据K公司的管理实际现状,公司高层决定在由8个待拟实施配置项目构成的项目集合中选择3个项目实施配置管理,并以组织战略为核心进行指导,实现组织稳定发展的战略目标。将4.2节所提出的模型应用于K公司。其过程如下所述。

(1) 项目组合配置协同度确定。在K公司拟实施的项目组合配置项目池中的8个项目中大多数是K公司以往所没有涉及的领域。因此组织管理和决策人员对各配置组件之间的关系是完全陌生的。要想对其关系进行有效分析,就必须借鉴其他企业的相关项目经验。因此,K公司组织公司相关管理人员采用对标管理的方式,分析研究了同行业同类先进单位所取得的项目经验,并以此为基础,构建了以里程碑事件为工序节点的拟实施项目的协同关系结构,如图4-9所示。

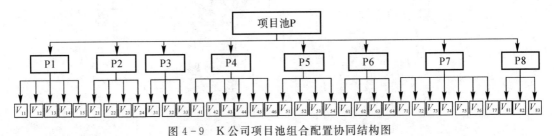

图4-9 K公司项目池组合配置协同结构图

项目组合配置协同度的确定最终是立足于拟配置项目组件内外部协同关系之上的。根据图 4-9,可构建项目组合配置项目级外协同矩阵 **R**。同时,由各拟实施项目的工序 V_{11},V_{12},V_{13},V_{14},V_{15} 的协同关系构建项目 V_1 的内协同矩阵 R_1,同理建立项目 V_2,V_3,V_4,V_5,V_6,V_7,V_8 的内协同矩阵 R_2,R_3,R_4,R_5,R_6,R_7,R_8,由专家评价和层次分析法得 $\mathbf{W}^T = [0.05 \ 0.15 \ 0.2 \ 0.45 \ 0.15]$,协同关系为模糊协同的集中于项目级,分别为 (V_1,V_4)、(V_1,V_6)、(V_2,V_3)、(V_2,V_7)、(V_3,V_6)、(V_5,V_8)。以上关系构成了项目组合配置生命周期模糊协同矩阵 $\mathbf{R}^*$,即

$$\mathbf{R}^* = \begin{array}{c} (V_1,V_4) \\ (V_1,V_6) \\ (V_2,V_3) \\ (V_2,V_7) \\ (V_3,V_6) \\ (V_5,V_8) \end{array} \begin{bmatrix} T_1 & T_2 & T_3 & T_4 & T_5 \\ 0 & 1 & 1 & -1 & 1 \\ -1 & 1 & 0 & -1 & 1 \\ -2 & 1 & 2 & 1 & 1 \\ 2 & 1 & 1 & 2 & 1 \\ 0 & -2 & -1 & -1 & -1 \\ 1 & 1 & 1 & 2 & -1 \end{bmatrix}$$

由式(4-36),通过邀请 K 公司中层管理者(项目经理以上级别)和其他外部专家进行评价,获得 K 公司在项目组合配置生命周期内各拟实施配置组件模糊协同矩阵数据为

$$\mathbf{R} = \begin{bmatrix} 2 & 1 & 2 & 0.05 & -1 & -0.2 & 0 & -1 \\ 1 & 2 & 1.05 & -2 & 1 & 0 & 1.5 & 1 \\ 2 & 1.05 & 2 & 0 & -1 & -1.1 & -2 & 1 \\ 0.05 & -2 & 0 & 2 & -1 & 0 & 1 & 2 \\ -1 & 1 & -1 & -1 & 2 & 2 & 1 & 1.15 \\ -0.2 & 0 & -1.1 & 0 & 2 & 2 & -1 & 1 \\ 0 & 1.5 & -2 & 1 & 1 & -1 & 2 & 1 \\ -1 & 1 & 1 & 2 & 1.15 & 1 & 1 & 2 \end{bmatrix}$$

$$\mathbf{R}_1 = \begin{bmatrix} 2 & 1 & 0 & -1 & 1 \\ 1 & 2 & 1 & -1 & 0 \\ 0 & 1 & 2 & -1 & 1 \\ -1 & -1 & -1 & 2 & 1 \\ 1 & 0 & 1 & 2 & 2 \end{bmatrix}, \quad \mathbf{R}_2 = \begin{bmatrix} 2 & 2 & 1 & 1 \\ 2 & 2 & -1 & 1 \\ 1 & -1 & 2 & 1 \\ 1 & 1 & 1 & 2 \end{bmatrix}$$

$$\mathbf{R}_3 = \begin{bmatrix} 2 & 1 & 2 \\ 1 & 2 & -1 \\ 2 & -1 & 2 \end{bmatrix}, \quad \mathbf{R}_4 = \begin{bmatrix} 2 & 1 & -1 & 1 & 2 & 1 \\ 1 & 2 & 1 & 0 & -2 & 1 \\ -1 & 1 & 2 & 2 & -2 & -1 \\ 1 & 0 & 2 & 2 & 1 & 1 \\ 2 & -2 & -2 & 1 & 2 & 1 \\ 1 & 1 & -1 & 1 & 1 & 2 \end{bmatrix}$$

$$\mathbf{R}_5 = \begin{bmatrix} 2 & 1 & 0 & 1 \\ 1 & 2 & 2 & 1 \\ 0 & 2 & 2 & 1 \\ 1 & 1 & 1 & 2 \end{bmatrix}, \quad \mathbf{R}_6 = \begin{bmatrix} 2 & -1 & 0 & 1 \\ -1 & 2 & 1 & -1 \\ 0 & 1 & 2 & 1 \\ 1 & -1 & 1 & 2 \end{bmatrix}$$

$$R_7 = \begin{bmatrix} 2 & 1 & 1 & -1 & -1 & 0 & 1 \\ 1 & 2 & 1 & 2 & 1 & -1 & -1 \\ 1 & 1 & 2 & -1 & -1 & 2 & 1 \\ -1 & 2 & -1 & 2 & 1 & 1 & -1 \\ -1 & 1 & -1 & 1 & 2 & -1 & 1 \\ 0 & -1 & 2 & 1 & -1 & 2 & 1 \\ 1 & -1 & 1 & -1 & 1 & 1 & 2 \end{bmatrix}$$

$$R_8 = \begin{bmatrix} 2 & 2 & 1 \\ 2 & 2 & -1 \\ 1 & -1 & 2 \end{bmatrix}$$

对以上 K 公司在项目组合配置生命周期内各拟实施配置组件模糊协同矩阵进行分析,计算各协同强度下项目组合配置协同熵。在计算熵过程中若有解 log0 的情况出现,需对其进行优化,即当 log0 情况出现时,必有 $g_k/G=0$ 且 $0\times\log0=0$,为方便计算,本节定义 $\log0=1$,由式(4-37)~式(4-50)可得各协同强度下组合配置协同熵(见表 4-5)。

表 4-5 各协同强度下项目组合配置协同熵

协同对象	协同强度					
	SN	N	D	P	SP	F
V_1	0.000	0.703	0.672	0.863	0.849	0.151
V_2	0.113	0.301	0.113	0.705	0.715	0.151
V_3	0.113	0.431	0.113	0.431	0.544	0.151
V_4	0.531	0.531	0.410	0.971	1.008	0.151
V_5	0.000	0.160	0.151	0.704	0.719	0.113
V_6	0.000	0.564	0.452	0.715	0.753	0.151
V_7	0.113	1.206	0.354	1.240	1.097	0.113
V_8	0.000	0.431	0.000	0.469	0.544	0.113

根据协同矩阵 R 和式(4-52)可计算得本案例模糊协同综合强度值 $F=1.135$,则(SN,N,D,P,SP,F)=(-2,-1,0,1,2,1.135)。由表 4-5 和式(4-51)不难得出项目组合配置各项目组件的协同度为:$H_{V_t}=(2.030,1.779,1.034,1.564,2.112,1.826,2.131,1.254)$。

由熵得到的项目组合配置协同度是按越小越优原则进行处理的,因此在进行组合配置管理过程中,当拟实施项目数量一定时,应按各项目协同度求和最小值最优为原则进行择优。ZY 公司拟选择 3 个项目进行组合配置,项目 V_3,V_4,V_8 协同度之和 3.852 为最小,优先选择 V_3,V_4,V_8 进行组合配置,有利于高效发挥组合的协同效应,实现资源、能力的合理配置。

(2)项目组合配置适配度。根据项目组合配置各项目组件的协同度可知,考虑组件协同作用下的项目组合配置的最优方案为 V_3,V_4,V_8,适配度分析是在组件协同的基础上进行的。因此本节以 V_3,V_4,V_8 为配置方案,求解组合配置内部的适配程度。项目组合配置管理分为项目组合配置启动、规划、计划、实施和收尾 5 个过程。对于 K 公司而言,实施项目组合配置模式进行企业项目管理尚属首次,他们缺乏完善的项目组合配置管理经验和数据。因此,在组合配置方案实施之前,K 公司邀请了 10 名国内外知名项目管理专家对由 V_3,V_4,V_8 形成的组合配置方案的适配序参量进行估算和预测,量化数据见表 4-6。

表 4-6 项目组合配置方案适配序参量量化数据表

配置阶段	适配序参量						
	财务目标实现提升比/(%)	客户满意度提升率/(%)	组织成长优化度/(%)	战略目标优势提升率/(%)	技术优势增长值/(%)	规避风险能力提升度/(%)	社会声誉贡献率/(%)
$t=1$	8.16	6.31	24.32	25.34	4.38	19.45	40.13
$t=2$	11.37	7.24	56.32	37.28	5.36	20.48	21.03
$t=3$	12.43	7.38	48.23	33.21	6.13	22.34	15.31
$t=4$	15.33	7.27	39.57	28.46	5.29	27.19	18.52
$t=5$	18.74	7.13	28.46	37.24	4.72	34.19	20.02
α 预测值	25	10	70	50	10	40	50
β 预测值	10	5	20	20	3	15	10

根据式(4-53)计算项目组合配置方案适配序参量的适配度,计算结果见表 4-7。

表 4-7 项目组合方案适配序参量各阶段适配度

配置阶段	适配序参量						
	$\chi_1(p_{11})$	$\chi_1(p_{12})$	$\chi_1(p_{13})$	$\chi_1(p_{14})$	$\chi_1(p_{15})$	$\chi_1(p_{16})$	$\chi_1(p_{17})$
$t=1$	0.211	0.262	0.086	0.178	0.197	0.178	0.753
$t=2$	0.091	0.448	0.726	0.576	0.337	0.219	0.276
$t=3$	0.162	0.476	0.565	0.440	0.447	0.294	0.133
$t=4$	0.355	0.454	0.391	0.282	0.327	0.488	0.213
$t=5$	0.583	0.426	0.169	0.575	0.246	0.768	0.251

由式(4-56)可得项目组合配置方案在全寿命周期 T 内的适配熵 S_{ki},结果见表 4-8。

表 4-8 项目组合配置方案在全寿命周期 T 内的适配熵 S_{ki}

系统序号	适配序参量						
	S_{k1}	S_{k2}	S_{k3}	S_{k4}	S_{k5}	S_{k6}	S_{k7}
$k=1$	0.589	0.375	0.158	0.418	0.465	0.624	0.168

表 4-7 所列各适配序参量在 t 阶段适配度反映了本阶段各适配序参量对项目组合方案目标实现所做出的贡献。以 3 阶段为例,企业项目组合配置实施过程中本阶段的适配序参量中,除社会声誉贡献率适配序参量贡献值较大外,其余各值均小于 0.5,说明它们对组合配置方案适配度提升贡献较小。表 4-7 中各适配序参量适配熵值度量了全寿命周期内各适配序参量的贡献度,反映了各适配序参量在组合配置过程的有序度、稳定性和目标实现程度。在实

施周期 T 内,项目组合配置方案各适配序参量的值分布不均匀,低于 0.5 以下的适配序参量有 5 个,低于 0.2 的适配序参量有 2 个。相比而言,组合配置方案适配序参量适配度较低,反映了各适配序参量在项目组合配置方案实施周期内稳定性较差,管理不成熟,组合配置目标实现程度不高。

根据式(4-55)和式(4-56)可得各适配序参量的指标权重为

$$W = [0.2402 \quad 0.1010 \quad 0.0445 \quad 0.1513 \quad 1.1245 \quad 0.2474 \quad 0.911]$$

由式(5-56)可得 T 周期内组织项目组合配置方案的适配度 $x_1^t(p_k)$(见表 4-9)。

表 4-9　T 周期内组织项目组合配置方案的适配度 $x_1^t(p_k)$

阶段	$\chi_1^t(p_k)$
$t=1$	0.245
$t=2$	0.308
$t=3$	0.319
$t=4$	0.372
$t=5$	0.521

3. 结果分析

以战略贴近度最优化为目标的项目组合配置决策模型 $SD = W_1 \sum_{i=1}^{q} H_{V_t} + W_2 \sum_{t=1}^{5} \chi^t(P_i)$ 可知,以项目 V_3, V_4, V_8 为配置方案的项目组合配置战略贴近度值为

$$SD = 0.05 \times 0.852 + 0.5 \times (0.245 + 0.308 + 0.319 + 0.372 + 0.521) = 2.8085$$

即考虑项目组合配置组件协同情况应优先选择项目 V_3, V_4, V_8 形成组合配置方案,该方案与组织战略的贴近度为 2.8085。

这一决策值同时综合了拟配置项目组件各个层级相互协同关系,并将组合配置组件外在适配度纳入了分析内容,有效度量了战略贴近度,为解决 K 公司当前基于战略贴近度的项目组合配置的难题提供了参考方案。

4.5　本章小结

基于战略导向下的项目组合配置管理是一种极为复杂的运筹问题,涵盖 0-1 规划、系统分析、模糊分析等多个学科的相关理论和方法,涉及组织运营和管理中方方面面,已经成为组织实现战略目标的必经之路。本章主要内容是研究项目组合配置战略贴近度的度量和优化,定量反映组合配置方案中各组成项目的配置优化情况,形成与组织战略目标贴近的组织项目、业务和资源能力动态优化配置模型,为组织在变化中保证战略目标实现程度最大化提供保障。同时,基于组织战略、项目组合管理、系统分析、运筹优化等管理理论与方法,结合对组织和项目广泛的研究,分析组织项目组合配置优化中存在的问题,探索组织项目组合配置优化的方法模型及关键技术,提出有效实现组织项目组合配置方法模型,并最终通过企业实践,对所提出方法模型的实际有效性进行验证,发现本章研究成果具有较好的可操作性。

本章主要成果和内容如下:

(1)详细介绍了项目组合配置战略贴近度的研究背景和意义,从项目组合配置及其优化、组织战略实施项目化理论和项目组合配置效能度量等方面进行了理论综述,为项目组合配置战略贴近度研究奠定了理论基础。

(2)提出并分析了广义含义项目组合配置战略贴近度概念,在综合以往研究的基础上设计了基于战略贴近度的项目组合配置流程模型;以此为基础综合了考虑组织财务和非财务评价指标,提出了项目组合配置战略贴近度指标体系,为本章从模糊情境下目标协同、要素协同和组件协同适配等角度度量项目组合配置战略贴近度提供了分析对象和计算依据。

(3)在项目组合配置战略贴近度指标体系的基础上,提出了模糊情境视角下的项目组合配置战略贴近度狭义概念;利用模糊物元和复合模糊物元,构建了项目组合配置从优隶属度,并借鉴熵权思想设计了项目组合配置战略贴近度求解公式和决策模型;通过 M 公司项目组合配置管理实践结果验证了该模型和方法在求解战略贴近度问题上的实用性和有效性,为项目组合配置战略贴近度研究提供了新工具。

(4)为解决模糊情境视角下的项目组合配置战略贴近度未能全面考虑所有要素协同关系的弊端,本章以 QFD 为理论出发点,在定义协同度函数和适配率等概念的基础上,对项目组合配置中项目与项目、项目与战略贴近度评价指标、战略贴近度评价指标之间的协同关系进行了定量分析,构建了基于要素协同的项目组合配置战略贴近度模型,并通过 HD 公司企业实践,对模型的有效性进行了验证,不仅为企业多项目组合管理提供新的思路和方法,也弥补了以往项目组合配置与战略目标关系研究方面的不足。

(5)为了解决基于目标和要素协同项目组合配置战略贴近度模型无法精确反映项目组合各层配置组件之间的协同关系,也不能有效反映各拟配置组件适配度的研究缺陷,本章在项目组合配置战略贴近度指标体系的基础上,以协同学、系统论和熵为依据,通过适配序参量、适配度、适配熵概念的定义以及配置组件各层协同关系矩阵的分析,构建基于协同适配的项目组合配置与组织战略贴近度度量优化模型,为企业进行项目组合配置管理提供决策依据。

第五章 面向战略的项目组合全过程收益管理研究

5.1 面向战略的项目组合全过程收益管理总体框架

本节构建面向战略的项目组合全过程收益管理的理论框架,探讨在项目组合生命周期过程与组织层次上收益管理的方法与内容,着重分析如何将战略目标逐层分解落实到项目预期收益,以及如何在动态环境中进行有效项目组合收益管理的问题。首先,分析收益管理在匹配项目组合与组织战略中的创新视角以及收益管理的特征,明确研究的必要性与难点。其次,探讨项目组合收益管理的组织结构,基于集成思想设计面向战略的项目组合全过程收益管理框架。最后,基于该框架,探讨面向战略的项目组合全过程收益管理的核心内容,明确各自的内涵与研究难点,为项目组合收益动态管理奠定基础。

5.1.1 面向战略的项目组合全过程收益管理

项目是实现战略的载体,组织依靠成功实施符合战略需求的项目而逐渐实现它的短、中期目标,进而实现它的长期目标。然而,战略是为了实现未来愿景而制定的长远规划,具有长期性与抽象性,而项目是面向执行层的短期活动,项目目标需要具备具体性与可度量性。为了实现二者的匹配,需要有切实可行的评价标准衡量项目的战略需求目标与战略实现效果。传统的以管理绩效目标(进度、成本、质量)为核心的单项目模式只关注执行层的活动,造成项目实施成果与组织战略目标脱节的现象。The Economist,German Project Management Associate 等机构针对项目管理实践的多项调查显示,项目成功与否取决于它是否为组织带来了有益变更,他们强调对战略收益进行有效管理重要性。项目管理的关注点也逐渐开始向收益实现的方向转移,收益管理也逐渐与项目组合管理实践结合,共同为战略的项目化实施服务。

我们借鉴英国商务部的定义,认为项目组合收益是指由项目组合或项目组合部件(项目、项目群与其他的一些工作)实施成果带来的,符合组织战略需求的可度量性改善。它以战略的实现效果为基准,不仅包含财务收益、也包含非财务收益。而项目组合收益管理则是指以项目组合收益最大化为目标,对项目组合及其部件进行收益规划、监控、评价与调整的一系列措施。Morris 提出收益管理是尝试将独立的项目通过收益的实现整合,能够支撑组织战略收益的实现;Patanakul 指出收益管理是关联项目与战略、支持组织可持续发展的最有效方法;也有诸多研究表明收益管理能够提升项目治理的效率,从战略角度降低项目失败率。基于这些观点,本节接下来将首先分析收益管理关联项目组合与组织战略的创新视角,明确为什么要进行项目组合收益的有效管理;其次探讨面向战略的项目组合收益管理的特征与研究难点,进一步明确怎样管理项目组合收益的问题。

1. 面向战略的项目组合收益管理的创新视角

传统的项目管理模式,如图5-1(a)所示,往往面向具体执行层的项目产出,缺乏战略与项目之间的关联环节,导致项目与战略不协同、不匹配的现象发生;尽管在项目组合选择时组织有可能综合考虑战略的实现情况,在实施过程中若是缺乏二者的关联途径,由于环境中扰动因素的存在,仍然可能产生项目成果无法实现战略需求或者项目缺乏实施的必要性等问题。

收益管理基于的核心思想是"如果无法衡量,那么便无法管理"。组织确认战略目标后,抽象的战略只有被转化为适用于项目的可度量标准,才能够用于指导项目组合实践;计划好的项目或项目群希望交付满足战略需求的成果,这些有形或无形的需求只有具备可度量性,决策者才可以把控项目组合的实施情况并采取相应的应对措施。收益管理在项目组合全过程中将战略翻译成用于评价和引导项目选择和实施的定量化语言,形成利益相关者所认可的评价标准,确保战略项目化实施过程的科学性与可控性。

具体来看,收益管理作为媒介,以两条路径承担着关联项目组合与组织战略的任务,如图5-1(b)所示。自上而下的路径是大多数面向战略的项目组合选择研究者所关注的路径:将组织战略转化成项目组合目标收益,再进一步分解为具体的项目收益,用于指导和牵引项目的选择与有效实施。该路径解决的是"做正确的项目"的问题,即通过收益的配置确保项目组合能够满足战略需求。自下而上的路径是通过项目组合的有效实施创造价值的路径,项目产出的成果有助于实现项目收益,进而实现项目组合的协同收益,最终对组织战略产生贡献。该路径上主要的活动是收益的动态监控与管理,解决的是"正确地做项目"的问题;即使在项目组合实施过程中面临着诸多不确定因素的干扰,以战略收益为媒介也能够实现项目组合与组织战略的动态匹配。

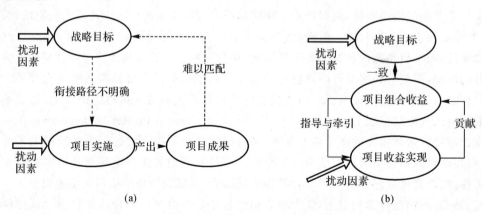

图5-1 面向战略的项目组合收益管理的创新视角
(a)面向产出的传统项目管理;(b)面向战略的项目组合收益管理

综上,面向战略的项目组合收益管理是对传统项目管理模式的创新与突破,以收益为媒介将执行层的项目与战略层关联起来,拓宽了项目管理者的决策视野,从只关注于项目计划的完成情况转变为从愿景出发、注重项目组合整体成果对组织做出的贡献,缓解了项目管理过程的评价标准与战略目标不匹配的问题,通过对收益的分解、评价和监控等活动持续创造战略价值。

2.面向战略的项目组合收益管理的特征

除了以组织战略实现为创新视角外,项目组合收益管理相对于传统的项目绩效管理,有以下几项特征:

(1)涉及多个管理层级。

与传统项目管理仅关注项目执行层的任务不同,项目组合收益管理在纵向上涉及多个管理层级。Turner在针对项目型组织的研究中提出,对项目组合收益的管理包含公司层、中间层与单项目层三个层次。公司层次的主要任务是定义正确的项目组合、项目群和项目来实现收益;在中间层通过构建合适的项目组合和项目群收益治理结构去有效地支持多个项目的实施;单项目层次包含三种角色关系,即制定项目目标的经纪人、明确以何种方式产生项目交付成果的管家以及监管项目的项目经理。英国商务部(UK Offilce of Government Commerce, OGC)提出高层管理者与项目经理共同负责项目组合收益的实现,其中项目管理者主要负责项目的管理与收益的有效交付,而高层管理者负责实际总收益的实现。Müller认为若多层级项目管理者之间的职能定位不明确,将容易产生越级管理及不作为等问题,阻碍项目组合收益的有效实现。

(2)包含持续动态的决策过程。

随着时间的推移,项目的性质、前景,以及状态不断变化,这样的变化可能来自于自身的相互作用,也有可能来自外界环境的干扰,例如技术的快速革新、法律规章的改变、前序项目的延滞等。在多种因素的复杂作用下,项目难以维持稳定,往往偏离预期收益。项目型组织如果想要在激烈的竞争中得以维持与发展,就不得不持续地追踪项目组合与组合部件的实施信息,对项目组合方案进行有效的调整与匹配,争取达到项目组合方案的动态平衡。这样的监控与调整是动态持续的决策过程,包含着项目组合资源的重新配置、优先级的调整、项目组合的动态优化、新项目的加入与旧项目的退出等活动。

(3)面向战略的项目组合收益管理是复杂的社会系统。

项目组合内部组件间不是独立的,而是具有非线性的相互依赖关系。Aritua,Ahern等诸多学者认为,项目与项目组合是复杂的社会系统。系统的整体行为并不完全取决于子系统的实施状态与决策,而是需要综合考虑项目与项目之间、项目内部组件之间的相关关系。此外,与传统的单项目具体任务工作不同,项目组合收益管理系统强调"人"的重要性,无论是项目参与方之间的沟通、个体决策偏好还是多主体之间的冲突,都将对系统带来扰动,对项目组合实施结果造成较大影响。例如,当项目/项目群实施出现问题时,不同层次主体之间沟通的时滞以及汇报错误将阻碍高层管理者获知项目的战略收益信息,影响纠偏决策的制定。因此,需要考虑项目组合收益管理系统的社会系统特性,充分探讨行为因素带来的影响。

以上特征同时也为面向战略的项目组合收益管理带来了阻碍,要求管理者综合协调收益管理的多个层级、兼顾项目组合生命周期的全过程以及系统性地考虑管理者行为的影响。现有的项目组合收益管理的研究大都停留在对项目组合选择以及后评价过程中收益实现效果的度量,而对于项目组合实施全过程收益的动态管理关注较少。因此,为了应对这些难题,接下来本节将对项目组合收益管理多层次的组织结构进行分析,明确各层级的收益管理职责,并将收益管理与项目组合生命周期、管理层级集成,构建面向战略的项目组合全过程收益管理框架。

5.1.2 面向战略的项目组合全过程收益管理框架设计

1. 项目组合收益管理的组织结构

依据调研结果与相关文献给出的观点,项目组合收益管理的角色可划分为战略层(高层管理者)、项目组合层(项目组合管理者)与执行层(项目/项目群经理)三个层级,图5-2中的虚线连接线显示了各层级参与收益管理活动的情况。由于组织的长期与短期目标、多层级的项目目标,以及利益相关者各自的目标之间都可能发生冲突,需要明确这些参与主体的职责安排。

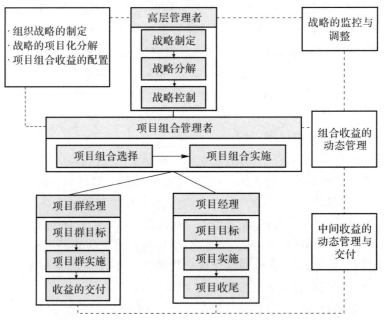

图5-2 面向战略的项目组合收益管理的组织结构

(1)战略层。战略层包括组织的高层管理者,他们是战略的制定者,对组织的愿景、使命和中长期目标有较为全面的理解,同时他们也承担着为项目组合提供资金的职责,是项目组合得以有效实施的支撑性角色。诸多实践与研究强调,高层管理者的积极参与和支持能够极大地促进项目组合成功。由高层管理者组成的高级执行委员会(Senior Executive Board)参与项目组合收益管理的全过程,是负责战略收益实现的最高决策者,在项目组合选择、项目组合重新配置等步骤发挥重要作用,也为项目组合实施创造制度与文化条件。通常来说,每一项收益都应当由一位或多位高层管理者负责。由于不是所有的战略都是一成不变的,高层管理者需要持续回顾与调整计划,以保证战略在持续变化的环境中的有效性。

(2)项目组合层。项目组合层级解决的是为正确的项目配置适宜的资源与收益的问题。一个组织可能会有一个或多个项目组合同时实施。项目组合收益管理的范围是整个项目组合,它作为战略层与执行层的衔接层次,承担着传递信息与资源、缓解长期性组织与临时性组织之间冲突的作用。由高层管理者(或者其代表)与项目组合管理者共同组成的项目组合治理委员会(Project Governance Board)是高级执行委员会水平之下的组织。其职责是:在项目组合构建阶段,进行项目组合的定义、评价、筛选与优化,并制定相应的项目组合收益配置计划;

在项目组合实施阶段,评价并汇报包含项目与项目群收益在内的项目组合实施情况,感知并传递战略变更,对项目组合进行持续的调整(例如改变项目/项目群的优先级、中止部分项目、授权新项目等)。项目组合管理者需要及时掌握战略层、项目组合层与执行层的信息,因此信息流沟通的流畅性是项目组合收益管理的基本保障。

(3)执行层。执行层包含项目群管理与项目管理两种角色,项目可能属于项目群的子集(该项目与其他项目一起作为项目群,对它们进行统一管理)或与项目群处于同一层级(该项目独立实施,与项目群均为项目组合的组成部分)。

项目群管理是指通过协调管理一组有共同收益目标的项目、子项目群与相关活动,获取单个项目管理无法获取的收益的过程,它所解决的是"以协同的方式正确地做事"的问题。项目群经理(Programme Manager)及其利益相关者负责项目群的交付以及项目群收益的实现,确保所有的项目成果能够实现项目群的需求。群内项目之间可能存在技术的依赖、资源的共享等关系,在识别与评价收益时,需要将项目群看作一个整体,衡量项目群收益的实现情况。项目群经理在选择与实施过程中应当充分考虑群内项目之间的相关关系,同时在实施过程中协调各项目的工作。项目群经理需要持续监测与评价项目的执行情况与项目群收益的获得,对群内项目的资源配置、优先级进行动态调整。

单个项目作为战略实施的最基本单元,承担着实施变更的任务,主要解决"正确地做事"的问题。项目收益动态管理是指控制项目并保证其成功的综合的、连续的方法,重点在于指导项目的实施并保证其输出符合利益相关者的期望。单项目具有一次性、短期性的特征,由于其关注的是最具体的执行层问题,它对战略的作用是通过定义与战略相关的目标而实现的。项目经理(Project Manager)需要理解组织战略,清晰定义项目的需求,从项目需要实现的成果出发,进行项目收益的持续监测、协调与控制。

2.基于集成思想的框架设计思路

考虑到项目组合收益管理的动态性与多层级特征,为了实现对收益的系统性管理,本节提出通过将收益管理与项目组合生命周期的横向集成以及与多管理层级的纵向集成两个维度,构建面向战略的项目组合收益管理框架。之所以以全局的视角构建集成框架有以下两方面原因:①从实践需求来看,战略目标与项目成果存在管理层级和时间上的分离性,尽可能完整地强调战略落地实施的路径非常必要。无论是项目组合构建时收益的配置,还是项目组合实施时收益的动态管理,任何一个层次或者步骤的缺失都可能导致项目组合与组织战略的脱节,使决策者难以理解。②从理论需求来看,对项目组合全过程收益管理的研究尚处于发展与探索阶段,缺乏公认的理论模型与支持方法。因此,作为系统性研究项目组合收益管理的前瞻性尝试,聚焦任意一个孤立的步骤或是决策层次都是不合适的,需要在抓住项目与战略匹配这一核心目标的前提下,从系统而全面的角度进行定位。

(1)收益管理与项目组合生命周期的横向集成。在横向集成,即收益管理与项目组合生命周期的集成维度,如图5-3所示,收益规划、收益交付、收益移交与维持三个阶段分别同项目组合构建、项目组合实施与项目组合收尾过程相对应。在组合构建阶段,收益规划为项目组合部件的选择与排序提供依据;在执行阶段,前一个阶段制定的收益指标能够用于监督项目组合的实际开展情况;而在组合收尾阶段,已实现的收益经过后评价交付给组织,并持续为组织创造价值。本书借鉴大部分收益管理模型的范围界定,对项目组合构建及项目组合实施这两个阶段进行分析,明确如何通过收益的定义与动态管理支撑项目组合过程管理决策。对于项目组合收尾阶段的收益交付与实现,由于项目组合成果移交后,成果的转化与收益实现持续的时间较长,且涉及更多组织运营活动,不符合项目组合收益管理的研究范围,因此不做详细探究。

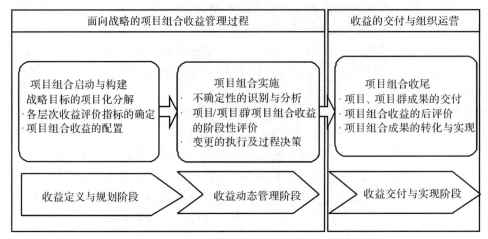

图 5-3 收益管理与项目组合生命周期的横向集成

在项目组合构建阶段,项目组合管理者需要了解每个项目能够为组织带来什么价值。收益规划对这一问题做出解答。收益规划伴随着项目组合选择与配置而进行;它定义了项目组合各层次所需取得的预期收益,并为实施阶段战略实现效果的评价提供标准。Jamieson 和 Morris 研究了从组织战略到项目战略所涉及的流程与实践问题,提出早期项目组合启动阶段的决策在很大程度上能够决定项目的实际成功率。收益规划的重要性可见一斑。它的基本思路是将战略目标转化为可衡量的收益,并对收益进行项目化分解,评价并选择与这些收益最为相关的项目构建项目组合,从而保证每一项目组合组件都能够有效承接一项或多项子战略需求,实现组织战略的落地管理。

项目组合收益的动态管理对应其项目组合实施过程中的监控与调整,涉及多个管理层次上的战略收益评价、绩效控制与变更决策的过程。项目组合实施环境存在诸多不确定因素,如市场与技术环境的变化、战略的调整、利益相关者需求的变化等,这些因素对项目组合造成不可忽略的干扰,使实施结果偏离预期目标。针对这样动态的项目组合实施情境,各管理层次需要协同合作,保证信息的有效流通及利益相关者的开放式参与。项目组合管理者应当对整个项目组合方案进行统筹协调,应对不确定性的影响。

这两个阶段的有效实施确保了项目组合收益的成功交付,项目组合构建阶段的成果输出将作为项目组合实施系统的输入,为项目组合实施提供合理的项目组合方案与监控的收益评价指标。值得注意的是,对于项目组合来说,收益的动态管理阶段已经伴随着项目/项目群收益的交付,因为在项目组合实施过程中,不断地有项目或者项目群收尾并开始创造价值。此外,项目与项目群的一部分收益能够在收益实现的生命周期中管理,另一部分收益可能在其收尾后才能实现,一些项目(例如大多数非营利组织的项目、普惠医疗项目等)成果甚至在项目组合收尾后很长时间才会产生价值,项目组合的收尾以及这些后续收益的实现需要结合运营活动的完成。

(2)收益管理与项目组合多层次的纵向集成。在纵向集成,即收益管理与项目组合管理层级集成的维度,项目组合通过自上而下的目标协同实现从战略到项目目标的收益配置,通过自下而上价值链的延伸与拓展实现从项目产出到组织价值的创造。

项目组合的构建伴随着自上而下的目标协同过程。项目管理的核心思想是按照目标进行管理。通过项目/项目群目标共同或者互补性地完成组织战略所需要的一部分变更,能够实现项目组合对战略的承载。目标协同的具体步骤是首先通过战略的分解与项目组合方案的选择与资源配置,将组织中备选的诸多项目按照其目标的相似性/互补性协同方式进行规划,实现项目组合目标与战略目标、项目组合方案内各组件目标的协同一致,从而使由项目组合战略、项目群/单项目战略所构成的目标体系均服从于组织战略。这样的目标体系由一系列的收益指标具体描述。构建项目组合后,如果能够按照这些战略目标成功实施,协同一致的目标能够保证项目组合方案内的项目或项目群产生满足战略需求的收益成果。

项目组合的实施及其组合部件的完成伴随着项目价值链的延伸与拓展。"价值"在项目/项目组合资源有限的条件下可以由其创造的收益来衡量。在战略管理领域,组织价值被认为是由一系列不同的却相互关联的生产经营活动(又称"价值活动")相互作用创造的,这些价值活动的集合称为"价值链"。组织与组织之间的竞争,不是某一具体业务环节的竞争,而是价值链整体的竞争。职能型组织中的价值链通常以业务为单位识别增值活动,包括与产品的加工流转直接关联的生产经营环节上的基本增值活动,如物料采购、生产运营、物流运输、售后服务等,以及人力资源管理、信息平台构建等辅助性增值活动。项目化管理创新了组织价值的实现路径,将业务流程中的价值创造活动作为项目进行统一管理。每个项目都有其独特的价值链,实现资源向竞争优势的转化;项目与项目之间也存在着价值链联结,多个项目价值链相互关联、集成形成复杂的价值网络。从价值链视角理解项目组合的实施过程,有助于组织管理者理解项目的战略作用,同时也帮助项目管理者站在战略的与动态的视角看待项目,促进二者的有效融合。通过对项目价值链的动态管理,实现项目的战略收益;组合内多个项目创造的收益通过协同关系创造更高的项目组合收益,进而实现组织战略。

3. 面向战略的项目组合全过程收益管理框架

基于上述的框架设计思路,本书明确了项目组合收益管理包括项目组合构建与项目组合实施两个阶段,包含战略层、项目组合层与执行层的多层次活动。在项目组合启动与构建阶段,组织需要完成面向战略衔接的项目组合收益配置职能,即将战略目标有效地分解、落实到确定的项目组合方案上。在该过程中,首先需要制定收益评价指标体系,然后通过项目组合均衡与选择方法,从备选项目中选择符合战略目标的一组项目/项目群,并进行资源的有效配置。这一职能自上而下地覆盖从战略到具体的项目收益目标多个层次。在项目组合实施阶段,价值链的延伸与拓展是自下而上的,伴随着项目收益的纵向集成。通过组合内子项目的有效实施将资源转化为战略收益,形成组织价值;再通过项目之间的协同关系,在项目组合层面实现收益的协同与战略收益率的提升。这也就包含着面向战略执行的项目实施过程与面向战略协同的项目组合实施的过程,其中,项目收益管理系统是项目组合收益管理的子系统。由于在项目组合层次,无论是单项目还是项目群子系统,都可以用战略收益与资源的协同集成在项目组合之中,对项目组合动态实施决策来说二者的角色是相同的,因此本书只研究项目收益管理的子系统,并不对项目群收益管理系统做进一步探究。

综上,项目组合收益指标体系的构建、项目组合收益的配置、组合内项目收益的动态管理以及项目组合收益的动态管理构成了面向战略的项目组合全过程收益管理的核心内容,如图5-4所示。它们与项目组合从启动、构建到实施的全过程对应,体现了从组织战略转化到项目组合收益的具体路径。其中,项目组合收益指标体系能够为项目组合全过程的收益管理提供战略匹配的标准,功能覆盖项目组合构建与实施两个阶段。在项目组合收益配置时,依据备选项目与收益的关联情况进行项目的筛选与优化,并定义相应的项目组合、项目或项目群收益计划。项目收益的动态管理是创造收益的直接途径,项目管理者通过协调项目的价值创造活动,综合考虑战略需求的变更与项目实施状态,实现预期收益。项目创造的价值通过协同关系相互关联,在项目组合层次形成协同收益,实现价值的增值。同时,在资源有限的情况下,项目与项目之间存在竞争关系,这使得项目组合收益的动态管理更加复杂。

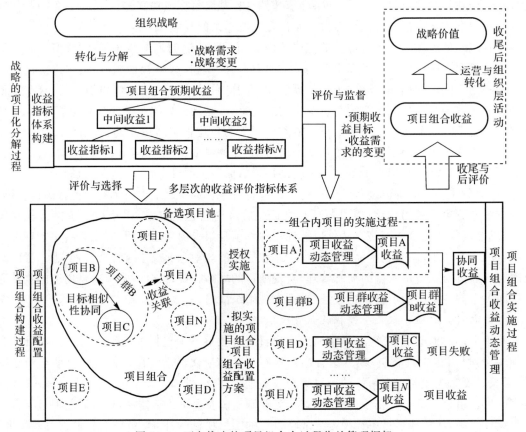

图 5-4 面向战略的项目组合全过程收益管理框架

5.1.3 面向战略的项目组合收益管理框架的核心内容分析

1. 基于 BDN-BSC 的项目组合收益指标体系的构建

为了衡量项目组合及其部件对战略的贡献程度,需要构建相应的收益评价体系。本节将收益关联网络(Benefits Dependencies Network,BDN)与平衡计分卡(Balanced Scorecard,BSC)结合,通过透明化的工具体现将组织战略落实到项目层次具体需求的路径,有助于项目、项目群与项目组合管理者完整理解各层次的预期成果及其与组织战略的关系,构建项目组合成功交付的基础。由于对应不同的组织特征以及不同的组织战略,其收益指标体系都是不同的,因此在描述 BDN-BSC 的通用分解流程后,本节结合 LH 公司的具体案例构建收益指标体系。在后续模型研究的构建中,也均以 LH 公司的具体项目数据为基础,进行项目组合收益的均衡配置与动态管理。

(1)基于 BDN-BSC 的项目组合收益分解流程。在大多数战略导向下的项目组合管理模型中,默认已经有一系列指标评价项目对组织战略的贡献度。然而,这些指标怎样选取、它们以什么样的方式与组织战略相关联、怎样设置项目群和项目组合层次的目标,仍是缺失的内容。本节将平衡计分卡(BSC)集成到收益关联网络(BDN)的具体步骤中,与项目组合管理实践相结合,探讨如何将战略目标逐层分解转化为商业变更需求。BDN 模型是由 Cranfield 大学信息系统研究中心的 John Ward 教授创立的,他在大多数组织缺乏 IS/IT 收益的综合管理框架的背景下,针对 IT 系统、商业变更以及项目目标之间的因果关系,提出构建收益相关网络,以确保所有 IT 系统的潜在收益都能够得以实现。Ward 提出的模型包含六个层级的活动,即商业驱动、投资目标、商业收益、商业变更、使能活动以及 IT 基础设施。Wilson 将该模型用于客户关系管理(Customer Relationship Management,CRM)中,但是这局限于单项目收益的分析与项目支撑条件的探讨。本节将 BDN 模型拓展到项目组合层次,对应于项目组合选择时战略分解以及项目组合、项目群与项目目标的设定与关联过程。

图 5-5 列举了利用 BDN-BSC 工具进行收益分解的过程,以及项目组合实施时对应各层级收益的实现流程,以下对构成 BDN 的基本单元以及分解步骤作详细说明:

1)项目组合战略,即项目组合的投资目标。一个组织可能执行一个或多个项目组合,而这里所说的组织战略可以是商业战略、部门战略等多个层次的战略,组织战略需要考虑如何通过构建项目组合而实现。

2)总收益,对应的是项目组合收益,同时也是项目组合战略的有效描述。战略目标具有抽象性,需要将其翻译成详细的、可定量化描述的收益,这样战略才具有价值。

3)中间收益,即项目群收益或项目收益。这是因为项目组合收益往往具有多维度性,即总收益通常可以用相互独立却共同支持总收益实现的多个维度的中间收益描述。对从总收益到中间收益的分解,需要从战略层次进行分析,综合考虑组织的内外部环境、发展愿景以及组织文化。本书基于平衡计分卡的方法进行总收益的系统化分解,将组织战略从财务、顾客、内部流程、学习与发展四个维度进行分解,形成中间收益,中间收益通常通过定义项目群或单项目来实现。

4)商业变更需求,即项目预期的收益成果。为了实现中间收益,组织必须采取相应的变更措施,这些商业变更需求对应着项目所需要产生的成果。有的中间收益的产生需要两个或者两个以上的商业变更,这些变更可以放在一起管理;而有的则只需要单个项目产生的变更。

5)项目,即能够实现上述商业变更的项目。当多个项目共同对同一项中间收益产生作用,它们被作为同一个项目群进行统一管理。作为项目群管理时,收益往往在项目群层次进行评价,而非对各个单项目分别评价,这样做首先是为了避免收益的重复计算,其次也降低收益管理的成本,有时单项目产生的收益甚至比不上评价收益产生的开销。对项目群层次评价收益后可以通过权重分解技术确定每个项目的贡献。

将这些基本单元中的因果关系用箭头线连接起来,可以实现项目组合战略(总的投资目标)、相关收益与交付收益所需的商业变更之间的详细关联。在制定收益关联网络时,各层次的利益相关者都应当参与其中,在规划收益时明确好利益相关者的权重,综合考虑顾客、股东、供应商等多方意见。在本书探讨的这些基本单元之外,Ward 还提出最高层应有战略的驱动因素,这通常涉及政治、经济、市场环境,源于更深层次的战略规划意图,此外,还有支持性活动

(例如规章制度的设定)与基础设施(例如信息系统的构建、组织社交平台的搭建等)活动等。本书的目的是深入挖掘从战略到项目执行的过程,明确从抽象的战略到可解释、可衡量的项目收益的实现路径。这些活动并不在项目组合收益管理范围内,而是作为组织层次的外部支撑,通过项目组合的稳定性、内部沟通的灵活性等性质产生作用。

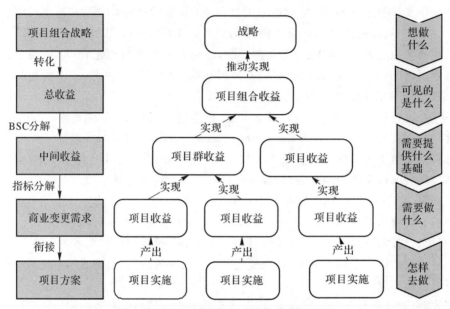

图 5-5 基于 BDN-BSC 的收益分解流程

在关联备选项目/项目群时,Carlos 提出并非所有的项目都能与构建出的收益关联网络相匹配,如企业能力构建项目、风险规避项目、外部项目等常常需要界定其各自的收益评定标准,并将它们关联到项目组合收益关联网络上;此外,对于组织已经在实施的项目,可通过自下而上的方式定义其收益,再将它与收益关联网络匹配。能够进入项目组合的备选项目必须在一定程度上支撑收益的实现,或者说是实现预期的企业变更;无法关联预期收益的项目,或者对收益的实现程度无法达标的项目将被筛选出项目组合,不予进一步讨论。

(2) LH 公司项目组合管理的背景。LH 信息科技有限公司于 2008 年成立于上海,是一家面向物联网与移动通信领域的软硬件设计公司。LH 公司的主要业务包括研发与设计蓝牙技术与 WiFi 通信的无线系统级芯片,以及搭建物联网软件平台;目前,该公司的产品被广泛应用于智能家居、可穿戴电子设备、工业自动化、医疗保健等场景中,已占据一定的市场份额。为了灵活应对市场变化、提升公司的核心竞争力,LH 公司引入项目化管理思想,将原本被看作经营管理任务的产品研发、市场推广、质量改进等工作转化为项目进行统一管理,并成立项目管理办公室,采取矩阵式管理结构扁平化公司的组织结构,促进公司内部项目团队的沟通与协调。项目管理办公室负责协调高层管理者与项目经理,并承担制定项目选择决策、配置资源、对项目/项目群优先排序、监控项目组合的实施等决策任务。

然而,目前 LH 公司在进行多项目决策时,大都依据对单个项目进行论证,并制定相应的优先级,但没有考虑组织整体的项目执行情况,导致选择的项目无法有效地支撑战略,时常发生一些部门抱怨重要的项目得不到支持的情况。此外,在项目组合实施过程中,资源冲突明显,项目的失败率居高不下,形成大量资源的浪费。通过调研与分析,LH 公司缺乏有效的项

目组合收益管理过程,具体存在以下几方面问题:

1)目前对项目论证和选择的做法仍停留在申请立项的部门或者个人提交项目论证报告,由项目管理办公室参照论证报告确定是否立项的过程,缺乏科学、系统的量化评价指标体系,项目组合选择的决策主观性较强。

2)项目的选择停留在执行层视角,偏向于实现财务指标;而高层管理者难以得知选择的项目以何种形式支撑组织战略,多维度的战略目标得不到均衡,资源没有得到有效的协调、配置。

3)对单项目论证的模式忽略了项目之间的协同关系,项目群、项目组合等多项目管理模式的优势无法体现,各项目仍处于各自为战的局面。

4)在项目实施过程中,缺乏相应的管控流程,大都采取传统的 CPM,EVM 方法进行进度、成本等方面的监控,而项目战略收益则缺少相应的部门与负责人关注。

5)缺乏一个系统化的项目组合调控方法,当项目出现问题时,大都采用逐级向上级汇报的方式,为项目额外追加资金和资源,但是项目组合的实现成果并不理想。

针对上述情况,本书提出对 LH 公司应用项目组合全过程收益管理模型,从战略的角度出发,构建并成功实施满足战略需求的项目组合方案做铺垫。

(3)LH 公司项目组合收益评价指标体系的构建。将战略进行项目化分解形成收益指标体系,是一项较为复杂与困难的工作,它既要反映短期目标,又要体现长远规划,并且随着具体组织的环境、战略目标的性质、项目特征等因素的变化而有所不同。总体说来,进行战略的项目化目标分解,需要遵循以下几项原则:

1)全面性与科学性原则。战略项目化分解的维度应当设置得全面、合理,能明确地反映战略的本质特征,有精确的内涵、计算范围与外延;收益指标体系需要以战略目标为依据和中心,保持与战略的始终一致,能够充分、全面、客观地描述和表示组织战略。

2)系统性原则。组织战略需求的维度很多,选取的决策指标也非常复杂,因此需要进行系统的分析与判断。首先应强调分解的维度不能够过于繁杂,过于繁杂的体系会加大战略贡献评估的难度;同时也要考虑不能够将一些重要因素遗漏在外,那样就难以反映战略所需实现效果的内在本质。应当从整体入手,设定指标体系的结构与指标数量,统一协调、层次合理,系统地反映企业战略。

3)针对性原则。对战略进行分解需要考虑所针对的对象,即项目与项目组合的特征,考虑它们能否实现这样的收益,以及所分解所得的收益指标能否反应对项目或者项目组合的要求,对项目或者项目组合能否起到导向作用,而并非构建对整个组织构建普适性的战略需求指标体系。此外,对于评语集的选取、评价值的设定等,也应充分考虑项目的特征。

4)可度量性与可操作性原则。分解出的战略收益指标应可以通过设计一定的准则进行战略贡献度的定量化衡量与比较,评价这些指标的数据或信息是可获得的;考虑专家评价的特征,选取的描述性指标应符合人们的语义习惯,减少误读等问题的产生。战略收益指标体系的设计需要考虑实际操作的可能性与应用的方便性。因此,在选择指标时,应当有可量化与可收集的特性。

基于以上原则,针对 LH 公司制定的"为客户提供有效的物联网技术和解决方案,推动发展绿色科技"的愿景以及"五年内成长为客户满意度高、社会责任感强,占据中国 50% 市场份额的物联网软硬件设计公司"的目标规划。本节结合项目组合特征,首先,基于平衡计分卡的方法从四个维度对 LH 公司的战略进行项目化目标分解,提出了组织战略的四项中间收益:财务的增长、内部运营能力的提升、客户满意度的提升以及组织的学习与成长。其次,在战略收益指标的选取上,综合考虑 Chih 与 Obiajunwa 等学者构建的指标体系、PMBOK 以及调研的内部组织基准,形成 LH 公司项目组合收益评价指标体系,见表 5-1。

表 5-1　LH 公司项目组合收益评价指标体系

中间收益维度	收益评价指标
S_1 财务	(1)投资回报率; (2)投资回收期; (3)赢得值; (4)存货周转率; (5)市场份额
S_2 内部运营	(1)技术优势; (2)订单响应速度; (3)产品绩效; (4)采购管理水平; (5)质量管理体系; (6)社会责任
S_3 客户	(1)客户满意度; (2)客户投诉率; (3)遗失客户返还率; (4)客户忠诚度; (5)品牌形象; (6)客户续约率; (7)供应商满意度
S_4 学习与成长	(1)员工满意度; (2)员工接受培训率; (3)企业信息化水平; (4)发展平台

(4)LH 公司项目组合收益评价体系的优化。为了保证项目组合收益指标体系的科学性和可操作性,依据指标体系的构建原则,采用专家评定法对表 5-1 中形成的收益指标进行优化处理。笔者邀请了 10 位 LH 公司及其外部的项目管理领域的专家,其中,LH 公司内部专家 4 名,外部专家 6 名。

制定 LH 公司项目组合收益评价体系意见征询表(见表 5-2),将表格发放给邀请的各位专家,请专家在 1~10 的范围内对现有的收益评价指标体系中的指标按照重要度进行排序打分,也可在附加意见中注明对评价指标的修改、添加与删除意见。

表 5-2　LH 公司项目组合收益评价指标体系意见征询表

指标	Q_1	Q_2	Q_3	……	Q_n
评价值					
附加意见					

注：Q_n表示战略收益评价指标体系的第n个待优化指标。

回收打分完成后的意见征询表。由于篇幅限制，本书以财务维度为例进行项目组合收益评价指标体系的汇总与分析，见表5-3。

表5-3　LH公司财务维度收益指标专家意见汇总表

专家	指标				
	投资回报率 Q_1	投资回收期 Q_2	赢得值 Q_3	存货周转率 Q_4	市场份额 Q_5
专家1	9	5	4	6	7
专家2	7	6	7	2	6
专家3	5	7	6	5	7
专家4	5	4	4	4	8
专家5	8	3	5	4	5
专家6	7	7	4	6	8
专家7	6	4	4	4	7
专家8	9	5	3	7	6
专家9	8	3	5	4	7
专家10	8	5	6	5	6
综合值 V_{Q_n}	7.2	4.9	4.8	4.6	6.7

财务维度中的各项指标平均值分别为7.2,4.9,4.8,4.6和6.7。根据优化原则将综合值小于等于5分的评价指标予以剔除。可得到优化后的LH公司财务维度收益指标为投资回报率和市场份额。按照相同的方法对其他维度的收益评价指标进行优化调整，得到优化后的LH公司项目组合收益指标体系如图5-6所示。

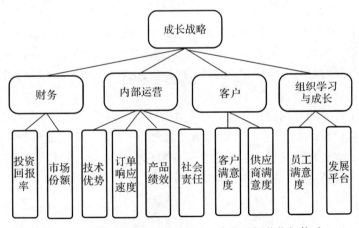

图5-6　优化后的LH公司项目组合收益评价指标体系

2.面向战略衔接的项目组合收益配置过程

所谓战略衔接，是指将战略目标落实到具体的项目上，实现组合内的项目都能够部分承载组织的战略需求的过程。目标协同是项目与战略有效衔接的基础。在这一过程中，组织战略可以被分解为项目组合目标收益、项目群目标收益与项目目标收益，用于指导各项目层次的价值创造。为了增加目标的可控性，基于收益管理的方法，将战略转化为可以衡量的一系列指标，又称"收益指标"或"成功指标"，其中每一项战略收益指标都能够被量化，组织所执行的项目需要评价与这些战略收益的关联性或者说是贡献度。由于组织拥有的资源是有限的，需要在一定的约束条件下进行项目的优化选择，通过选择一组与战略最为相关的项目/项目群，将资源分配到最能实现战略需求的方向上。因此，项目组合选择需要从全局视角均衡地实现战略收益，而非以局部视角侧重于财务或者风险等某一项指标。战略的衔接与目标协同确保了组织在"做正确的事"，并为组织衡量"正确地做事"提供标准。

在进行收益规划、构建战略收益指标体系后，有效的项目组合收益配置模型保证了项目组合方案与组织战略的衔接。项目组合收益配置通过项目的评价、均衡、选择与优先级排序等步骤，有利于组织以最少的投资获得最大的收益，从而获取竞争优势。总的来看，面向战略衔接的项目组合配置需要实现以下目标：

(1)战略匹配。项目组合是为了组织战略的最大化实现而集中在一起管理的项目、项目群与其他组件，支持组织战略的实现是项目组合管理的原始动因。因此，战略匹配是项目组合选择应当考虑的首要目标。战略匹配体现了项目组合支持战略的程度，它包括项目目标与战略的一致性以及资源配置与战略需求的一致性两项基本配置内容。项目首先必须能够对组织战略的实现发挥部分作用。在本书设定的收益关联网络模型中，项目需要与一项或者多项收益相关联，无法关联组织战略收益的项目是没有价值的，应当予以剔除。

(2)战略均衡。战略目标具有多维度属性，它的每个维度都应由相关项目作支撑。而项目组合所体现的就是"不把鸡蛋放在同一个篮子里"的思想，通过多维度的均衡达到最大化实现战略、降低组合风险的目标。因此，均衡性是项目组合配置需要考虑的另一个重要层面。常见的项目组合均衡维度包括收益与风险的均衡、长期目标与短期目标的均衡、渐进型创新与激进式创新的均衡、项目规模的均衡、资源利用的均衡等多个方面。本书主要考虑战略收益的均衡配置。关于均衡性的研究大都集中于R&D项目与新产品开发项目领域，Loch& Kavadias, Cooper等学者对此问题做出探索，如用基于气泡图(Bubble Diagrams)等方法进行项目组合的均衡；PMI也将项目组合的均衡看作项目组合选择的重要环节；Kavadias等学者提出资源在项目组合内部的分配也需要同组织需求保持一致，这通常基于资源配置的优先级实现。

项目组合的选择与配置并不等同于孤立的单项目选择，应当将一组项目视为整体加以选择与管理：有些项目之间有收益的相似或者互补作用，有些项目本身不能产生收益，而是需要与其他项目成果结合才能共同创造价值。正是由于协同效应的存在，项目组合管理带来的收益将大于单个项目管理的收益之和，呈现出"1+1>2"的结果。研究认为，项目之间的协同效应与项目组合成功有正相关关系。本书主要考虑目标协同效应，通过项目之间目标的相似性与互补性协同效应保证战略目标的均衡与有效实现。

3. 面向战略执行的组合内项目收益动态管理过程

项目是战略落地实施最基本的单元，也是战略收益实现的主体。从价值链视角，即收益的实现视角来看，项目是一种临时性组织，它的功能是将资源经过一系列的过程转化成产品或服务，实现战略收益的增加。参照价值活动-战略环节-价值链的顺序，首先识别从项目启动到项目收尾的基本价值环节(任务或者活动)，进而依据项目的收益目标找到关键的战略环节，最后分析这些环节之间的联系，构建项目价值链。项目价值链既是作业链，也是资金或者实物从执行层向战略层成果的转移链条；而战略需求的信息则是以相反的方向，由战略层向执行层传递,保证资源的利用与价值目标的匹配。项目价值链内部的价值活动并不是孤立、串行存在的,这些活动彼此影响、互有交叠,直接或者间接地对项目价值的创造产生难以预期的影响,因此需要强调项目价值链的系统性,综合考虑价值链内部多个活动之间相互依存的关系,并在冲突的目标与活动间加以均衡与协调。

由于项目一次性的特征,在前期计划时不可能获知所有的信息,项目在实施过程中不可避免地受到市场与技术环境变更、客户需求变更等不确定因素的干扰。不确定因素的不可预知性迫使项目经理对项目执行状态进行控制。PMI认为项目控制的主要任务是将项目的实际绩效与项目计划作对比,分析二者的差值,评价偏差产生原因、衡量可能的纠偏方案,并采取有效的纠偏行动。挣值法是一种广泛使用的项目监控方法。结合项目进度与费用可以精准量化的特点,挣值法通过测量和计算项目进度与费用有关计划实施的偏差,判断项目在进度和费用计划的执行情况。同时,它也可以根据现有的信息估算项目的总费用和总进度,为项目经理的决策提供很好的数据支撑。已有学者将其与随机预测、人工智能等方法结合,用以提升挣值法预测的实时性与准确性,同时,质量维度也被引入挣值模型中,用于项目的整合管理。

然而,挣值法虽然在项目执行过程中能够有效地整合进度、成本,甚至于质量信息,但是却忽略了这些目标之间非线性的相关关系,只关注于执行层面的操作情况,未能从项目战略收益的角度进行整合。此外,通常随着信息的更新、新的资源或者战略的变化,项目在执行过程中可能遭遇目标或范围的改变;研究指出,当战略发生变更时,项目经理倾向于坚持原有的项目计划,忽略它对项目目标带来的变化,努力把扰动性与变更降到最低,这有利于项目经理实现预期的进度与成本等管理绩效,但是不利于实现战略收益。因此,项目经理需要理解组织战略,从战略层面动态评价项目的收益实现情况。本书在研究面向战略执行的单项目收益动态管理模型时,考虑这一职能的特征与传统项目监控方法的缺陷,强调以下三方面内容:

(1)站在系统的视角探讨单项目实施子系统。项目管理者需要对项目的战略需求加以理解,在项目监控过程中充分考虑项目部件之间的相关关系,将单项目看作一个整体进行探讨,而非孤立地进行进度或成本的优化。

(2)考虑战略变更对单项目实施子系统的影响。

在项目执行过程中,战略目标不是一成不变的,战略的变更传递到项目层次会引起项目优先级的变更、项目目标的变更等。因此,基于初始计划的项目监控模式无法满足动态收益管理的需求,项目管理者需要及时承接由战略变更带来的单项目实施子系统目标的变化,以及应对实施过程中扰动事件对系统状态带来的影响。

(3)充分考虑管理者行为因素的影响。传统的项目监控工具只是对进度、成本等"事"的监督,项目的实施过程避免不了管理者的决策过程与行为偏差的影响,对于单项目实施子系统,在完成项目收益最大化目标的同时,需要考虑这些行为因素带来的干扰。

4.面向战略协同的项目组合收益动态管理过程

项目组合通过组合内部件之间的协同关系实现战略收益的增值与创造。从项目组合的价值链视角,即在资源约束的条件下创造项目组合收益的视角来看,单个项目价值链是由相互联系、相互制约的各项价值活动组成的具有特定功能的系统。不同的系统有各自的独特性,这是它们创造价值的基础,同时它们之间也存在着资源、信息、收益等方面的协同关系,这些关系对形成更高层级的价值来说非常关键,但是往往容易被忽略或者难以被认知。通过项目组合收益管理的方式,将目标协同或者资源协同的一组项目进行统一管理,这些项目的价值链之间相互关联,共同形成新的更高层次的系统。通过纵向的集成路径,将由单项目/项目群产生的价值经由项目组合系统转化成项目组合的价值,再进一步集成形成组织系统的价值。这些集成过程能够通过有效地共享资源或者创造协同收益,提高价值链的增值力度。可以说,项目组合的价值链在综合收益的实现效率上高于单项目的价值链,对于组织战略的支撑更为有力,但是它的价值实现环节是以多个单项目为基础,依靠单项目价值链的相互作用而形成的网状结构。随着项目组合规模的扩大和涉及主体的增多,项目系统价值链纵向拓展到项目组合与组织层次,其作用时间也得以延伸,协同收益的最大化对于高层次的价值实现格外重要。这些协同关系的识别与管理可能比项目系统本身活动的管理更为复杂,因此,考虑协同关系的项目组合收益管理是组织创造核心竞争力的有力工具。

同样,由于不确定性的存在,项目组合实施系统可能无法完成预期的收益,因此需要进行持续的监控与调整。门径管理流程(Stage-gate Process)是目前组织采取最多的项目组合实施过程的评审方法,它指出项目组合需要进行周期性的组合评审、项目与项目群的评审。除了阶段性的评审外,研究提出,项目组合经理还需要对项目组合进行实时的动态协调(Fine-tuning)。这样的协调通常不涉及项目组合结构的变化,而是依据项目组合内部与外部的持续信息(战略变化信息、项目组合部件执行状态变更信息、资源需求信息等),对项目/项目群配置的资源与优先级进行调整,保持项目组合与战略的持续匹配。Loch 和 Kavadias 提出资源在组合内项目之间的持续调整与转移是项目组合实施过程中的常见工作。组合内的项目/项目群在业务层次少有关联,但是其收益目标或成果之间可能存在协同关系,无论是在项目组合构建还是过程决策中,均需要加以考虑。项目组合根据收益度量指标(如财务指标、利益相关者满意度指标等)评价项目组合收益实现情况并对组合内的项目/项目群的收益实现情况进行监督。若组织战略发生变更,则将变更传递给项目/项目群,进行目标的改变;如果战略未发生变更,而是由于运营层次的风险导致组合无法完成预期收益,则需要回溯至项目群/单项目管理层面,明确收益差值产生的原因,同时制定相应的调控措施。项目与项目群作为项目组合的子系统,它们的实施相对独立,在项目组合层进行信息与资源的调整与交换。值得注意的是,在项目组合中,由于资源的约束,一个或多个项目的取消其实是在为组合中的其他项目创造机会。然而,因为项目/项目管理者的心理偏差,尽管项目已经不再满足预期的收益,他们仍倾向于继续投资项目。因此,多层次的利益相关者之间的相互沟通以及透明化、定量的决策工具非常重要。高层管理者需要制定中止项目的结构化流程,保证项目组合的战略匹配。

5.2 面向战略衔接的项目组合收益均衡配置研究

本节需要解决的是组合构建过程中项目组合方案如何与目标收益关联的问题。考虑到组织战略的多维度属性,项目组合方案对战略需求的承载不仅体现在战略贡献度的大小上,还体现在组合整体对多维度目标收益的均衡实现上。然而,在项目组合配置的传统实践中,大多数组织在选择项目时偏向使用财务评估模型或统一的评价指标,导致项目组合与组织战略不匹配、收益配置失衡。本节提出在均衡资源约束前提下选取目标协同的项目方案组建项目群与项目组合,基于战略桶思想(Strategic Buckets)分析如何集成高层管理者与项目执行者之间不对称的信息,将具有相似目标收益的项目构建为同一个项目群,依据"群内项目相似性协同、项目群之间互补性协同"的思路实现项目组合方案与组织预期收益的衔接,并引入模糊聚类分析法进行模型的构建与求解。本节研究自上而下地涉及战略层、项目组合层与项目层多个层次，是项目组合收益有效管理的第一步；本节的研究成果将确保组织"做正确的项目"，所形成的项目组合方案将成为5.3和5.4节项目组合实施过程的输入。

5.2.1 面向战略衔接的项目组合收益均衡配置问题

1. 战略桶思想与项目组合目标协同

将战略桶模型与面向战略衔接的项目组合收益配置的流程相结合。战略目标分解成的子目标可以对应为项目组合的中间收益，每一项中间收益都可以用一个或者多个项目群实现（本书为了简化，设定每项中间收益对应一个项目群）。对子战略目标分配资源形成战略桶并将备选项目分配到战略桶的过程，对应资源在项目群方案之间的分配以及按照项目目标构建项目群的过程。因此，可以将基于战略桶的项目组合收益配置思路描述如下：

(1) 高层管理者主要承担分解战略并制定资源配置方案的任务。由高层管理者将项目组合的战略目标（总收益）分解成不同的子目标（中间收益）并设定权重，依据权重对各子目标分配对应的资源，并制定子目标的收益评价指标，这样的收益评价指标体系已在5.1节中加以设定与描述。高层管理者为各维度的战略目标预留资源，实现资源与战略的均衡匹配。

(2) 项目组合管理者及其他的利益相关者承担依据战略子目标构建项目群方案的职责。项目群内包含能够共同实现某一中间收益的一组项目。通过评价备选项目对收益指标的贡献，将它们按照战略贡献的相似情况组成不同的初始项目群（即划分成不同的类别），对群内项目进行评价与排序，并制定全局的调整方案，构建项目组合。

(3) 项目管理者主要依据项目经验对项目群内的项目进行选择与排序。属于不同项目群的项目具有各自不同的目标，并受各自的资源约束制约，其收益评价指标也是不同的。因此，单个项目与项目之间的对比只在项目群内部进行。

以上思想实际上体现了以资源均衡带动项目组合的收益均衡思路，它通过对高层管理者与项目经理的有限授权，将战略需求与项目经验进行了有效的集成；划分了战略重点，对同一个项目群内部（同一类别）的项目进行更有针对性的排序，避免了不同项目群（即不同类别）之间的竞争。例如在进行创新性更高的项目与财务收益高的项目选择时，若使用同一套净现值风险的评价标准，创新性高的项目必然处于劣势，而当二者处于不同的项目群并有各自的评价指标时，它们不存在直接的竞争关系，从而确保了不同的战略维度能够有足够的资源及有效的项目实施。

基于战略桶的项目组合配置体现了目标协同的思想。它与项目组合选择一般性研究的区别在于，在项目组合选择研究中，无论是利用多指标评价还是运筹优化模型，在大多数情况下，它们对所有的备选方案采取的是"一刀切"的评价标准（One-size-fits-all Criteria），忽略了收益的差异性与不同类别项目的特征；它们以单一的战略贡献度的评分值为项目选择依据，较少考虑项目与项目之间在战略目标上的协同效果。对项目组合选择研究从具体的方法角度来看，研究成果非常丰富，方法的运算效率和准确度都比较高，但是大都关注的是"选择"这一活动，对以"匹配"战略为目标的项目群/项目组合方案的构建过程支持性较弱。而基于战略桶思想的项目组合配置在项目选择的环节之前设定了依据战略贡献相似度进行分类（Categorization）的环节，保证支撑各中间收益的项目群内项目目标相似，实现"项目群内目标相似性协同"；不同的项目群支撑的子目标维度是不同的，它们以互相补充的方式实现"项目群间目标互补性协同"。在这样的协同模型下,项目组合管理者将组织多维度的战略目标落实到具体的项目/项目群中,能够将实现相同收益的多个项目组建成适宜的项目群,并依据资源约束进行项目在项目群之间的调整、完成项目组合的均衡配置。

根据上述分析,如何分类(即将实现相同收益目标的项目归为一个项目群的过程)是实现项目组合收益均衡配置与目标协同的关键。Crawford 等学者在研究中发现,对于同时实施多个项目的大型组织来说,它们长久以来都对不同类型的项目进行标记与分类,然而,这些分类并没有受到管理者的重视(很多情况下都被认为是理所当然的,往往依据个人的经验进行临时性决策),因此并不具备较为完整与系统的理论基础。PMI 在《项目组合治理标准》中将分类作为独立的步骤,认为对项目组合部件进行分类是定义项目组合部件(Identify Components)与评价项目组合部件(Evaluate Components)的中间环节,并指出分类能够促进实现项目组合的均衡;但是该标准中只列举了可能的项目类别,并未按照项目的战略目标进行划分,也并未给出分类的具体方法。由于同一个项目可能对多个收益目标产生贡献,它究竟应当归于哪一个项目群,是难以明确界定的。此外,项目组合并不等同于多个项目的简单集合,对于备选项目方案的分类需要依据项目组合对战略的整体实现情况进行调整,如 Cooper 就提出,在实施战略桶模型时,可能会面临部分"桶"中没有合适的项目,决策者需要将其他"桶"中的项目抽调过来,或者制定新的项目。因此,考虑到项目分类的模糊性与灵活性,仅仅依靠决策者的直觉与经验是远远不够的,需要探索能够实现柔性划分,且易于理解的定量化的项目组合配置方法,通过有效的分类促进项目组合目标协同。

2.基于战略桶思想的项目组合收益配置流程

项目组合协同效应的获得不仅要求单个项目自身具有较高的战略贡献度,还需要组合内所有项目在各维度战略子目标均具有相似的或者互补的实现效果,实现目标上的协同一致。5.1 节内容分析了基于战略桶思想进行项目组合配置的基本思路,本节内容将详细阐述如何将战略桶思想融入项目组合配置具体流程中,明确流程中的各个步骤具体的任务、方法与难点。项目组合配置的流程图如图 5-7 所示。

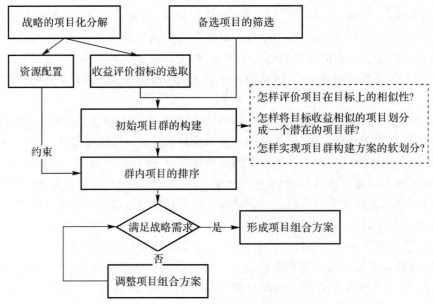

图 5-7 基于战略桶思想的项目组合收益均衡配置流程

上述框架描述的项目组合收益配置的流程主要分为以下三个步骤:

(1)战略的项目化目标分解与战略贡献度的评价——项目组合与收益的衔接过程。战略具有抽象性与多维度属性,难以传达到具体的项目评价操作过程中。首先邀请高层管理者对战略进行项目化目标分解,将全局性的组织总战略分解成能够通过项目群/项目执行而实现的、便于评价的多维度的子目标,并用收益指标描述,该过程承担企业战略向具体的项目评价与实施语言转化的任务(这一部分内容已在5.1节中阐述)。之后对各子战略目标与收益指标赋予权重,按照重要度对子目标配置相应的资源。与此同时对组织中的项目方案进行筛选,形成备选项目池。组织专家或者项目组合的利益相关者对备选项目进行评价,以备选项目或者项目群方案对战略收益指标贡献度的评价值作为其战略实现效果的量度,综合考虑高层决策者的战略意图与项目的具体信息,实现不对称信息的双向沟通与融合。经过该步骤本书研究问题被转化为多人多指标决策问题。

(2)战略贡献相似度的提出与项目组合方案的构建——项目组合目标协同的实现。兼顾战略需求的实现与组合方案目标的协同特性,应选取在各维度上均能对战略子目标共同产生贡献效果的若干个项目构成项目群进行统一管理。这些项目在战略目标上保持协同一致,所形成的群内项目在各维度战略贡献上也具有相似的特性。据此,本书定义战略贡献相似度的概念。

定义 5.1 战略贡献相似度:指 n 个项目对组织各维度战略目标贡献大小的相似程度,其值越大,则称 n 个项目战略贡献越相似,反之亦然。

战略贡献越相似的项目,在各战略维度上的贡献度都是相似的。以战略贡献相似度为依据,运用相应的计算方法(本书采用模糊聚类法),构建目标导向型项目群,即将共同实现相同战略目标的项目组建成一个项目群,群内多个项目在战略目标上具有相似性协同的特性;项目群的目标实现不同的战略需求维度,这些子项目群形成了以目标协同为基础的项目组合初始方案。

(3)项目的排序与项目组合方案的调整——最大化实现组织战略。对于已依据战略贡献相似度构建的多个初始项目群,考虑资金限制,对群内多个项目排序,再依据组合方案整体对多维度战略的实现效果进行调整,以期最大化实现组织战略。本书为实现项目调整的灵活性,采用模糊聚类方法获得各项目归属于各项目群方案的隶属度这一柔性结果。

第(1)步中的战略的分解以及第(3)步中的项目选择与排序在诸多研究中均有所探讨和描述。例如对于战略的分解研究,通常利用层次分析法(AHP)与平衡计分卡方法(BSC)对战略指标进行分解,构建相应的收益评价指标体系;对于群内项目的选择与排序,可以利用大多数项目组合研究中的方法完成。这两部分内容已有大量研究成果。因此,本书在数学模型构建时,不对这两个步骤做详细探讨,而是聚焦于实现目标协同与项目组合收益均衡配置的核心——构建项目群的步骤,即依据战略贡献相似度对备选项目进行分类以及调整的步骤。项目组合收益均衡配置的完整流程将在本章案例分析中详细阐述。

3.模糊聚类分析方法及其适用性

本章选取模糊聚类分析这一常见的非监督分类方法完成项目组合方案的构建,该方法的适用性在于:模糊聚类分析方法是依据事物间特征与相似性进行分类和区分的方法,能够有效处理专家评价的主观信息,对于多对象之间相似度的计算、考虑权重的多准则决策等问题都有一定的应用基础,在数据挖掘领域、经济管理领域有较为广泛的应用,与本书依据战略进行项目组合均衡配置的问题性质有较强的匹配度。此外，模糊聚类方法产生的结果并不是非此即彼的硬划分，而是没有明确分类界限的软划分，在本书中体现为每个项目属于项目群方案的隶属度的形式，这为后续依据资源进行方案的调整增加了灵活性。本节将对模糊聚类方法的基本原理作简要介绍。

(1) 模糊聚类分析方法。聚类分析(Cluster Analysis)是指依据特征对研究对象进行有效分类的分析方法，它通过评价样本的亲疏程度，将特征属性上最为相似的样本归为一类，保证同类样本之间的相似性以及不同类别样本之间的异质性。通常情况下，聚类分析采取距离评价和相似系数评价对样本之间的亲疏程度进行定量化描述，按照距离的方法是指将样本看作是存在于 p 维空间内的一个点，样本之间的亲疏程度则可以通过共同存在于 p 维空间的点与点之间的距离评价。评价样本间的相似系数有诸多方法，如相关系数、夹角余弦法等，依据评价出的相似程度数据，通过分类函数可以将最为相似的样本归到同一类中。

起初的聚类分析基于硬划分的思想，即样本属于且仅属于某一确定的类别，这样的划分要求类与类之间的界限明确与清晰。然而，随着实践的需要以及人们认知水平的不断提高，硬划分的方法往往无法有效解决具有较强模糊性的现实问题。Ruspini 首先将模糊集理论引入聚类分析之中，提出模糊划分的概念。随后，研究者对模糊聚类分析进行定义并提出了诸多分析算法。就模糊聚类的定义来看，本书认为 Zadeh 的定义较有代表性，即

定义 5.2 模糊聚类：对样本集 $X=\{x_1,x_2,\cdots,x_n\}$ 进行模糊聚类，将 X 划分为 C 个类，则 X 对第 i 个类的从属程度可以由隶属度函数 μ_i 表示，其中 $\mu_i:X\rightarrow[0,1]$，$i=1,2,\cdots,C$，且需要满足：

1) $\sum_{i=1}^{C}\mu_i(x_k)=1, k=1,2,\cdots,n$。

2) $0<\sum_{k=1}^{n}\mu_i(x_k)<n, i=1,2,\cdots,C$。

模糊聚类算法包括以图论为基础的最大树法、以模糊等价关系为基础的传递闭包法、以模糊集为基础的凸分解方法等。按照聚类过程的区别，可以将这些算法分成以下三个主要类别：

1) 以模糊关系为基础的聚类算法。对该类别方法开始研究得较早，主要包括系统聚类法(又称谱系聚类算法)、基于相似关系的聚类算法、基于等价关系的聚类算法以及基于图论的聚类算法等，由于它对于大规模数据的适用性不强，因此并没有在实际中广泛应用。

2) 以目标函数为基础的聚类算法。该类别方法设计简单、具有较广的研究范围，它将聚类分析看作是具有约束的非线性规划问题，通过目标优化实现样本数据的聚类和最优的模糊划分；由于这些算法能够将聚类问题转化为经典的优化问题并借助传统的非线性规划方法求解，通过计算机进行实现较为容易，所以是目前研究的热点。

3) 以神经网络为基础的聚类算法。该类别算法兴起较晚，但是已经成为目前重要的算法类型，它的核心思想是利用竞争学习算法进行网络聚类的指导。

(2) 模糊 C-均值聚类算法。模糊 C-均值算法(Fuzzy C-Means, FCM)是应用最广泛，也是较为完善的基于目标函数的聚类算法。Dunn 参照 Ruspini 有关模糊划分的定义，将硬 C-均值算法(Hard C-Means, HCM)推广为模糊聚类的形式；Bezdek 对该目标函数进一步推广，构建更具有一般性的模糊聚类的目标函数，具体如下：

$$\min J_m = \sum_{i=1}^{C}\sum_{k=1}^{N}\mu_{ik}^m \parallel x_k - v_i \parallel^2 \qquad (5-1)$$

式中，$m \in [1, \infty)$ 称为模糊加权指数，又称平滑因子。m 的选取将影响聚类结果的准确性、算法的收敛性以及目标函数的凹凸性。当 $m=1$，FCM 转变为 HCM；当 $m \to \infty$，FCM 则失去了聚类的意义。一般情况下 m 取 2。

FCM 的具体算法流程如下：

1) 初始化步骤，确定模糊聚类的类别数 $c, 2 < c < n, n$ 代表样本数。设定初始的聚类中心 V^0，迭代计数器 $b=0$ 以及迭代终止阈值 ε。

2) 基于下式计算或者更新隶属度矩阵 $U^b = [\mu_{ij}]$：

$$\mu_{ij} = \left[\sum_{i=1}^{C} \left(\frac{\| x_j - v_t \|^2}{\| x_j - v_k \|^2} \right)^{1/(m-1)} \right]^{-1}, \quad 1 \leqslant j \leqslant n \tag{5-2}$$

3) 基于下式更新聚类中心 V^{b+1}：

$$V_i = \frac{\sum_{j=1}^{n} (\mu_{ij})^m x_i}{\sum_{j=1}^{n} (\mu_{ij})^m}, \quad 1 \leqslant i \leqslant c \tag{5-3}$$

4) 当 $\| V^{b+1} - V^b \| \leqslant \varepsilon$ 或者迭代次数达到限制，则停止算法，并输出隶属度矩阵 U 和最优的聚类中心 V，否则继续执行式(5-3)。

5.2.2 基于模糊聚类的项目组合收益均衡配置模型

1. 问题描述

基于上述的理论框架，项目组合收益均衡配置问题被转化为多人多指标决策问题，该问题的决策目标是"项目组合目标协同"以及"最大化实现组织战略"。本节模型构建思路是首先依据备选项目的战略贡献相似度将其划分为多个可能的项目群，再依据项目群（项目）战略贡献度的大小以及项目群配置的资源约束，对项目群内部的多个项目进行选择与排序，依据项目组合方案对战略的整体实现情况做进一步的调整。

图 5-8 所示为项目组合均衡配置模型的主要思路。假设组织有 n 个备选项目，项目集合 $P = \{P_i | i = 1, 2, \cdots, n\}$，将组织战略进行项目化分解，构成 l 个子目标，$S = \{S_u | u = 1, 2, \cdots, l\}$，每个子目标可由收益指标描述，共形成 m 个收益指标用于评价这些子战略（为简化模型，本节涉及的指标均为一维评价指标，二维或更高层次的评价指标值均可通过实验数据预处理环节转化），收益指标集合 $Q = \{Q_j | j = 1, 2, \cdots, m\}$。

项目组合均衡配置过程将 n 个备选项目组成的集合 P 划分到 k 个初始项目群中，实现群内项目的战略贡献相似性最大、群间项目的战略贡献差异性最大。在这里，之所以不按照子战略目标维度的数量（l）进行 k 值的设定，实现划分出的项目群与最终构建的项目群一一对应，是因为本书希望通过聚类效果最好的项目群方案，最为真实、系统地反映备选项目战略贡献情况的组成结构，为决策者提供更丰富的信息，用于后期的反馈与调整。

该问题涉及的关键变量如下：

(1) 决策信息的获取。请高层决策者依据战略意图确定子战略 $s_u(u=1,2,\cdots,l)$ 的权重为 $w_u(u=1,2,\cdots,l)$，对应的权重集为 $W = \{w_u | u = 1, 2, \cdots, l\}$，以及设定各子战略对应的收益指标的权重。

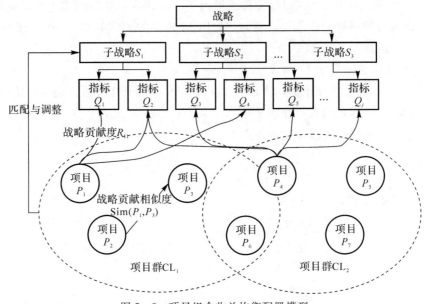

图 5-8 项目组合收益均衡配置模型

邀请 z 名专家或利益相关者评价备选项目的战略贡献度。综合并标准化评价值得项目 R_i 对收益指标 Q_j 的贡献度 R_{ij}，则 P 对 Q 的贡献度为 $R=\{R_{ij}/i=1,2,\cdots,n;j=1,2,\cdots,m\}$。

(2) 战略贡献相似度的计算。$d_j(P_1,P_2)$ 为任意两个项目 P_1 和 P_2 在指标 Q_j 上的战略贡献相似度；

$sim(P_1,P_2)$ 为任意两个项目 P_1 和 P_2 的战略贡献相似度，用于衡量两个项目在战略目标上的相似性；

$sim(U,V)$ 为项目群内所有项目的战略贡献相似度，用于衡量多项目在战略目标上的协同性。

(3) 求解过程。依据战略贡献相似度的值用聚类分析方法求解，得 $CL=\{CL_t/t=1,2,\cdots,k\}$，它表示最优的项目群方案划分。将备选项目划分为 k 类，这表示备选项目依据战略贡献相似度形成 k 个潜在的项目群，当它们与战略子目标进行匹配与调整后，形成组成项目组合方案的最终的项目群。对每个潜在的项目群来说，评价指标可能是不同的（例如对项目群 CL_1 来说，收益评价指标是 Q_1 和 Q_2）。

$U_i=\{u_{i,t}|t=1,2,\cdots,k\}$ 为任一项目 P_i 隶属于第 k 个项目群 CL_t 的隶属度集合；$C=\{C_t|t=1,2,\cdots,k\}$ 为群特征项目，任一特征项目 C_t 可代表对应的项目群方案 CL_t 在战略贡献上的整体特征。

在项目组合配置的第一个阶段，以项目目标的相似性协同为依据进行项目组合方案构建，即以 $sim(U,V)$ 所表示的战略贡献相似度最大为目标函数；对于后一阶段项目群的选择与排序过程，则以 C_t 的整体特征与每个项目群的资源约束进行进一步调整。

至此完成了问题的定义与关键变量的描述，在模型构建与求解的过程中对遇到的其他变量另行定义；之后将结合模糊聚类方法，从项目组合收益配置模型的构建、基于模糊 C-均值算法的模型求解与方案排序这两个方面进行分析与讨论。

2. 模型的构建

根据上述关键变量的描述,构建项目组合收益均衡配置模型,需要进行项目之间战略贡献相似度的计算,以及项目组合配置目标函数的构建,具体如下:

(1) 两项目战略贡献相似度的计算。进行项目战略贡献相似度的计算时,首先分析任意两个项目在各收益需求维度上的贡献效果的接近程度,在决策数据特征上,表现为两项目在每一个指标特征上的评价值的接近程度。综合每个指标上的相似度,得出两项目间的战略贡献相似度。

以任意两项目 P_1 和 P_2 为例,假设二者具有共同的收益指标 Q_1 和 Q_2,对应战略贡献度分别 R_{11},R_{12} 和 R_{21},R_{22},则存在位于同一个 xOy 二维空间(Q_1 为 x 轴,Q_2 为 y 轴)的两个点 (R_{11},R_{12}) 和 (R_{21},R_{22}) 分别代表项目 P_1 和 P_2 在两指标上的状态。两个项目在这两个指标上的战略贡献相似度由两点间的欧几里得距离计算,用 $d(P_1,P_2)$ 表示,即

$$d(P_1,P_2) = \sqrt{(R_{11}-R_{12})^2 + (R_{21}-R_{22})^2} \tag{5-4}$$

式中,$d(P_1,P_2)$ 越小,表示两点之间距离越短,即项目 P_1 和 P_2 在二维收益指标上战略贡献越相似;反之亦然。

由于任意项目 P_i 对 m 个收益指标产生贡献,P_1 和 P_2 两项目的战略贡献相似度可扩展到用 m 维空间的欧几里得距离计算,即

$$\text{sim}(P_1,P_2) = \sqrt{\sum_{j=1}^{m}(R_{1j}-R_{2j})^2} \tag{5-5}$$

式中,$\text{sim}(P_1,P_2)$ 越小,表示项目 P_1 和 P_2 的战略贡献相似度越高;反之亦然。

(2) 项目组合收益配置目标函数的计算。基于上述项目战略贡献相似度的计算,为了对 n 个备选项目进行组合方案的构建,最大化实现群内项目目标协同,可将问题目标转化为将项目集合 P 划分成 k 个最优的项目群,构建的项目群内所有项目之间的战略贡献相似度最大。本书选取模糊聚类分析这一常见的非监督分类方法完成项目群的构建过程。

两两项目间的战略贡献相似度已由式(5-5)给出,本节需要解决的问题是如何将战略贡献最为相似的多个项目进行聚类,构建多个项目群。假设通过模糊聚类算法的处理,项目集合 P 能够被划分为 k 个项目群(类)$\text{CL}=\{\text{CL}_t | t=1,2,\cdots,k\}$;存在 k 个可代表项目群战略贡献特征的聚类形心,在此定义为"群特征项目",集合为 $C=\{C_t | t=1,2,\cdots,k\}$。由于是模糊聚类,这 k 个项目群之间的交集可能不是空集。项目 P_i 到项目群 CL_t 的隶属度为 μ_{it},则可以给出反映当前项目群聚类方案优劣的参数 $\text{sim}(U,V)$ 的计算公式,即

$$\text{sim}(U,V) = \sqrt{\sum_{t=1}^{k}\sum_{i=1}^{n}[(\mu_{it})^\gamma \text{sim}^2(P_i,C_t)]} \tag{5-6}$$

式中,μ_{it} 为任意项目 P_i 对项目群 Cl_t 的隶属度;$\text{sim}(P_i,C_t)$ 为任意项目 P_i 与群特征项目 C_t 的战略贡献相似度;$\gamma(\gamma>1)$ 为模糊加权指数,表示决策者对隶属度 u_{it} 的重视程度,γ 越大表示隶属度在模糊聚类中所起的作用越大,聚类越模糊;反之则作用越小,越接近于硬聚类。本书中 γ 取 2。

由以上描述可以得出 $\text{sim}(U,V)$ 越小,项目群构建的方案越优,反之越差。则项目组合均衡配置模型的目标函数为

$$\min \text{sim}(U,V) = \sqrt{\sum_{t=1}^{k}\sum_{i=1}^{n}[(\mu_{it})^\gamma \text{sim}^2(P_i,C_t)]} \tag{5-7}$$

3. 模型求解

本书采取模糊 C-均值（FCM）算法进行模型求解。FCM 算法的优点在于运算效率高，应对大型数据可伸缩，也很常用；FCM 算法属于模式识别中的无监督学习，它不需要训练样本，可以直接通过机器学习达到自动分类的目的，而且它的软分类特性符合现实世界对象与类的关系。

但是由于 FCM 算法的运行思想是"贪心"式的，即事先设定目标函数，通过不停的循环迭代，优化目标函数值，直到目标函数值不能再优化或者达到某种标准为止。基于这种运行思想，FCM 算法一般得到的只是一个局部最优解或者满意解，无法判断其是否获得全局最优。

FCM 算法的另一个主要缺点是需要使用者提前决定将数据集分为几个簇，也就是式(5-6)中的 k 值，通常最优的 k 很难确定。本书对该问题的解决方案是将组合数从 2 到 $[n/3]$（"[ ]"为取整符号，表示小于或等于 $n/3$ 的最大整数）逐次试验，选择 $\text{sim}(U,V)$ 最小的方案作为满意方案。值得注意的是，如果必要甚至可以将 k 从 $1 \sim n$ 依次试验一遍。但是，可以看出，有大部分极端值是没有意义的。

(1) 关键参数的求解。利用模糊聚类算法求解，不是互斥地将聚类对象分配到各个簇中，而是给出对象到每个簇的隶属度。在使用的目标函数为"距离和"的形式时，项目 P_i 到项目群 Cl_t 的隶属度可由 P_iP_i 到群特征项目 C_t 的战略贡献相似度计算，计算公式为

$$u_{i,t} = \frac{\dfrac{1}{\text{stm}^2(P_i,C_t)}}{\dfrac{1}{\text{stm}^2(P_1,C_1)} + \dfrac{1}{\text{stm}^2(P_1,C_2)} + \cdots + \dfrac{1}{\text{stm}^2(P_1,C_k)}} \qquad (5-8)$$

式中，$i=1,2,\cdots,n; t=1,2,\cdots,k$；$C_t$ 可能代表一个真实项目 P_t，也可能不存在；C_t 到项目群 Cl_t 的隶属度为 1，到其他群的隶属度为 0。

假设已指定初始群特征项目 C_t，同时已得到项目 P_i 到各项目群的隶属度。本书提出基于隶属度 $U_{i,t}$ 计算群特征项目 C_t 战略贡献值的公式为

$$C_{jt} = \frac{\sum_{r_{it} \in R_j} u_{i,t}^2 = r_{ij}}{\sum_{r_{it} \in R_j} u_{i,t}^2} \qquad (5-9)$$

式中，$i=1,2,\cdots,n; t=1,2,\cdots,k; j=1,2,\cdots,m$；$C_{jt}$ 与 r_{ij} 分别表示特征项目 C_t 与项目 P_i 对战略指标 Q_j 的贡献度。

对收益指标 Q_1 到 Q_m 依次使用该公式，得新的群特征项目 $C = \{C_{jt} | j=1,2,\cdots,m; t=1,2,\cdots,k\}$。其中，$C_{jt}$ 表示 C_t 对应战略指标 Q_j 的战略贡献度，现在所得出的 C_t 将可能会替换上个方案中的群特征项目。

(2) 算法的运行步骤。可大致将算法的运行步骤分为两步：

第一步：决策者指定预期项目群数 $k, j=1,2,\cdots,[n/3]$。系统根据算法随机选取 k 个备选项目分别充当 k 个项目群的特征项目。依据式(5-8)计算出所有项目到每个项目群的隶属度 μ_{it}，得到初始项目组合方案。将项目集合带入目标函数式(5-7)中，得评价值 $\text{sim}(U,V)_1$。

第二步：针对第一步形成的方案，多次使用式(5-9)，求出新的 k 个群特征项目，重新使用式(5-8)计算出所有点到每个项目群的隶属度 μ_{it}，得到新的方案，将项目集合带入目标函数[式(5-7)]中，求得评价值 $\text{sim}(U,V)_2$。

比较 $\text{sim}(U,V)_1$ 与 $\text{sim}(U,V)_2$，若 $\text{sim}(U,V)_1$ 较小则代表初始方案更合理，算法终止，

以初始方案为最终结果;反之,对第二步进行反复迭代,直到评价值 $\text{sim}(U,V)$ 小到某种程度或者不能再继续减小为止,此时项目群聚类方案最优。

由于最优的 k 值很难确定,我们需要将 k 从 2 到 $[n/3]$ 依次试验,找到最小的 $\text{sim}(U,V)$ 值,其对应的就是最佳的 k 和最佳的项目群聚类方案。

此外,由于初始的 k 个组合特征项目也是随机选取的,在 k 值固定的情况下,多次运行算法得到的模糊聚类方案也可能不相同。因此在条件允许的情况下,有必要固定 k 值并多次运行算法,最终选择 $\text{sim}(U,V)$ 最小的方案,对应最优项目群数和项目分类方案,这个方案对应体现了备选项目的整体特征。

(3)结果分析。经过上述的项目组合配置模型求解过程,可获得以下结果:

1)最优的初始项目群数 k。对应项目组合集合 $\text{CL}=\{\text{CL}_t|t=1,2,\cdots,k\}$。将备选项目构建为 k 个项目群时,项目之间的战略贡献相似度最大,项目群内项目目标相似性最强,项目群间目标差异性最大。

2)群特征项目集合 $C=\{C_t|t=1,2,\cdots,k\}$。对每一个项目群 CL_t,均有对应的群特征项目 C_t。群特征项目作为项目群的"中心",能够代表项目群方案整体的战略贡献特征。该群特征项目可能代表一个真实的项目 P_i,也可能不存在,其对每一个收益指标,均有对应的战略贡献度。

3)项目 P_i 对应于每个项目群 CL_t 的隶属度集合 $\{u_{it}|t=1,2,\cdots,k\}$。通常情况下假设其中的最大者为 u_{it},则说明 P_i 对于项目群 CL_t 的隶属度最高,与群特征项目 C_t 最为相似,可以使用 C_t 来代表 P_i 的一些特点。对所有项目均可进行如此处理。

4)项目组合方案的调整。依据以上结果,可使用群特征项目集合 $C=\{C_t|t=1,2,\cdots,k\}$ 作为分析目标,代替项目群整体的战略贡献特征,通过计算群特征项目的战略贡献度的综合评价值,可以了解备选项目对战略子目标的实现情况。进行项目群内项目的优先级排序时,不同的项目群的收益评价指标是不同的,可以通过对计算得到的项目战略贡献度的综合评价值进行比较与优先级的设定,或者采用运筹优化等方式进一步协调。

值得注意的是,由于实际环境下的资源限制与进度要求等,有时需要对项目组合方案做进一步调整,以确保最终获得的每个项目属于各项目群的隶属度这一柔性结果,并做出相应的调整策略,具体步骤如下:

(a)按照子目标的优先级依次进行群内项目的选择;

(b)如果子目标没有相关的项目对其进行支持,一方面核查目标的可实现性,另一方面可通过组建新项目或者从其他项目群方案中抽调项目执行;

(c)如果项目群内项目过多,超出了分配的资源限制,则可以将这些项目转移给其他需要的项目群,或者舍弃。

5.2.3 案例分析

1. L 公司备选项目描述

本节主要探讨如何构建符合战略需求的项目组合方案。表 5-4 列出了 L 公司收益指标体系包含的层次与指标,经过初步筛选和公司高层人员的讨论,提出了由 18 个项目构成的备选项目集合,项目编号为 $P_1,P_2,\cdots,P_{18}$,投资总预算为 5 000 万元,各项目所需投资预算如表 5-5 所示。由于资金约束,这些项目无法全部实施。现采用本书提出的模型从中筛选项目并构建项目组合方案,使得其中的项目/项目群在战略目标上保持协同,能够均衡实现组织战略。

表 5-4 收益评价指标体系

子战略维度	收益指标
S_1 财务	Q_1 投资回报率
	Q_2 市场份额
S_2 内部运营	Q_3 技术优势
	Q_4 订单响应速度
	Q_5 产品绩效
	Q_6 社会责任
S_3 客户	Q_7 客户满意度
	Q_8 供应商满意度
S_4 学习/成长	Q_9 员工满意度
	Q_{10} 发展平台

表 5-5 备选项目所需投资信息表 单位:10 万元

项目	P_1	P_2	P_3	P_4	P_5	P_6	P_7	P_8	P_9	P_{10}	P_{11}	P_{12}	P_{13}	P_{14}	P_{15}	P_{16}	P_{17}	P_{18}
预算	23	42	30	29	31	27	18	48	35	13	51	37	45	40	54	13	27	21

邀请公司的高层决策者与项目经理共同对每个备选项目进行战略贡献度的评价。由于体系中的指标大部分为定性评价指标,且具有难测量、模糊性强的特征,因此设定相应的评价评语集,进行战略贡献度的评价与衡量,对评价结果进行均一化处理,结果列于表 5-6 中。评价子战略维度的权重为 $W=(0.25,0.25,0.3,0.2)$,认为每个子战略下属战略收益指标的权重是相等的。

表 5-6 备选项目对各收益指标的战略贡献度

项目	指标									
	Q_1	Q_2	Q_3	Q_4	Q_5	Q_6	Q_7	Q_8	Q_9	Q_{10}
P_1	0.124	0.128	0.000	0.163	0.000	0.000	0.670	0.901	0.324	0.182
P_2	0.732	0.809	0.341	0.000	0.285	0.527	0.163	0.182	0.000	0.284
P_3	0.184	0.229	0.120	0.653	0.138	0.455	0.642	0.547	0.229	0.318
P_4	0.120	0.108	0.150	0.238	0.258	0.000	0.759	0.525	0.135	0.000
P_5	0.767	0.885	0.147	0.000	0.130	0.201	0.000	0.153	0.000	0.120
P_6	0.642	0.759	0.000	0.140	0.282	0.000	0.228	0.127	0.282	0.383
P_7	0.131	0.241	0.603	0.658	0.471	0.558	0.121	0.113	0.102	0.281

续表

项目	指标									
	Q_1	Q_2	Q_3	Q_4	Q_5	Q_6	Q_7	Q_8	Q_9	Q_{10}
P_8	0.216	0.121	0.211	0.210	0.152	0.318	0.751	0.745	0.353	0.247
P_9	0.754	0.694	0.188	0.225	0.185	0.000	0.138	0.184	0.108	0.000
P_{10}	0.000	0.211	0.000	0.103	0.205	0.000	0.000	0.085	0.486	0.584
P_{11}	0.684	0.759	0.000	0.132	0.000	0.598	0.983	0.000	0.000	0.102
P_{12}	0.215	0.145	0.672	0.540	0.406	0.607	0.248	0.320	0.313	0.103
P_{13}	0.939	0.625	0.187	0.174	0.398	0.000	0.325	0.365	0.000	0.000
P_{14}	0.230	0.121	0.638	0.601	0.432	0.682	0.121	0.000	0.151	0.268
P_{15}	0.201	0.000	0.671	0.551	0.378	0.603	0.790	0.901	0.192	0.104
P_{16}	0.000	0.120	0.102	0.123	0.144	0.229	0.000	0.174	0.446	0.654
P_{17}	0.283	0.180	0.664	0.595	0.341	0.467	0.524	0.154	0.107	0.168
P_{18}	0.404	0.945	0.105	0.259	0.000	0.214	0.490	0.292	0.174	0.530

2. 项目组合收益均衡配置模型的应用

对表5-6中的对战略贡献度评价数据进行模糊聚类,将最优的项目群数k值依次设定为从2~6之间的整数,运用FCM算法对目标函数多次迭代求最小值。实验采用MATLAB软件完成。

由求解结果得知,当$k=6$时目标函数值最小,聚类效果最优,则有以下结论:

(1)最优的项目群方案数为6个,形成项目群CL_1,CL_2,CL_3,CL_4,CL_5,CL_6,说明将备选项目分为六类时,每个类(项目群)内部的项目目标最相似,每个类之间的项目差异性最明显。未经过后期调整的项目群称为初始项目群。

(2)初始项目群方案对应的群特征项目为C_1,C_2,C_3,C_4,C_5,C_6,它们在各收益指标上的战略贡献度见表5-7。

(3)备选项目对各个项目群的隶属度数据见表5-8。

表5-7 初始项目群方案特征项目的战略贡献度

项目	指标									
	Q_1	Q_2	Q_3	Q_4	Q_5	Q_6	Q_7	Q_8	Q_9	Q_{10}
C_1	0.175	0.130	0.146	0.216	0.136	0.156	0.723	0.735	0.280	0.162
C_2	0.484	0.877	0.108	0.218	0.058	0.249	0.485	0.246	0.152	0.435
C_3	0.013	0.174	0.056	0.116	0.176	0.120	0.013	0.135	0.457	0.607
C_4	0.775	0.741	0.174	0.131	0.227	0.114	0.170	0.206	0.063	0.091
C_5	0.207	0.214	0.201	0.592	0.174	0.452	0.658	0.564	0.216	0.270
C_6	0.209	0.177	0.632	0.596	0.420	0.591	0.222	0.144	0.165	0.217

表 5-8　备选项目对各初始项目群的隶属度

项目	指标					
	CL_1	CL_2	CL_3	CL_4	CL_5	CL_6
P_1	0.695	0.054	0.055	0.042	0.117	0.037
P_2	0.066	0.254	0.075	0.429	0.079	0.098
P_3	0.039	0.016	0.012	0.010	0.905	0.019
P_4	0.574	0.067	0.063	0.059	0.174	0.063
P_5	0.035	0.132	0.043	0.717	0.036	0.038
P_6	0.063	0.316	0.095	0.409	0.063	0.055
P_7	0.022	0.023	0.029	0.023	0.042	0.862
P_8	0.743	0.032	0.029	0.023	0.145	0.029
P_9	0.023	0.064	0.024	0.842	0.024	0.024
P_{10}	0.017	0.019	0.916	0.016	0.016	0.016
P_{11}	0.131	0.324	0.084	0.201	0.157	0.104
P_{12}	0.051	0.037	0.043	0.037	0.094	0.738
P_{13}	0.069	0.130	0.049	0.629	0.066	0.058
P_{14}	0.023	0.024	0.032	0.025	0.042	0.854
P_{15}	0.244	0.081	0.071	0.071	0.351	0.182
P_{16}	0.018	0.017	0.914	0.014	0.018	0.019
P_{17}	0.076	0.062	0.053	0.057	0.161	0.591
P_{18}	0.022	0.870	0.022	0.043	0.026	0.016

由上述步骤求得的项目群的特征项目,可能是切实存在的项目,也可能只是虚拟的项目。群特征项目在聚类分析方法中的含义即聚类形心,依据相关性质,聚类形心能代表其所在的簇的特征。相似地,群特征项目能够代表项目群整体在战略贡献上的特征。以项目群特征项目为代表,将初始项目群方案与项目组合各维度的子战略进行匹配。将特征项目对子战略收益指标的贡献度加权,获得初始项目群对子战略的贡献程度,将每个项目群归于其贡献度最大的战略维度上;将所有的项目分配到它对应的隶属度最大的初始项目群中,获得初始项目群的组成及其战略贡献度见表 5-9。

表 5-9　初始项目群的组成情况及其战略贡献度

项目群	包含的项目	战略贡献度	支持的主要战略维度
CL_1	P_1, P_4, P_8	(0.153, 0.164, 0.729, 0.221)	S_3
CL_2	P_{11}, P_{18}	(0.681, 0.158, 0.366, 0.294)	S_1

续表

项目群	包含的项目	战略贡献度	支持的主要战略维度
CL_3	P_{10}, P_{16}	$(0.094, 0.117, 0.074, 0.532)$	S_4
CL_4	$P_2, P_5, P_6, P_9, P_{13}$	$(0.758, 0.162, 0.188, 0.077)$	S_1
CL_5	P_3, P_{15}	$(0.211, 0.355, 0.611, 0.243)$	S_3
CL_6	$P_7, P_{14}, P_{12}, P_{17}$	$(0.193, 0.560, 0.183, 0.191)$	S_2

用气泡图的方式将项目群的具体情况直观展示出来,如图 5-9 所示。可以看出目前的备选项目中,能够支撑财务和客户维度的项目数量较多,而组织成长的支撑项目较少。在战略贡献度的大小上,内部运营维度的项目群战略贡献度仅约为 0.560,学习与成长维度的项目群战略贡献度约为 0.532,低于财务维度和客户维度项目的战略贡献水平。可以得知,该公司目前提出的备选项目,在内部运营与学习与成长维度仍需加强。在后文,针对支撑各子战略的项目进行评价、筛选与排序,并进行群间项目的调整。对应每一项子战略,依据资源约束构建一个项目群,形成最终的项目组合方案。

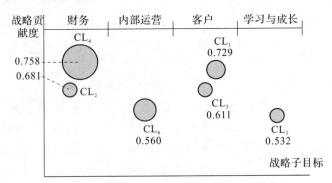

图 5-9 初始项目群对各战略维度的贡献度

3.项目组合方案的排序与调整

(1)项目组合方案的排序与调整。本书将针对四项子战略,构建由四个项目群构成的项目组合。对支撑各项子战略维度的项目分别进行排序。按照之前设定的多个子战略的权重 $W=(0.25, 0.25, 0.3, 0.2)$,将总预算分配到各项目群上,则每个项目群的预算金额为 $(125, 125, 150, 100)$(单位:10 万元),依照权重优先级分别对各个维度进行项目的排序与筛选。该步骤使用的是对收益指标贡献度加权平均的方法,实际中还可以通过运筹优化等方式进行项目群的筛选与优化。

1)客户维度。客户维度具有最高的优先级,支撑客户维度的项目有 $\{P_1, P_3, P_4, P_8, P_{15}\}$,通过加权平均的方法,按照这些项目在客户维度的战略贡献,依据重要度排序选取项目 P_{15}、P_1、P_8、P_4 对应客户维度战略贡献度的综合评价值为 $\{0.850, 0.786, 0.748, 0.642\}$,在这个维度上的项目群总预算为 1 540 万元。

2)财务维度。共同支撑财务维度战略的有两个初始项目群,而 CL_4 的表现优于 CL_2。由于 CL_4 包含的项目已超出该维度的预算,因此只需要对 CL_4 内的项目进行排序。按照战略贡献度的大小依次选取项目 P_5, P_{13}, P_2,对应财务维度战略贡献度的综合评价值为 $\{0.826, 0.782, 0.771\}$,该维度上的项目群总预算为 1 180 万元。

3)内部运营维度。内部运营维度支撑项目的总预算在目标预算之内,因此在总资源充足、可以协调的情况下,能够执行该维度的四个项目,按照战略贡献度大小的排序为 $P_{14}, P_7, P_{12}, P_{17}$,对应内部运营维度战略贡献度的综合评价值为 $\{0.588, 0.573, 0.556, 0.517\}$,该维度上的项目群总预算为 1 220 万元。

4)学习与成长维度。支撑学习与成长维度的初始项目群仅包含两个项目——P_{10}, P_{16},无法满足该维度战略需求,因此决策者需要决定是对新项目立项还是从备选项目中挑选对该维度战略贡献较大的项目实施。如果是对已有的项目调配,对于剩余的未实施的项目,选取对该维度战略贡献最大的项目共同组成项目群,可额外选取项目 P_3, P_6, P_{18},按照重要度选取的项目为 $P_{16}, P_{10}, P_{18}, P_6, P_3$,对应的战略贡献度为 $\{0.55, 0.535, 0.352, 0.336, 0.274\}$,该维度上的总预算为 1 040 万元。四个战略维度上的预算综合为 4 980 万元,低于预算额度 5 000 万元。

(2)模型的主要结论。通过以上步骤,最终该模型能够给决策者提供以下成果:

1)构建均衡实现组织战略的项目组合方案。依据战略均衡进行的项目组合方案包含四个项目群,每个项目群包含的项目及排序如下:

财务维度项目群 $\{P_5, P_{13}, P_2\}$;

内部运营维度项目群 $\{P_{14}, P_7, P_{12}, P_{17}\}$;

客户维度项目群 $\{P_{15}, P_1, P_8, P_4\}$;

学习与成长维度项目群 $\{P_{16}, P_{10}, P_{18}, P_6, P_3\}$。

对比以加权平均的方式,不经过分类的过程,仅按照战略贡献度的综合评价指标进行选取的结果。则在资源总约束下,组织选取的项目按照综合的战略贡献度排序的结果是 $\{P_{15}, P_{18}, P_{11}, P_8, P_3, P_{13}, P_2, P_1, P_6, P_{17}, P_{12}, P_{19}, P_4, P_5\}$,剩余项目为 $P_7, P_{14}, P_{16}, P_{10}$。可以看出,能够支撑内部运营以及学习与成长维度的项目均未被选择,选取出的项目在综合战略贡献度上较高,但是集中于财务和客户维度,导致项目组合失衡。由此可见,本模型的使用有助于组织均衡实现多维度的战略目标。

2)提供对各维度收益支撑效果的信息,便于反馈与调整备选项目集。决策者通过该模型能够了解项目群在各维度收益上的贡献情况,例如在学习与成长维度,尽管选取了备选项目中的其他项目以支撑该收益的实现,但是可以看出,这些项目对该维度的战略贡献效果是不理想的,因此项目决策者宜采用的最佳方式是将这一问题反馈给组织中的相关部门与团体,以立项的形式弥补这一战略维度的不足。

3)提供备选项目集合的结构特征,有助于决策者培养系统化思维。通过使用项目组合收益均衡配置模型,可以从整体的视角获知备选项目在战略贡献上的组成结构,而不是从局部视角以主观的方式选取看似优异的项目,进而使真正有必要的项目争夺资源,有助于决策者以系统化的战略思维进行项目组合管理实践。

需要强调的是,本书所提出的模型是在传统的项目选择步骤之前以聚类的方式明确了各维度的战略重点,并不是完全取代原有的项目组合评价与选择模型,在项目群内方案的排序与筛选上仍旧可以选择适宜的模型。因此在不同的情境下,应对本章所构建模型的一些细节设置进行修改。例如根据战略目标的类别不同,项目可能具备不同的性质,有的收益维度需求的资源多,有的收益维度需求的资源少,那么在子战略预算的设定上应当有所调整,而不是简单地依据权重划分。

5.3 面向战略执行的项目收益动态管理研究

项目是承载组织战略和实现商业价值的重要手段,收益的实现最终要落实到具体的单项目实践中。在这一层级,战略目标已被转化为具体可实施的项目目标(如进度、产品、质量要求等);项目经理承担着实现项目目标收益的主要任务。然而,长期以来,项目一直面临着失败率居高不下的问题。据 2015 年 Standish Group 公布的数据显示,只有 29% 的 IT 项目是成功的,有 52% 的项目被取消,19% 未能实现预期的收益。造成这种局面的重要原因之一是在当今迅速变化的环境下,不确定因素,例如战略的变更、新技术的引入、资源的冲突等,对项目实施过程产生不可忽略的影响,使项目实施结果偏离预期目标。而这些不确定因素往往是无法预估的。因此,即使组织在项目启动时已经对风险进行了准确的评估,制定了"完美"的项目计划,项目也无法按照预期的方式执行。在这样的情况下,构建充分考虑不确定性的项目动态收益管理模型、维持项目成果与战略收益的匹配,具有重要意义。

传统的项目控制方法主要遵循线性逻辑,即尽量将有偏差的项目"恢复正轨"(Back-on-track),即按照预先确定好的计划来执行。而实践与研究表明,实施中的项目是一个开放的系统,其目标和实施状态均在不停的变化之中。在动态环境中,项目必须持续地与其所处环境进行交互,在系统运行整个过程中不断适应不确定性带来的扰动。因此,项目实施过程不仅要有计划性和预见性,在应对突发事件时还需要及时制定纠偏措施,将传统的预防式(Proactive)逻辑转变为预防式与反应式(Reactive)相结合的行为模式,增强应对不确定事件的敏捷性。一些研究将这种模式称为有限规划(Bounded Planning)和互动问题解决(Interactive Problem-solving)的模式,并指出项目的价值或者收益无法提前预知,而是应当随着不确定性的揭晓被逐步定义与更新。此外,项目内部不同组件间的非线性关系使该系统更为复杂。这些关系可能导致多重反馈模型,在项目某一任务或者部件上出现的偏差可能会扩散,形成整个项目系统的危机。因此如果不综合考虑系统结构,不确定因素以及纠偏行为对项目收益产生的影响将难以评估。

由于人的决策行为主导着整个项目的收益实现过程,例如感知和汇报项目状态的变化、评价和选择纠偏方案、制定风险应对决策等,因此,在讨论项目实施的过程中,需要跳出刚性运营数据的范围,更多地关注行为因素的影响,例如利益相关者的观念、行为偏差等(例如汇报误差、承诺升级)。系统动力学方法(System Dynamics,SD)能够通过以下方式将"软"与"硬"的逻辑结合起来:在构建 SD 模型时,利益相关者需要协调系统的核心结构(主要部件、因果关系和反馈回路)并绘制因果图,该过程推动组织学习并促进理解项目的实施状态。之后进行基于计算机的仿真,该过程能够详尽地为决策者预测不确定性以及不同的纠偏方案产生的影响,以及最适宜的干涉时间。在这一步骤中,SD 模型将基于传统方法所监测到的操作层数据(如进度、成本等),为决策者提供定量化的建议。因此,SD 模型为项目实施的系统化研究提供可能。

基于以上分析,本节从战略执行的视角构建 SD 模型,综合考虑项目目标在动态环境中的变化,以及纠偏措施受行为偏差的影响。本节基于的核心理念是:项目是动态复杂系统,项目经理希望在实施过程中实现现实收益与预期收益的匹配;需要在考虑不确定性对项目实施过程的影响的情况下制定适宜的决策应对方案。

5.3.1 面向战略执行的项目收益动态管理问题

项目收益动态管理系统的主要目的是保持战略目标与项目实施的动态匹配。在战略层次,组织战略能被分解为具体的项目目标,并由收益指标描述,称之为项目的"预期收益"(例如预期的产量或者产品的预期功能);在执行层,项目在实施过程中产生的实际进展,称之为"现实收益"。预期收益和现实收益可以是独立的目标,也可以包含多维度的绩效评价指标。

环境中的不确定性将对项目收益实现系统产生干扰。在战略层产生的变更可以转化为项目战略目标上的变化。与此同时,执行层面的不确定性可能会导致项目进展上的扰动与延迟(Disruptions & Delays,DD)。在这些不确定性的干扰下,将产生收益偏差,即战略无法被项目实现,或者项目实施的成果无法满足新的战略需求等情况。这样的偏差导致决策者需要采取相应的纠偏措施(如调整进度优先级或者投入更多的资金)调整项目收益。因此,本研究的目的可以简单阐述为为了降低项目实施中现实收益与预期收益的偏差,探讨纠偏措施的制定以及行为因素影响的仿真研究。图 5-10 所示为项目收益动态管理的流程。

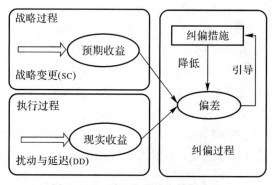

图 5-10 项目收益动态管理流程

1. 环境不确定性对项目收益的影响

项目实施过程中难免会遇到无法预知的事件,它们在项目执行之前难以被感知与分析,因此需要在系统中集成动态环境带来的影响。本节提出"战略变更"以及"扰动与延迟"两个变量,它们分别代表环境中不确定因素在目标层与执行层两个层面产生的影响。

(1)战略变更(Strategic Change,SC)。传统的项目控制依据项目对初始计划的实现情况评价,即假定项目的战略目标是固定不变的。然而,随着项目的实施,市场环境的变化以及决策者对组织更深入的了解,均可能造成对战略预期的调整。Görög & Smith 提出,战略的项目化实施需要持续不断地进行战略调整,而传统的项目管理只关注在预估资金和时间约束中如何实现计划要求。PMI 提出战略变更将引起项目组合的重新匹配,它将改变组合内项目/项目群的管理优先级或者造成项目/项目群进入或离开项目组合。Young 对澳大利亚 NSW 项目的研究表明,34%的项目在过去五年内产生了战略优先级的变更。Meyer 等提出项目的监控需要从关注对初始计划目标的实现转变到动态学习项目的现实目标任务上来。Loch 等学者强调,在动态环境下,项目的战略计划本身也会发生变化。如果不考虑战略变更,项目对初始计划的坚持将导致它与更新后战略目标的不匹配,即使项目得以有效实施,这些项目产出的也只是"过时"成果,意味着组织资源的浪费。

(2)扰动与延迟(Disruptions & Delays,DD)。扰动与延迟表示动态环境中的不确定性在项目执行层的影响。DD 这一术语经常作为影响进度和成本超支的因素一起出现。它起源于英国 Strathclyde 大学 Eden 教授及其研究团队基于系统动力学对项目进行后评价的研究。相关研究指出不确定性对项目实施带来严重的扰动,即成本和进度超支、机会的流失以及生产产品或服务的绩效降低。这些扰动中断了工作流,并可能产生额外的任务,从而延长项目完成时间,而延迟又进一步产生新的扰动,形成恶性循环。因此,不确定事件产生的影响是难以估计的。SD 模型能够直观、有效地表示这样的恶性循环,对于扰动与延迟效应、纠正偏差的管理行为以及这些行为产生的影响有较好的集成效果。当然,该方法也有一定的缺陷,对于传统项目管理方法(如项目调度)所关注的具体操作层面的信息,它无法进行详细的探讨。

2.项目收益的动态管理过程

复杂的因果关系是项目实施过程的主要特征,也是项目生命周期动态性的主要来源之一。Cleden 定义了项目关键变量之间的三种因果关系:强因果关系,表示这些关系能够被准确预测;弱因果关系,这些关系的影响需要用概率定义;只知道存在于两个变量之间,但是无法预知影响的因果关系。项目内部组件之间复杂的、多样化的联系导致对项目行为的预测仅仅依靠简单地分析项目的组成部分是远远不够的。即使项目所面临的外部风险是可度量与预知的,由于这些因果关系的存在,风险事件对项目的影响可能会被扩大或变得更为复杂、难以预测。

在项目收益管理系统中,因果关系构成了反馈回路,将增强(正反馈回路)或缓解(负反馈回路)变化产生的影响。项目收益管理系统将项目行为与目标匹配,涉及负反馈回路,而纠偏行为也往往依据偏差的大小而产生相应的变更。项目实施过程的动态反馈回路如图 5-11 所示。由图可以看出,当不确定性产生战略变更或扰动与延迟后,项目的现实收益与预期收益出现偏差。两者之间的偏差作为信号提醒决策者需要采取纠偏行为。纠偏行为有助于提高实际收益,从而降低偏差,缓解不确定事件带来的影响。这样一个监测偏差、制定纠偏决策以及重新评估的过程构成了项目实施系统的核心反馈循环,这样的循环持续上演,直至项目收尾。此外,在具体的项目中,可能存在更多的因果关系和反馈回路。

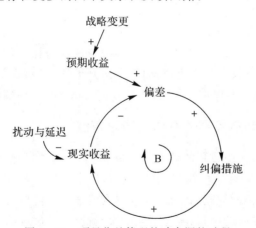

图 5-11 项目收益管理的动态调整过程

3.纠偏流程与措施

纠偏流程是指调整项目的实施状态、降低收益偏差的过程。分析项目应对不确定性的过程,从项目偏差的监控以及具体纠偏措施的制定两个方面进行探讨(见图 5-10 和图 5-11)。通过对偏差监控传递产生纠偏措施信号,帮助减少与控制偏差。

(1)偏差的监控。对于偏差的监控,大部分研究将其看作对项目绩效进行阶段性地评价与反馈、调整的过程。Crawford & Bryce 研究了非政府组织项目的监测与评价,提出监测是为了控制的目的而获取数据和分析的动态流程,评价是以学习为目的的阶段性(通常中期或者后期)检查。监控的目的在于动态获取项目的现实实施情况与变化的预期目标之间的偏差,并提供实时的控制决策建议。这些监控活动与阶段性评价制定的决策(例如中止/增加新项目)相比,更具有实时性与渐进性。

正如研究背景所强调的,传统基于网络的项目监控方法(如 CPM,EVA 等)局限于对具体绩效维度的狭隘关注,无法考虑非线性信息,并持有将项目恢复到初始基准的线性思维。系统动力学方法适用于分析和构建复杂社会系统,对于偏差的监控有如下三点优势:①SD 采取了系统的和全面的思维,因此能够综合考虑项目的战略成果;②SD 关注不同项目组件之间的动态关系,因此,通过以开放式系统的观点看待项目实施以及考虑多样的反馈影响,能够使变化产生的整体影响(如外部环境的干扰、行为因素的影响等)切实可见;③SD 能够详细描述主观因素,将主观因素产生的影响通过变量集成到系统中,便于综合考虑管理者行为。Love 等利用系统动力学方法研究了突发性扰动在工程项目中对预期工作进度的影响,提出应当构建与提升工程项目及时应对变化的能力。White 明确了项目控制活动的关键变量,将系统动力学用于 NASA 项目的控制过程。然而,目前在系统动力学研究中,多数文献在研究项目监控活动时都以任务层面重复工作(Rework)的循环为核心,对项目的战略实现效果进行监控的研究较少。

(2)纠偏措施。组织通过更改投资战略或者项目的执行状态去提高项目绩效,称为纠偏措施(Remedial Actions 或者 Corrective Measures)。Huchzermeier 和 Loch 认为在执行阶段,决策者有提升或者放弃项目的灵活性。Lyneis 和 Ford 采取系统动力学方法,提出项目的两种纠偏措施:降低绩效目标,例如更改里程碑的截止日期、缩小项目范围或者调整预算;增加资源投入,例如雇佣更多的员工或者加班工作。他们指出纠偏措施的目标就是调整生产率或者减缓进度超支现象,使项目进度满足里程碑计划要求。Son 和 Rojas 从项目经理的个体态度视角评估项目的管理进程,构建了针对工程项目的计划与控制模型,旨在考虑乐观偏差的情况下,缩小实际生产率与预期生产率的偏差;他们还提出,对于预期资源的调整往往依据偏差与单位生产率的比值来设定。Meyer 等学者从个体决策的视角探讨纠偏措施,认为如果项目无法实现预期的目标,有三种投资策略可供选择:承诺升级(Escalation),即追加比计划更多的投资;保持不变(Persistence),即保持计划投资;中止(Terminate),即抽调所有的投资。

5.3.2 项目收益动态管理的系统动力学模型

基于对 LH 公司项目实施过程的调研与分析,本书提出项目收益动态管理的标准化模型(Stylized Model),用以应对项目实施环境中的动态变化。标准化模型是指只关注模型中的核心要素,尽量隐去具体案例的规则与特征,从而寻找普遍性结构、具备较强的通用性模型;它能够集成比案例模型更为复杂的因素,实验不同的决策情境,通过对标准化模型的研究能够提取系统行为的一般模式或能观察到案例模型所无法观察的复杂现象。在系统动力学研究领域,已有学者通过构建通用性强的系统动力学标准化模型,探讨组织中动态复杂的现象,如 Repenning 和 Sterman 发表的一些文献。

1. 项目收益动态管理系统的标准化描述

项目收益动态管理决策包括调整资金与进度,以实现项目实施成果与项目战略目标的动态匹配。相对应地,项目收益管理系统可以看作由三个子系统组成的系统,即目标子系统(战略过程)、项目实施子系统(战术过程)和投资子系统(资源配置过程)。如图 5-12 所示,目标子系统的输出是预期收益,也是项目的战略目标,需要与组织战略保持一致。一般来说,预期收益都是在项目计划时规定好的,但如果战略发生变化,也应相应地对其进行修改。项目实施子系统包括执行层的一系列活动,它消耗投资子系统的资金,并产生现实收益。由于不确定性的存在,项目实施子系统与目标子系统输出成果之间存在偏差,这些偏差要求投资子系统调整投资,以缩小现有的差距,这是纠偏流程的一部分。投资子系统因此需要做出是否调整,以及调整量是多少的决策。这三个子系统动态交互,共同影响项目实现的最终价值。

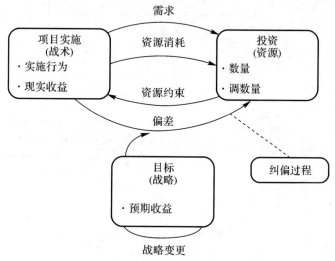

图 5-12 项目收益动态管理的标准化模型

项目实施过程中的不确定性是本书研究的主要对象,除了将它们的影响以战略变更及扰动与延迟两种方式集成到系统中之外,还需要探讨不同类别的不确定因素对整个实施系统产生的作用。因此,本书根据不确定事件发生频率和影响力的大小,将作用于项目实施系统的不确定性分为两类进行分别建模:

(1)持续性风险。持续性风险是对项目实施过程的持续性干扰,这一类型的不确定性在项目实施中较为普遍,往往由一些常见的活动产生,例如员工生产率的降低,或者在执行过程中对项目目标的细微调整。持续性风险的影响不足以使项目停止,但是它具有长期作用,因此需要监测和控制。

(2)突发性扰动。突发性扰动源于一些离散的、发生频率较低的事件,但是这些事件一旦发生了,它们将对项目实施系统带来重大的干扰,甚至是危机,例如政策调整、市场改变,以及某一关键设备停工等。这些事件的一次性特征和模糊的特性使得它们很难被预防,目前有一些研究试图界定扰动的来源,而本书则将界定两个扰动事件——战略中断与资金短缺,并讨论如何采取相应的应对措施。

2.系统动力学模型的构建

基于以上的标准化模型结构,进一步对系统要素的相关关系进行剖析。本书构建了项目收益管理的系统动力学模型(见图 5-13)。这一模型是依据项目实施的具体要求,借鉴受到广泛认可和验证的 SD 经典模型得来的,其中包括 Ford & Sterman,Lyneis & Ford 以及

Son & Rojas 等模型。为了提供更具通用性的管理对策,本书构建的系统动力学模型展示了项目实施的一般性结构,它不关注于具体项目的实施细节,但是能够较容易地对实际案例需求进行修改与拓展。模型的构建者在进行项目分析时,可以依据本书提出的核心系统,与项目的利益相关者共同探讨如何进行系统结构的拓展。

本书采用 Vensim DSS 软件进行系统建模与测试工作。以下将分别对目标子系统、实施子系统、投资子系统以及纠偏过程进行描述,并列举出各系统涉及的变量及其对应的方程,变量的数值均借鉴 LH 公司的实际项目数据设置。

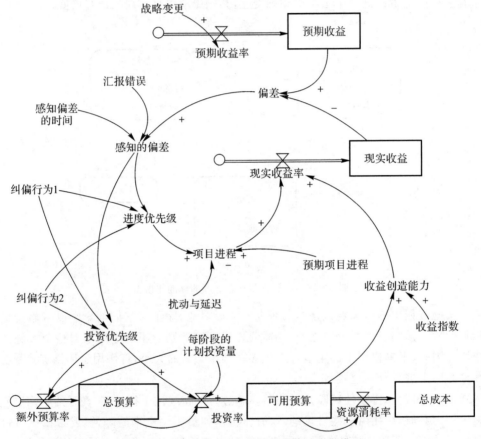

图 5-13 项目收益动态管理的系统动力学模型

(1)目标子系统。目标子系统实现了战略目标向可衡量的项目收益的转换。项目经理在每一阶段都对项目产生期望 ΔEV,例如项目计划中描述项目在每个月或每个季度应当完成的情况。这些期望随着时间的推移累积到一个总的期望值 EV,这是实施子系统需要达成的目标。由于组织可能会调整战略或者项目的优先级与目标,会影响项目的预期进展,因此用战略变更 SC 来表示这些期望的变化。目标子系统的变量与方程见表 5-10。

表 5-10 目标子系统的变量与方程

变量	变量描述	代表符号	方程
预期收益	项目所期望获得的战略目标	EV	EV=INTEGRAL(ΔEV,20)

续表

变量	变量描述	代表符号	方程
预期收益率	每一阶段项目的预期进展	ΔEV	$EV = \Delta EV_0 + SC$ $\Delta EV_0 = 20$
战略变更	预期收益的变更,可以是正向的(希望通过项目获得更多)或负向的(项目不再那么重要)	SC	正向:STEP(5,20) 负向:STEP(−5,20)

(2)实施子系统。实际收益(RV)是指项目实际产生收益的累积。由于在项目实施过程中,资金的投入在转化为收益时有一定的效率问题,例如给科研人员支付的工资不会完全转化为新产品的成果,这取决于科研效率。因此,提出收益指数的概念(VCI),它是指单位投资转化为收益的比率,即在战略层面的投资收益率。这是项目实施相关文献中没有定义过的新概念。此外,实际工作进度(WP)可能由于扰动与延迟的影响(DD)低于预期值,这一变量独立于项目资源的效率。每一阶段实际完成的工作进度与投资所能创造的最大价值共同决定了项目的实际收益率(ΔRV)。实施子系统的变量与方程见表5-11。

表5-11 实施子系统的变量与方程

变量	变量描述	代表符号	方程
现实收益	项目的实际进展	RV	$RV = INTEGRAL(\Delta RV, 20)$
现实收益率	每一阶段项目的实际进展	ΔRV	$\Delta RV = VCC \times WP$
收益创造能力	可利用资源能创造的最大收益	VCC	$VCC = VCI \times AF$
收益指数	投资转化为收益的效率	VCI	常数值 0.5
工作进度	每一阶段完成的进度情况	WP	$WP = (EWP - DD) \times SP$
预期工作进度	每一阶段预期完成的进度	EWP	常数值 1
扰动与延迟	不确定性对工作进度的影响,用正态分布函数表示	DD	(0,1,0.7,0.3,0.5) Medium:RANDOM NORMAL (0,1,0.4,0.2,0.3) Low:RANDOM NORMAL

(3)投资子系统。项目的总预算(TB)是一定的,它为项目的实施设置了资源约束。在每一阶段分配给项目一定的投资以支撑项目的实施,这部分投资占总投资额的比率称为投资率(IR)。投资率最初等同于预先设定好的初始投资额(NF)。当需要采取纠偏措施时,项目经理往往选择追加额外投资的方式弥补延误。在一些情况下,投资的增加可以通过增加预算来补偿,这一额外的阶段性增加用预算外投资率(ER)表示。投资子系统的变量与方程见表5-12。

表5-12 投资子系统的变量与方程

变量	变量描述	代表符号	方程
可用预算	项目在每一阶段可用的投资额	AF	$AF = INTEGRAL(LR-CR, 0)$

续表

变量	变量描述	代表符号	方程
总预算	项目实施的投资约束	TB	常数值(2 800 或 6 000)
投资率	每一阶段给项目的投资额	IR	IR=NR×IP
初始投资额	按照计划给每个项目每阶段的投资	NF	常数值 40
阶段成本	每阶段项目实施所消耗的成本	CR	CR=AF
预算外投资率	每一阶段追加的投资	EF	ER=CR×(IP-1)
总成本	项目实施消耗的总成本	TC	TC=INTEGRAL(CR,0)

(4)纠偏过程。纠偏过程是管理者参与项目实施的具体过程。项目的战略绩效是由期望值和实现值之间的偏差来衡量的,并由项目经理经由执行层的汇报进一步感知。之后,项目经理采取纠偏措施改变投资优先级和进度优先级,分别提高(或降低)收益创造能力(资金)和加快(或减缓)工作进度。纠偏过程的变量与方程见表 5-13。

表 5-13 纠偏过程的变量与方程

变量	变量描述	代表符号	方程
偏差	预期收益与实际收益的差额,偏差越小,项目实现效果越好	D	D=1-RV/ER
感知的偏差	由决策者感知到的偏差信息,从而决定纠偏过程	PD	PD=SMOOTH(D+RE,TP)
感知偏差的时间	感知偏差所经历的时间延迟	TP	常数,这里取 2
汇报误差	汇报偏差时出现的错误	RE	RANDOM NORMAL (−1,1,mean,0.4,seed)
进度优先级	调整工作速度的标准	SP	由纠偏措施的类型与感知的偏差决定
投资优先级	调整投资的标准	IP	由纠偏措施的类型与感知的偏差决定

5.3.3 仿真结果与讨论

1. 持续性风险对项目收益的影响

本节研究项目经理如何在项目实施过程中应对持续性风险。首先,说明了战略层和执行层的持续性风险可能对项目造成的收益损失,提出"未实现收益"与"超支收益"的概念;其次,明确纠偏措施在弥补收益损失中的角色;再次,基于行为决策理论,定义两种不同的纠偏类型,即基于经验的线性调节方式和基于前景理论的调节方式,对比二者在纠正收益偏差上的效率;最后,评估纠偏过程中的汇报误差对项目实施造成的影响。

(1)不确定性导致的收益偏差。项目执行总工期为 100 个月,本章分别讨论了不确定性对战略目标和实施过程的影响。在战略变更方面,讨论两种变更方式:正向的和负向的战略变更。其中正向的战略变更代表随着项目的实施,组织认为项目比预期的更重要或者能够带来更高的收益,因此提高了它的预期收益;而负向的战略变更则代表其在战略上不再那么重要,因此预期收益降低。而对于扰动与延迟,利用随机分布函数表示,将扰动与延迟的水平分为低水平、中等水平和高水平三个档次。值得注意的是,本书研究旨在采用尽可能广的不确定水平范围去表示它们的影响,而在现实生活中,如果 DD 的水平太低,它可能处于项目经理所能容忍的范围内,因此可能不会采取任何的纠偏措施;而在较高的 DD 水平下,项目可能会被重新评估或者计划,甚至被取消。

在期望的平衡态下,现实产生的收益等同于预期收益,因此偏差应当逐渐趋于 0,而项目的现实收益趋于与预期收益相等。图 5-14(a)显示了战略层面的不确定性所造成的潜在损失。对于正向 SC,在期望收益增加的情况下,由于工作进度与投资没有相应地加快或增加,项目实施产生的现实收益未随之增加,也就导致了新的预期收益 EV 无法得到满足,"未实现收益"的问题随之产生。与之相反,对于负向的 SC,将引起 EV 的降低,也会导致另一种形式的损失,即"超支收益"。即项目不再需要完成既定的收益目标时,它已无法为组织创造价值,然而资源仍被不断地投入该项目。图 5-14(b)显示了在执行层面的扰动与延迟造成的损失。由于 DD 的存在,项目所能产生的收益降低了,而对它的预期并未降低,也就意味着项目产生的价值无法满足预期收益,这也将导致"未实现收益"的问题。为了尽可能完善地设置项目实施的不确定环境,本章通过结合不同的 SC 类型和 DD 水平,设定了六种实验情境用于后续分析,详见表 5-14。

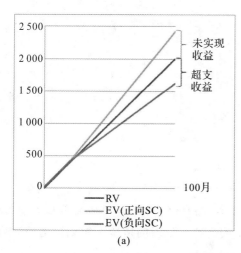
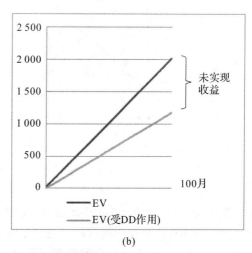

图 5-14 不确定性给项目实施收益带来的影响
(a)由 SC 带来的损失;(b)由 DD 带来的损失

表 5-14 不确定环境的情境设定

情境	战略变更	扰动与延迟
1	正向	高
2	负向	高
3	正向	中
4	负向	中
5	正向	低
6	负向	低

(2)纠偏措施的影响。对于决策者采取的纠偏措施,本章考虑决策者偏好,设定了两种方式:按照比例进行调整的方式以及基于前景理论进行调整的方式,并探讨二者在处理不确定性、降低收益损失上的效率。对于第一种纠偏措施,Lyneis 和 Ford 提出,项目经理对实施的调整量通常与偏差成比例关系,因此可以采取线性的纠偏措施表示。而基于前景理论的观点,决策者的效用函数不是线性的,在损失面前,它们往往是风险趋向型的。无论是偏差为正还是偏差为负,对于决策者来说,他们都是面临损失的,希望采取更多的行动尝试着降低损失。在偏差为正且较高的情况下,即与预期收益相比,实际收益损失较大;或者在偏差为负且其绝对值较高的情况下,即更多的资源被浪费,这些问题对决策者来说更严重。依照此思路,纠偏措施的重要性随着偏差绝对值的增长而增长。

因此定义以下两种纠偏决策类型:

1)纠偏措施 1:纠偏措施所确定的优先级是偏差的固定比率,如图 5-15(a)所示(对图中数值已进行归一化处理)。

2)纠偏措施 2:随着偏差绝对值的增长,纠偏措施的重要性也在增长,如图 5-15(b)所示(对图中数值已进行归一化处理)。

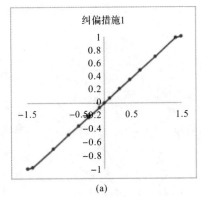 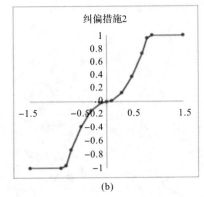

图 5-15 纠偏措施的函数

(a)线性纠偏措施的函数;(b)基于前景理论的纠偏措施函数

采取纠偏措施,能够缩小由不确定性产生的偏差,由项目创造的收益能够更好地匹配预期收益。图 5-16 所示为在正向战略变更与中等水平的扰动与延迟的情境下纠偏措施的影响。可以看出,有近一半的未实现收益得到了弥补。

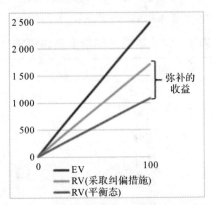

图 5-16 由纠偏措施弥补的未实现收益

本章把既不受不确定性的干扰也没有纠偏措施的项目实施结果作为平衡态(Equilibrium)的结果,并将它作为实验结果的参照,提高实验结果分析的客观性与科学性。对比在不同情境下的两种纠偏措施产生的影响,将每一种情境下没有纠偏措施而产生的收益作为基线标准。"偏差"以百分数的形式反映实际收益与预期收益的差异;"总成本"表示为初始成本的百分比倍数,将初始成本的值设定为100。表5-15列出了纠偏措施1在减少预期与实际收益的偏差时表现更好,而在情境6中,当不确定性的影响较低时,纠偏措施实际上反而扩大了偏差。此外,明显地,项目经理在降低偏差时将花费更多的成本。因此,在考虑成本时,采取纠偏措施2更为合适;在只考虑偏差大小的情况下,应当采取纠偏措施1。

表 5-15 不同情境下两种纠偏措施的偏差和成本(相对于平衡态)

情境	偏差(与平衡态对比的百分数)/(%)			成本(基准是100)		
	纠偏措施1/(%)	纠偏措施2/(%)	无纠偏措施/(%)	纠偏措施1	纠偏措施2	无纠偏措施
1	47	47	70	132	132	100
2	30	33	55	124	121	100
3	30	34	51	120	116	100
4	11	15	28	111	108	100
5	18	23	34	111	108	100
6	-2	-2	1%	102	102	100

(3)汇报误差产生的影响。汇报过程影响着项目经理对偏差的感知过程。在实践中,决策者往往无法获知项目实施的真实情况,而是由较低层级的执行者汇报,从而进行偏差的感知。因此,如果在汇报过程中产生误差,将影响决策者获知偏差的效果,从而进一步影响项目行为。

汇报误差的存在将曲解项目管理决策者能够感知到的收益PV。根据项目成员偏好的不同,将其分为保守型汇报者与乐观型汇报者两种。对于保守型汇报者来说,面临偏差时,他们希望能够争取更多的额外资源去缩小偏差,因此,将夸大实际偏差的情况,因此项目经理感知到的偏差比实际收益偏差要大,认为项目出现较严重的问题;对于乐观型汇报者来说,他们认为偏差的问题没有那么严重,或者是情况可能会在未来变得更好,因此有意或无意地隐瞒坏的消息,从而导致项目经理感受到的偏差低于实际收益偏差,认为项目实施的情况较好。为了分析汇报误差产生的干扰,采取蒙特卡洛模拟的方法进行灵敏度分析,将汇报误差看作正态分布函数,设定正期望值-0.2(保守汇报者)以及负期望值-0.2(乐观型汇报者)去表现实施者不同行为偏好。实验结果见表5-16,表中所有数值是与没有汇报误差的基线数值作比较的结果。可以看出,在汇报误差影响下,感知到的偏差与实际偏差呈现出相反的变化趋势。由于平衡型反馈回路的影响,对应于每一种纠偏措施,正的汇报误差都会降低实际偏差,通过申请更多的额外资源而加快偏差的缩小情况,然而正如情境6所表示的,可能导致对实际偏差的过度调整(反应)现象;而在采取负向汇报误差的情况下,感知到的偏差比较小,项目决策者并不会采取足够的措施去缩小偏差,因此实际的偏差会因为汇报误差而扩大。

表 5-16　不同的汇报误差类型的影响(相对于平衡态)

情境	汇报误差	纠偏措施1		纠偏措施2	
		感知的偏差	实际偏差	感知的偏差	实际偏差
1	正 RE	52	41	50	39
	负 RE	39	48	40	49
2	正 RE	41	29	36	35
	负 RE	29	38	32	40
3	正 RE	34	22	36	24
	负 RE	23	31	26	34
4	正 RE	20	8	24	12
	负 RE	11	19	14	22
5	正 RE	21	12	24	12
	负 RE	11	21	12	21
6	正 RE	7	−6	8	−4
	负 RE	−2	6	−5	4

2. 突发扰动事件对项目收益的影响

5.3.3 节第(1)部分展示了如何通过纠偏措施减少持续性风险所造成的损失,此处则描述如何应对突发性扰动所带来的影响。对于这些扰动事件影响的研究有助于帮助组织采取及时的应对措施。本节分别研究战略层和执行层常见的扰动事件——战略中断和资源短缺,从而对不确定环境下的项目实施进行较为全面的研究。

(1)战略中断。在项目实施过程中,组织可能会遭遇市场或者政策的变化,导致不再需要此项目,从而产生战略中断现象。换言之,战略中断将对预期收益产生负面影响。对这种情况的理性反应是立即停止该项目,因为该项目已经完成了自己的任务和目标,继续实施下去只是在浪费资源。但是,由于缺乏规范的战略变更感知过程或一些其他行为因素的干扰(例如项目管理者出于自身利益的考虑,不愿意放弃这些项目),组织可能不会采取终止项目的措施。为了讨论战略变更造成的实际损失,设定以下三种可能的情境并进行建模:

1)该项目立即中止;
2)该项目未被中止,也没有采取任何行动;
3)该项目未被中止,但依据感知的偏差采取纠偏行动。

实验结果表明,假设在 $t=50$ 时产生了战略中断现象。如果在觉察到危机之后放弃这个项目,不会产生多余的投资。在不放弃项目但采取纠偏措施的情境下,创造的收益率降低,但现实收益仍在增加,资源继续损耗。可以看出,纠偏措施有助于减少资源的损耗,如果照常实施项目,资源浪费量几乎为原来的 2 倍。具体的实验结果见表 5-17。

表 5 – 17　在战略中断后不同方案后的总成本对比(相对平衡态)

方案	纠偏措施 1	纠偏措施 2	终止项目	一切照常
总成本	78	72	52	100

(2)资源短缺。由于对预算的错误估计或其他项目的资源冲突,项目可能面临资金短缺的问题。假设该项目是在中等 DD 水平下实施的,实际预算仅占所需求预算的 45%。考虑资源短缺情况下的两种措施如下:

1)正常调整:采取纠偏措施,依据感知到的偏差进行调整;

2)保持收益:项目经理不断向项目提供资金以维持原有收益,而不是等待纠偏措施的调整。

当资源短缺时,如果项目经理介入,迫使项目保持原有收益,则需要更多的投资。如果纠偏措施照常执行,扩大的收益偏差会导致额外投资率上升,但这种纠偏措施不能完全弥补预算编制上的不足。

比较资源短缺情况下项目的两种应对行为,如果决策者选择保持收益,为了弥补偏差需要对项目投资持续增加,最终所消耗的费用将超过原始总预算,结果见表 5 – 18。

表 5 – 18　在不同情境下偏差与总成本的对比(相对于平衡态)

投资类型	纠偏措施 1		纠偏措施 2		没有纠偏措施	
	偏差/(%)	总成本	偏差/(%)	总成本	偏差/(%)	总成本
正常调整	39	125	43	120	57	100
保持收益	21	164	26	159	57	100

3.结果分析与讨论

(1)战略执行过程中纠偏措施的应用与承诺升级行为。本节研究、探讨了在面向战略执行的项目动态实施过程中可能发生的两种损失:未实现收益和超支收益。这些损失代表着现实收益与预期收益不一致,即项目无法实现预期目标,也可以被视为项目失败。通常情况下决策者将采取纠偏措施来处理收益偏差的问题,然而,这些措施并不适用于所有的情境。

项目承诺升级,是指"对失败项目的持续投资行为",是一种将致使重大损失的普遍现象。例如,在持续性风险作用下(表 5 – 15 的情境 1 中),由于不确定性因素的影响非常大,尽管项目在纠偏措施的作用下持续运行,项目与预期的目标的偏差也都难以得到弥补。在这种情况下,本应该考虑项目中止,纠偏措施的存在反而加剧了承诺升级行为的危害(占用更多的资源、更高的进度优先级等)。而当项目不再被需要时,例如在战略中断的情况下,当项目不被立刻中止时,通过纠偏措施撤出相应的投资能够减缓承诺升级行为的危害。

比较项目经理采取的两种纠偏措施类型(见表 5 – 15),基于前景理论的纠偏措施 2 在低水平或者持续性风险的情境下表现不佳(在实施纠偏措施后,相较于纠偏措施 1,仍具有较高的偏差,但是消耗更少的成本),而在突发性扰动的情况下表现较好(见表 5 – 17 与 5 – 18),节省了较多的资源。考虑到项目管理者的纠偏措施可能会引起组织内部难以预知的连锁反应,因此,在实践中,不明显的不确定性的影响往往是可以容忍的,项目经理没有必要采取措施应对较小的偏差。纠偏措施 2 实际上反映了这种避免过度反应(over-reacting)的思想,使仿真结果在低不确定性水平下采取的行为更符合现实情境。项目经理应当意识到偏差的影响,通过预期成本(成本或资源)和潜在收益(对偏差或者项目失败的容忍水平)的平衡确定纠偏措施的范围及其类型。

(2)组织需要构建灵活的收益汇报流程。由于由不确定性产生的影响不能提前预防,需要应对式的动态反应,因此对项目实施来说,及时的监控和顺畅的汇报流程非常重要。对决策者来说,为了更好地掌握项目实施绩效,需要强调准确的信息来源,从而减少汇报误差的产生。

从表5-16列出的有关汇报误差的实验结果可以看出,汇报误差能够对项目实施产生影响,并可能扩大收益偏差。通常情况下,当项目出现问题时,在一些情况下,项目成员倾向于隐藏这些坏消息以避免承担责任,或者持有对未来的乐观期望而采取观望的态度;某些项目的收益的偏差难以监测。因而,决策者无法充分认识到项目真正产生的问题,无法及时应对。另外,一些保守的项目成员或许会选择夸大偏差,从而争取更多的投资来完成项目。因此,项目的决策者所获知的项目情况比实际情况要糟糕,虽然这一情况下最终的项目实施结果将满足期望,因为通过更多的投资,项目能够获取更好的收益,但是也有可能产生过度反应的情况。有诸多不同的理论可以解释汇报误差的现象,例如目标的不一致性、自我辩护理论和乐观偏差等。为了避免资源的浪费,组织需要保障信息的及时性,采取激励措施与调整奖惩措施,提倡一种开放、真实与透明的组织文化环境,鼓励项目的参与主体能够积极主动地将真实项目的情况汇报给高一层级的管理人员,或者进行有效的同级之间的沟通。

(3)需要及时监测和控制突发事件的影响。突发性扰动事件通常会给项目带来严重的损失,造成项目失败与资源的重大浪费,因此需要进行及时的监测与处理。由于它们之中的大部分事件都是出乎意料的,在应急的情况下,对这些事件的微观分析能够有效帮助组织依据过去的经验制定相应的纠偏措施。系统动力学方法在这样的情境下是重要的分析工具,它通过构建项目实施系统的模型并拟合历史数据,能够有效展示项目实施的现实情况。

在单项目实施过程中,如果发生突发性扰动事件,通过对这些事件的影响建模,系统动力学工具能够帮助决策者制定不同的纠偏措施,并以仿真实验的方式设置不同的情境,探讨这些纠偏措施可能会对项目产生的影响。此外,系统动力学方法还是一种很好的学习与沟通方法,除了在建模过程中能够促进利益相关者对项目结构有系统化的理解外,在制定决策的过程中也能够通过可视化与定量化的数据帮助决策者克服行为偏差。例如,在资源短缺的试验中,决策者可能受到完成项目的压力或避免因项目失败而导致前途受损,将不断地追加投资,然而系统动力学模型的仿真结果表明,如果他们坚持实现最初的目标,最终的投资将为原先预算的两倍。这能够为他们提供一定的参考。

此外,通过集成扰动事件对项目内部组件的影响的方式,应用系统动力学方法对突发性扰动事件建模,可以帮助组织对扰动事件按照其产生的影响进行归类,避免了在实施过程中对扰动性来源的追究,也能够为有效应对后续扰动事件的影响提供借鉴。

5.4 面向战略协同的项目组合收益动态管理研究

面向战略协同的项目组合收益动态管理系统承担着在动态环境中对组合内项目进行统一协调管理、协同与集成多项的收益,从而最大化获得组合总收益的任务。项目组合收益管理系统并不等同于大型项目收益管理系统,它不是几个项目子系统的简单加和,而是在组成系统的项目单元与要素的相互作用下不断演变,并持续地与外界产生信息、能量与物质交换的动态开放系统。从5.3节的"项目收益管理"转变为本节的"项目组合收益管理",系统呈现出特有的复杂属性,主要体现在项目与项目之间的协同关系,以及参与主体立场与偏好的多样性两个方面。这也导致了在不断变化的环境下,单一项目的成功无法确保项目组合的成功,而应以战略整体视角进行协调与控制。此外,在决策时需要考虑项目组合经理与组合内各项目经理之间多层次,甚至相互冲突的目标与行为,制定更为科学的调整措施。因此,本节将系统动力学模型拓展到项目组合收益的动态管理中,探讨在项目组合层面,项目间的协同关系怎样与环境中的不确定性产生交互作用,以及在行为因素的干扰下项目组合决策者应当采取的应对措施。本节以透明、定量化的模型展现个体项目行为(如承诺升级、汇报误差等)对项目组合整体收益产生的影响,为考虑收益协同的战略实施提供建议。

5.4.1 面向战略协同的项目组合收益动态管理问题

1. 面向战略协同的项目组合收益管理层次

构建面向战略协同的项目组合收益管理模型,首先需要了解具体的项目组合实施流程以及各层级参与主体的决策活动,明确项目组合协同收益的实现途径。图5-17所示为项目组合实施涉及的三个层次,即战略层、项目组合层与单项目层,每个层次都有各自的决策职责,并与相邻级别通过共享信息进行交流。高层管理者向项目组合管理者以及项目管理者传递战略目标变更以及制定资源配置的决策;项目现实收益信息自下而上地从项目层经由组合层反馈给高层管理者。这样的信息交互过程在项目组合实施中持续进行。

(1)战略层。战略层的高层管理者定义组织战略(即项目组合的战略目标)、为项目组合配置资源并监控组合收益的实现情况。当战略发生变更时,战略层感知环境中的风险和机会,并对项目组合的目标做出调整。

(2)项目组合层。项目组合经理的职责是保持组合及其内部组件与战略的动态匹配。项目组合经理将战略目标转化为具体的项目实施战略,定义项目之间的协同关系,并做出资源的调整决策。在这一层级,项目组合经理不干涉单项目在操作层面控制的任务,而是通过监控项目收益的实现情况,判断如何通过调整多个项目之间的资源分配实现项目组合总收益的最大化。具体步骤如下:项目经理将收益的偏差汇报给项目组合经理(步骤1),项目组合经理决定如何重新分配资源(步骤2),采取纠偏措施调整项目收益(步骤3)。

(3)项目层。项目经理关注操作层面,即如何达到项目目标,如何最大限度地缩小现实收益和期望收益之间的偏差。在项目实施过程中,由于动态环境中不确定性的干扰,项目实施的现实收益往往偏离战略目标。项目经理需要监控这些偏差,并报告给项目组合经理,提出追加资源等请求。值得注意的是,对于这一阶段的项目组合来说,无论是项目群还是单项目,向项目组合经理汇报的内容都是相同的(项目或项目群的收益偏差),他们将并依据汇报内容做出相应的资源调整决策。在实施阶段,这两个子系统在项目组合系统中的角色差别并不大。因此,为了简化系统模型,本章不对项目群的内部结构作深入探讨,而是将项目组合实施系统内部组件均看作单项目子系统。

以上给出了项目组合实施多层次调控的通用性模板,经过与经验丰富的LH公司项目管理办公室(PMO)成员,以及与项目组合管理专家座谈,确认了该模型结构的准确性。当然,在不同的组织中,管理者的角色和职能可能有所区别,决策的制定也往往涉及其他的运营部门(如财务部门、市场部门等)共同协调,与本书中的模型层次相比这就更为复杂了。值得注意的有以下方面：

1）虽然在图中描述了三个层级的收益管理职责和相互关系，但是本节的研究重点是项目组合层，并兼顾它所包含的项目的实施情况。

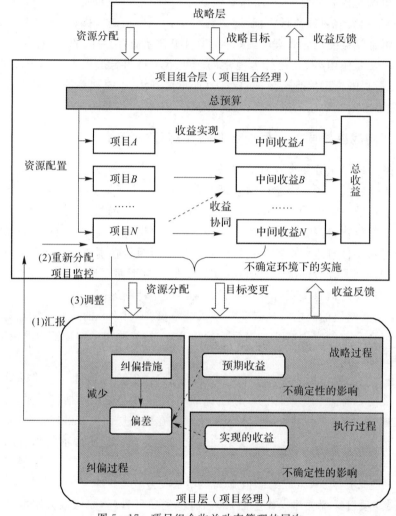

图 5-17 项目组合收益动态管理的层次

2）对于有关实施过程中组合战略的变更以及组合整体资源的重新配置等问题，由于涉及的变更范围比较广（在调整项目组合目标的同时也会带动对组合内所有部件目标的调整）、执行的流程比较复杂（需要项目/项目群的重新评估），相较于单项目目标的灵活性调整（如改变优先级），它往往需要整个项目组合的重新匹配，不适宜集成在项目组合持续性调整的实施模型中，因此本节不对战略变更进行讨论。

3）在复杂的项目组合收益管理系统中，项目子系统之间通过相关关系相互连接（如项目 $A,B,\cdots,N$ 共同竞争资源，其中项目 N 的实施对项目 B 收益的实现存在协同效应，项目 A 独立实施），子系统内部相当于"黑箱"，自负盈亏。项目组合经理不应越权干预单项目的实施细节，而应通过项目经理的汇报与资源调整请求，掌握各子系统的健康状况，并站在整体视角做出纠偏决策（即重新配置资源），对项目组合整体的发展做出监督与引导。项目组合实施活动的特征在于:以组合整体收益最大化为目标,通过资源与项目优先级的调整改变项目组合的实施情况,通过项目收益偏差的汇报感知不确定性,受多层次参与主体行为偏差干扰。

2. 项目组合层面的协同关系分析

项目组合实施系统是由若干项目与项目群子系统构成的,这些子系统之间可能会通过信息、物质等方面的交换进行相互作用。通过有效地协调这样的相互作用关系,项目子系统能够为实现战略目标而共同努力,项目组合系统呈现出单个项目管理所无法具备的特征,获得"1+1>2"的协同效应。可以说,就决定项目组合系统行为的要素来看,识别项目子系统之间的协同关系甚至比解构子系统更为重要。协同关系的存在是项目组合管理有别于多项目管理的关键特征,也是将项目关联形成项目组合整体的保障。已有一些研究强调了协同关系对项目组合决策的重要性,例如 Chao 和 Kavadias,Aritua 等,以及 Teller 和 Kock 从技术依赖、知识共享、市场依赖等多个维度对此进行了分析。De Reyck 等提出考虑协同关系以及共享资源约束有助于项目组合收益的有效管理。然而,虽然在项目组合选择时,大部分组织和学者都考虑了项目之间的协同关系,并将其评估与记录于数据库中,但协同关系在项目组合实施过程中的作用尚未得到深入的探讨,也较少有实践考虑项目间协同关系的动态影响。

由于项目组合内部的项目与项目群是相对独立的,它们之间可能不存在人员或设备使用等操作层面的依赖关系,但它们却通过目标与资源相关联;站在组织战略的角度,它们共享一个资源池,相互之间可能争夺有限的资源,它们所能实现的战略收益之间也可能存在协同关系。因此,本书界定两种类型的相关关系,即资源竞争(Resource Competition,RC)与收益协同(Benefits Synergies,BS)。

(1)资源竞争。在项目组合实施之前,组织往往为它分配了总的预算。因此,在资源有限的情况下,当组合内一个项目的资源消耗量增加,必然导致与其共享同一个资源池的其他项目资源使用量的减少。单项目控制的逻辑因此失效,因为追加的资源可能会被应用于其他能产生更高价值的项目上。对应项目组合实施过程决策来看,如果同意了一个项目的资源追加请求,由于资源竞争的存在,也就等同于间接否定组合中的其他项目,以此作为变更的代价。Loch 等提出组合中的项目在共同的资源库争夺资源,例如专业人员、资金等,资源竞争很有可能会限制项目的实施。由于项目可以看作是组织的投资,资源的损耗大部分可以转化成财务上的资金使用,因此,本书将资金作为组合内项目竞争的资源。

(2)收益协同。项目或项目群系统的实施均能创造一定的收益,即"中间收益",这些收益之间或许存在协同关系。例如当一个项目的实施对另一个项目有促进作用或者两个项目相辅相成时(例如两个产品可能对相互的市场份额有所促进),它们的实施能够产生收益协同、额外的收益增加,使总收益超过两个项目个体收益之和。相反,如果两个项目具有显著的功能上的重叠,可能导致综合收益的降低。本章研究积极的收益协同效应。

总的来说,资源竞争会约束项目组合产生的价值,收益协同能够增加单位资源所能创造的收益,因而将有限的资源转化为更高的总收益。随着这些相关关系的作用时间和强度的变化,它们的动态交互效应很难被预测或感知,如果没有相关的集成工具,则难以预测项目组合所能实现的长远收益。

3. 不确定性与项目组合收益管理过程

对于动态环境中不确定性对项目组合的影响,本节主要考虑它在执行层产生的作用,即"扰动与延迟(DD)"。扰动与延迟是不确定性作用于项目的结果,它将导致项目进度赶不上预期,造成项目子系统战略收益的偏差,进而产生资金追加的请求。由于项目之间存在复杂的协同关系,扰动与延迟的作用可能会传播到项目组合层面,其影响将由协同关系组成的增益型(或平衡性)反馈回路增强(或减弱)。因此,它对项目组合产生的具体变化的影响是难以估计的,需要综合考虑不确定性与协同关系的交互作用。

为应对不确定性的影响,单项目中采取调节生产率或追加投资的方式,使项目回归正轨。在项目组合层次,实物期权和多阶段随机规划是常见的应用于动态环境下的项目组合管理的两种方法。实物期权的相关文献提出决策者在执行过程中具有"保持""改进"或"放弃"项目的灵活性。Loch 和 Kavadias 采用多阶段随机规划模型探索项目组合的动态决策过程,认为投资决策需要分阶段制定,最优的投资策略应考虑诸多因素,如不确定的市场回报、项目的收益曲线、项目之间在市场收益与风险上的关联性等。他们强调,目前大部分研究都认为项目的投资决策是一次性的,只存在"选择"或者"放弃"项目两种。然而,实际上,资金可以在项目之间进行持续的调整。他们还强调,项目组合优化的逻辑不适用于实施中的项目:首先是数据收集的困难,其次是对于多项目优先级重新排序可能花费大量的精力和资源,可能会引起进一步的扰动与变更。而现实中投资的调整通常是连续的,为了减少偏差,额外的资金和范围变更是项目组合级别的常见请求。大多数研究都局限于预测型的风险管理方法,但没有针对项目组合实施过程中的变化提出建议。本章基于系统动力学方法,主要探讨项目组合级别的资源调整策略,将投资追加请求作为该层次的核心变更请求。

从复杂性理论的视角来看,项目组合收益动态管理系统由一系列自组织子系统构成,并受个体行为因素与协同关系的作用。项目组合经理不应该,也不能干预太多项目战术细节,而应持续专注它们所能实现的关键战略收益。本书提出项目组合经理用有限的控制活动保证项目组合总收益的实现,而项目经理有解决执行问题的自由,保证项目子系统的健康发展,通过项目组合经理与项目经理的沟通与协调,提高项目组合整体的战略收益。对项目组合经理来说,应对不确定因素、提高战略收益的调控步骤如下:

(1)步骤一:项目经理识别项目实施过程中由不确定性产生的偏差,为了弥补偏差,向项目组合经理提出资金追加的请求,一般来说追加的资金与偏差的大小呈正比。该步骤是由项目经理向项目组合经理汇报的过程,项目经理担当汇报者与执行者的角色。

(2)步骤二:项目组合经理决定是否同意项目经理的请求。如果项目组合的资源充足,能够满足所有项目应对不确定性的需求,那么就不存在决策的必要。但是,现实中,资源的局限导致决策者必须从组织层出发,依据战略收益为项目设定优先级,优先满足级别高的项目。该步骤是项目组合经理依据项目优先级进行决策的过程,项目组合经理担当决策者角色。

(3)步骤三:项目组合经理将追加的资源分配给所需项目,项目组合继续实施。然而,追加给该项目的资源可能导致其他项目资源的短缺,它们在相互竞争、相互协同之下最终实现总战略收益。该步骤是决策制定后的实施过程,产生的总收益最大,也是系统的核心目标。

4. 行为因素对项目组合收益管理的影响

行为因素对项目管理的影响已受到广泛关注。Flyvbjerg 提出项目失败的两个主要原因是心理上的乐观偏差与战略的不匹配。相关文献中探讨最多的是项目实施过程中的承诺升级行为,即项目经理虽然在出现问题的早期得到预警,但仍倾向于继续给即将失败的项目投资,即使他们知道这些项目难以恢复。许多学者从心理学的角度分析该行为的产生原因,并探讨了一系列理论,如乐观偏差(Optimism Bias)、沉没成本效应(Sunk-Cost Effect)等。本节将基于这些理论,将行为偏差(Heuristics and Biases)与欺骗行为(Lies and Errors)结合在一起探讨置身于项目组合环境下的承诺升级行为对整体收益的影响。

从项目组合的实施步骤着手,本书从项目预估、偏差的汇报和组合决策三项活动上探讨行为因素的影响(见表5-19),并详细分析这些影响基于的理论与实践基础。

表5-19 行为因素对项目组合收益管理的影响及其支撑理论

项目组合实施步骤	行为因素的影响	行为学理论基础
项目预估	预算错误(预估值低于实际需求)	乐观偏差(Optimism Bias)
偏差汇报	汇报误差	乐观偏差(Optimism Bias)、利己主义(Egoism)、目标不一致性(Goal incongruency)
组合决策	实施优先级的固化	锚定效应(Anchoring)

(1)预算短缺。在构建项目组合时,组合内的项目进行关键变量的预估。由于大多数项目活动是一次性和不确定的,项目经理对关键项目执行变量(如预算、潜在收益和相关关系)的知识是有限的。因此,对于这些变量价值的错误估计和误解并不少见。其中最常见的是预估的数值低于实际需求,该现象产生的原因可能是项目的发起者受到乐观偏差的作用,即高估好的结果,而低估可能发生的风险,导致对成本的估计无法满足应对不确定事件的缓冲要求;另外,项目发起人也有可能为了争取项目立项机会,主观地故意降低所需成本,最终导致的结果是预算紧缺,限制项目的实施,使得后期该项目需要追加投资,进而引起整个项目组合的调整。

(2)汇报误差。汇报误差产生在项目组合实施阶段。当项目偏离预期值时,汇报误差可能缩小了偏差或者夸大了偏差。缩小偏差的情况主要源于乐观偏差,即项目经理在遇到不确定事件的影响时,高估了自己控制事件的能力,低估了这些不可控事件对项目带来的影响,认为项目能够很快恢复正轨,为了避免受到责备或质疑,他们选择瞒报项目出现的问题;夸大偏差的原因是出于自利性的考虑,由于项目经理与项目组合经理的目标不一致,项目经理只关注如何更好地完成自己的项目,因此在项目出现问题时,出于多个项目动态争夺相同的资源池的情境考虑,为了追加更多的资金,他们夸大项目出现的问题。无论是哪一种汇报误差都将使项目组合决策者感知到的项目偏差与实际不符,进一步导致项目组合调整决策的不准确。

(3)项目实施优先级的固化。在项目组合启动阶段,依据重要度为组合内的各个项目设置实施优先级,即在实施过程中,优先保证实施优先级高的项目的完成。在实施过程中,决策者可能发现项目实际产生的收益与预期不同,项目的优先级需要进行调整。研究表明,在项目组合实施过程中进行优先级的调整可能会提高项目组合的整体收益。然而,项目组合决策者可能受到在锚定效应的作用。在锚定效应的作用中,人们往往探讨"不足性调整"的行为,这是指决策者倾向于固定现有的值,尽可能避免对它的调整或者在极小的范围内调整参数值。因而,即使发现初始值的设定是错误的,项目组合管理者仍不愿意改变项目间的优先级设定,导致项目组合的实施优先级固化的现象。

在接下来的研究中,将基于系统动力学仿真判断这三种行为因素是否对项目组合总收益带来损失,以及项目组合决策者应当采取什么样的具体措施应对这些因素带来的影响。

5.4.2 项目组合收益动态管理的系统动力学模型

1. 系统动力学模型的构建

基于上述理论模型,本书综合考虑项目组合的结构复杂性、组合实施中的不确定性以及参与主体的行为因素,为项目组合资源调整决策的制定构建系统动力学模型。为了便于理解,本书分析了由两个项目组成的项目组合收益动态管理系统(见图5-17)。该系统模型的构建一方面借鉴LH公司的项目组合管理实践,另一方面参考完善的系统动力学模型以及项目组合动态管理研究者(如Son和Rojas,Lyneis和Ford,Wang以及Loch和Kavadias)的相关文献。实际应用时,该模型也可以拓展到由多个项目形成的项目组合中,这些项目之间可以存在协同关系,也可相互独立。由于这些项目子系统在项目组合层面通过资源与收益相关联,而各自的实施过程都是相对分离的,因此在拓展时只需考虑多个项目之间协同关系的关键节点即可;其中,如果两个项目之间不存在收益协同关系,则"协同收益"的关联不存在,项目组合总收益等于两个项目子系统产生的收益作用之和。

图5-18描述了面向战略协同的项目组合收益动态管理系统的因果回路图,展示了项目组合收益管理系统的反馈回路与各子系统、元素之间的相关关系。项目组合收益管理系统由两个项目子系统(项目A和项目B)构成,它的核心任务是通过资源的灵活配置统筹管理组合内所有项目,保证其战略目标得以协同实现,获得最大化组合总体战略收益(项目A的现实收益与项目B的现实收益之和);项目子系统之间存在资源竞争与收益协同两种协同关系;项目子系统可能受到不确定因素的干扰而偏离预期目标,在进行组合内资源重新配置时将受到项目子系统与项目组合系统决策主体行为的干扰。

平衡型反馈环路B_1和B_2分别主导两个项目收益管理子系统。例如反馈回路B_1,如果项目组合管理者采取纠偏措施增加项目A的投资优先级,A项目获取更多的资金,其现实收益将增加,从而缩小偏差,反过来降低相应的投资优先级。

收益协同通过加强型反馈环路B_3来连接这两个项目(见图5-18中的粗体部分)。随着项目B实现的现实收益的增加,协同收益增加,项目A的现实收益率增加,项目A的偏差降低,从而项目A的投资率降低。因为总的预算是有限的,项目A资源的减少将造成项目B的资源增加,将进一步增加项目B的现实收益。

该模型的基本设置如下:

(1) 为突出扰动因素对项目组合的影响,假定项目A与项目B是性质、规模与预期收益均相等的两个项目。其中,项目A为基准项目,它不受扰动与延迟的影响;项目B在项目组合启动时具有较高的实施优先级。

(2) 项目A和项目B通过两种关系相互作用:整体的资源约束,两项目共同竞争总预算的资金;项目B对项目A产生收益协同作用,即项目B产生的实际收益有助于提高项目A的价值创造。

(3) 扰动与延迟的存在将延缓项目进度,导致项目的现实收益降低,使现实收益与预期收益之间偏差变大。项目组合经理依据汇报的偏差大小制定纠偏措施,调整两个项目投资优先级(即决定是否追加投资),保证项目组合整体收益(项目A的现实收益与项目B的现实收益之和)的实现。

第五章 面向战略的项目组合全过程收益管理研究

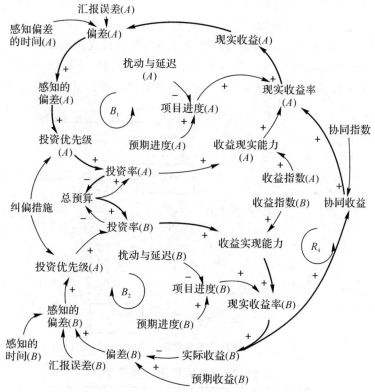

图 5-18 项目组合收益管理系统的因果回路图
注:图中粗线表示的回路为考虑协同关系的收益管理回路(R_3)

在本节中将描述该系统中涉及的变量及其表达式,在 5.4.3 节中将通过仿真实验回答以下三个问题:

(1)项目组合收益管理系统的不确定性与协同效应是怎样相互作用、共同影响项目组合整体战略收益的。

(2)项目组合过程决策与单项目控制决策有什么不同,在什么情况下决定采取纠偏措施进行组合内项目资源的调整?

(3)参与主体的行为怎样影响项目组合收益的实现效果和纠偏决策的制定?

2. 系统变量的描述

分析项目组合收益动态管理系统,可以将其大体分为三个核心部分:第一部分是项目收益管理子系统,该子系统涉及的变量与项目收益管理系统中的变量基本一致,仅在部分参数值上有所不同;第二部分是项目组合决策过程,涉及对两个项目资源的调整;第三部分是协同收益部分,主要考虑两个项目之间的协同关系。本书将第二部分与第三部分整合在一起,这些变量均代表组合层的具体活动,称作组合层变量。第一部分称作单项目层变量,具体的变量描述如下:

(1)单项目层变量。两个单项目实施子系统的结构相同,现以项目 A 为例说明系统中相关变量的设置(见表 5-20)。值得注意的是,由于项目 A 是基准项目,因此虽然在结构中注明了扰动与延迟效应的存在,但在实验过程中项目 A 免受不确定性的影响,且部分参数值的设置可能会因为实验的不同而有所改变。如图 5-19 所示,如果正常实施该项目,预期收益 EV

(A)应当与现实收益 RV(A)趋于相等,不产生偏差 $D(A)$。然而,外部环境将产生扰动与延迟 DD(A),对项目实施产生干扰,因而产生收益偏差。收益偏差的情况以及相应的资源追加请求将被汇报给项目组合经理,由项目组合经理通过调整投资优先级而调整项目的阶段性可用资金,进而增加 RV(A),减少 $D(A)$。这里的投资优先级是相对于项目 A 的初始预算的系数值,该系数值与收益偏差的大小有关,通过 Lookup 函数设定纠偏措施的具体策略。

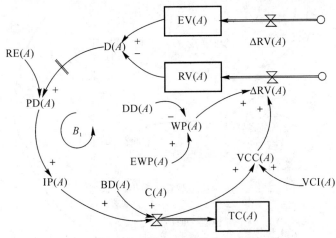

图 5-19 单项目子系统的系统动力学模型描述

表 5-20 单项目子系统变量

变量	变量描述	符号	方程
预期收益	项目所期望获得的战略目标	EV(A)	EV=INTEGRAL[ΔEV(A),25]
预期收益率	每一阶段项目的预期进展	ΔEV(A)	ΔEV(A)=ΔEV$_0$(A)+SC ΔEV$_0$(A)=25
现实收益	项目的实际进展	RV(A)	RV=INTEGRAL(ΔRV,25)
现实收益率	每一阶段项目的实际进展	ΔRV(A)	ΔRV(A)=VCC(A)×WP(A)
偏差	预期收益与实际收益的差额。偏差越小,表示项目实现效果越好	PD(A)	PD(A)=SMOOTH[$D(A)$]+RE(A),TP(A)
感知的偏差	由决策者感知到的偏差信息,从而决定纠偏过程	PD(A)	PD(A)=SMOOTH[$D(A)$]+RE(A),TP(A)
汇报误差	汇报偏差时出现的错误或误差	RV(A)	RANDOM NORMAL(-1,1,mean,0.2,seed)
投资优先级	调整投资的标准	IP(A)	由纠偏措施与感知的偏差决定
计划投资额	初始制定的项目阶段投资额	BD(A)	50
投资率	实际各阶段消耗的资金	$C(A)$	$C(A)$=IP(A)×BD(A)
成本	实际项目消耗的资金	TC(A)	TC(A)=INTEGRAL[$C(A)$,0]
收益创造能力	可利用资源能创造的最大收益	VCC(A)	VCC(A)=VCI(A)×AF(A)

续表

变量	变量描述	符号	方程
收益指数	投资转化为收益的效率	VCC(A)	常数值 0.5
工作进度	每一阶段完成的进度情况	WP(A)	WP(A)=[EVP(A)]−DD(A)×SP(A)
预期工作进度	每一阶段预期完成的进度	EWP(A)	常数值 1
扰动与延迟	不确定性对工作进度的影响，用正态分布函数表示	DD(A)	RANDOM NORMAL(0.1,mean,sd,seed)

(2)组合层变量。项目组合层变量设置见表 5-21。项目组合受到整体预算 TB 的约束，并以两个项目共同实现的总战略收益 TVC 最大化为目标。项目组合决策者通过纠偏措施 RA 进行资源调整。该纠偏措施对两个项目的作用效果可能不同，这主要取决于项目组合经理设定的各项目的实施优先级。实施优先级高的项目优先获取资源。实施优先级不作为系统中的独立变量，而是通过改变纠偏措施对项目组合实施系统产生影响。项目 B 对项目 A 产生协同作用 SE(B→A)，协同收益的产生依据项目 B 的收益实现情况变化，项目 B 实现的收益越高，它对项目 A 的贡献度就越大。将项目 B 的收益转化为协同收益的效率并非百分之百，而是需要乘以收益的协同指数 SI，以表示项目 B 的实施促进项目 A 价值创造的程度。在实验中应通过综合考虑不确定性与协同效应的相互作用，以及制定相适应的纠偏措施，以实现总收益 TVC 的最大化。

表 5-21 项目组合层变量

变量	变量描述	符号	方程
总预算	整个项目组合的资金约束	TB	常数值 10 000
总收益	两个项目创造的总收益	TVC	TVC = INTEGREAL["ΔRV(A)"]+"ΔRV(B)"
纠偏措施	对两个项目的收益调整策略	RA	由项目偏差、实施优先级等因素共同决定
协同收益	一个项目的实施为另一个项目创造的协同价值	SE(B→A)	本章研究了项目 B 到项目 A 的单项收益，AE(B→A)=RV(A)×SI
协同指数	由项目收益向协同收益转化的效率	SI	常数

5.4.3 仿真结果与讨论

1. 不确定性与协同效应的交互作用

5.4.2 节探讨了在项目组合实施过程中，若没有人为干预，不确定性与协同效应各自以及相互之间的作用能够对项目组合收益管理系统产生的影响。在这一情境下，由于资源充足，两个项目不存在竞争关系，也不受纠偏措施或者行为偏差的影响。在本小节中，首先探讨没有收益协同时，不同水平的不确定性将对总收益的实现产生什么样的作用；其次探讨协同收益对项目组合实施总收益的作用；最后讨论二者间交互作用。其中，平衡态(equilibrium)总收益是指项目组合未受到任何扰动因素作用所产生的组合收益。

(1) 不确定性为项目组合带来的收益损失。当 $SE(B \to A)=0$,项目 A 与项目 B 独立实施,扰动与延迟 DD 将在每个项目上产生偏差,从而导致了整个项目组合收益的损失。为了观察单项目不确定性对组合的影响,只研究 $DD(B)$ 的作用,以下不做具体说明时,DD 均指 $DD(B)$。将 $DD(B)$ 设定为正态分布的随机变量,均值在 $(0,1)$ 之间等间隔取值,实验结果见表 5-22。

从表中数据可以看出,不确定性将为单项目以及项目组合带来损失,而项目组合呈现出的偏差几乎是项目 B 产生偏差的一半。这是由于项目 B 与项目 A 的初始规模和收益都是相同的,当项目 B 产生收益偏差时,项目 A 不受影响,继续创造原先的价值,因此由不确定性产生的损失在项目组合层面得到了分担。在没有协同效应的情况下,组合内有多个项目同时创造同一类型收益时,项目组合对单个项目的风险容纳能力较强。

表 5-22 $DD(B)$ 对项目 B 与项目组合带来的收益损失(相对于平衡态)

扰动水平	项目 B 的收益偏差 $D(B)$	总收益偏差 D
DD(0.1)	14.00%	6.65%
DD(0.2)	21.69%	10.53%
DD(0.3)	31.15%	15.31%
DD(0.4)	41.00%	20.29%
DD(0.5)	50.89%	25.28%
DD(0.6)	60.77%	30.27%
DD(0.7)	70.61%	35.24%
DD(0.8)	79.94%	39.95%
DD(0.9)	87.55%	43.79%

(2) 收益协同对项目组合整体收益的影响。当 $DD=0$ 时,考虑协同收益 $SE(B \to A)$ 水平怎样影响总收益,图 5-20 表明了项目组合层的关联与决策过程。项目 A 阶段性的价值创造与项目 B 已实现的收益呈正比,例如当两项目均承担向市场投放产品的任务,项目 B 投放产生的品牌效应提高了项目 A 投资的收益率,且随着项目 B 实施规模的扩大,这样的效应越来越明显,协同产生的收益呈现出非线性增长关系。通过与专家讨论,设定收益指数 SI 的值在 $[0.5\%,1.5\%]$ 之间,对 SI 的数值在取值范围内做蒙特卡洛模拟,发现其影响趋势不随数值的改变而变化。因此取三个数值代表 SI 的不同水平进行举例,它们对项目组合总收益,以及对项目 A 收益的作用效果如图 5-21 所示。其中,Equilibrium_SE_Low 代表低水平的 $SI=0.5\%$,Equilibrium_SE_Medium 代表中等水平的 $SI=1\%$,Equilibrium_SE_High 代表高水平的 $SI=1.5\%$。

由图 5-21 可知,由于每个项目仅消耗固定的资源,并不在资源上竞争,且组合不受不确定性的影响,即两个项目只受收益协同 SE 这一种相关关系时的影响。如图 5-21(a) 所示,随着收益协同指数的增长,项目组合总收益呈非线性增长趋势。这是由于项目 B 的总收益实现情况不变,由于项目 A 的收益实现率是与项目 B 的收益实现情况呈正比的,因此协同效应的

存在导致了项目 A 的收益非线性增长,总收益是项目 B 与项目 A 的收益之和[见图 5-21(b)],也随之增长。这样的非线性体现了现实中随着项目实施规模的扩大,产生的协同收益递增的趋势。

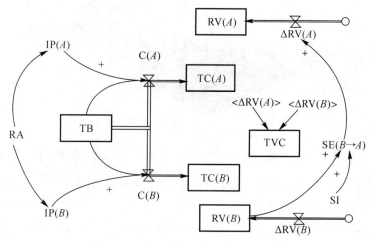

图 5-20 组合层关联与决策过程描述

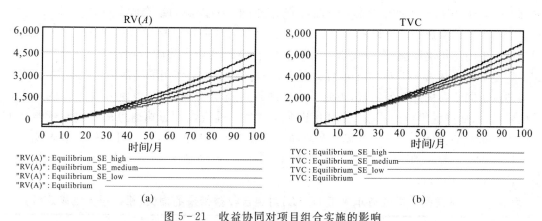

图 5-21 收益协同对项目组合实施的影响
(a)收益协同对项目组合总收益的增长作用;(b)收益协同对项目 A 收益的增长作用

(3)不确定性与收益协同的交互作用。为探讨不确定性与收益协同的交互作用,本书对不确定性以及协同收益的水平均进行随机数模拟,得到在二者相互作用下项目组合总收益相对于平衡态的偏差情况(以百分数表示),如图 5-22 所示。图中,z 轴代表项目组合总收益的实现情况,若该值大于零,则代表总收益相对于平衡态收益增加;若该值小于零,则代表在不确定性与协同效应作用下,总收益降低。x 轴代表协同指数值,y 轴代表不确定性的水平。由图 5-22 可知,总的来看,项目组合实现的收益随着协同收益水平的增加而增加,随着不确定性扰动水平的增加而减少,在二者的相互作用下,项目组合产生的收益可能高于(或低于)平衡态收益。在不同的情境下,项目组合的行为是较为复杂的,而项目组合决策者所要解决的就是如何应对这样的复杂性,并通过制定纠偏措施提高项目组合的总收益。

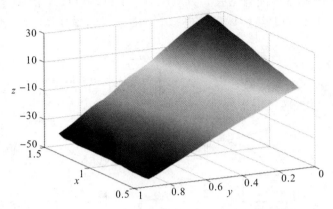

图 5-22　不确定性与收益协同对项目组合总收益的交互作用

在不确定性水平一定的情况下,当 SE≠0 时,由于受项目 B 到项目 A 的协同关系的影响,DD(B)对整个项目组合的影响将通过 SE(B→A)=0 扩大。本章对不同的 DD(B)水平进行仿真,实验结果呈现出相同的趋势。由表 5-23 可以看出,DD(B)的均值分别为 0.3,0.5,0.7 水平时,在不同的协同收益水平下,同样大小的扰动与延迟水平对项目组合整体收益的实现产生的作用。本章采用有无对比法分析 DD(B)对组合收益带来的损失,即在一定的协同水平下,受到 DD(B)作用后产生的组合总收益与没有受到 DD(B)影响的组合收益的比值,即 DD(B)对组合产生的综合影响。可以看出,相比于没有收益协同关系(SI=0),有收益协同关系时不确定性产生的作用更明显(损失比例上升),且随着协同收益指数的增加,DD(B)产生的影响扩大。原因在于尽管 DD(B)对于项目 B 的作用水平以及扰动作用的绝对值是一定的,但它的影响通过协同收益的降低而实现,进而影响项目 A 收益的实现情况,表现为项目 A 的现实收益的降低,从而降低组合的总收益;作用于项目 B 的不确定性的影响通过协同收益延伸到了整个项目组合的范畴。虽然本章模型及协同关系设置得比较简单,但是可以较为清晰地展现项目组合中普遍存在的"风险传递"(Risk Diffusion)现象[在系统动力学文献中又称"连锁效应"(Knock-on Effect)]。

表 5-23　不同的协同收益水平下 DD(B)对组合收益带来的损失(相比于无不确定性)

SI	DD(0.3)	DD(0.5)	DD(0.7)
0	15.31%	25.28%	35.24%
0.50%	16.86%	27.95%	52.25%
0.60%	17.16%	28.44%	52.64%
0.70%	17.44%	28.90%	53.01%
0.80%	17.71%	29.35%	53.37%
0.90%	17.96%	29.78%	53.71%
1.00%	18.21%	30.19%	54.04%
1.10%	18.45%	30.58%	54.36%

续表

SI	DD(0.3)	DD(0.5)	DD(0.7)
1.20%	18.68%	30.96%	54.67%
1.30%	18.90%	31.33%	54.96%
1.40%	19.11%	31.68%	55.24%
1.50%	19.32%	32.02%	55.52%

2. 行为因素干扰下的项目组合过程决策

本小节探讨项目组合管理者如何采取纠偏措施,以及行为因素对该过程产生的影响。遵从由基础到复杂的思路,本章首先探讨在关键成本参数没有预估错误,以及项目的实施优先级不产生变更的情况下纠偏措施的决策情况,以及相应的汇报误差的影响。然后分析在预算紧缺的情况下,优先级的变更可能产生的优势作用。

(1) 纠偏措施的选择。当项目出现问题时,增加投资,让它回归正轨是非常常见的途径,本章将其定义为纠偏措施。Lyneis 和 Ford 提出项目经理往往遵循基本的启发式逻辑:纠偏措施与项目偏差呈线性关系,即较高的项目偏差会需要更多的投资。Wang 等探讨了线性的纠偏措施与基于前景理论的纠偏措施对单项目实施结果造成的影响。本章也遵循以上文献中的设定,将项目出现偏差时的纠偏措施定义为与偏差呈正比例地追加项目投资。

由于 $DD(B)$ 的作用导致项目 B 产生偏差,因此,项目 B 的经理将偏差汇报给项目组合管理者,并提出追加投资的请求。项目组合管理者需要制定以下决策:

1) 决策方案 1:不采取任何措施,照常实施;
2) 决策方案 2:采纳项目 B 的请求,采取纠偏措施为其追加投资。

当资源充足时,纠偏措施能够提高项目组合的总收益,因为它们能够提升单个项目的收益。然而,在项目组合中,预算总是有限的。对于单个项目资源增加的灵活性往往导致其他项目资源的减少。换句话说,资源竞争(Resource Competition,RC)在项目 A 与项目 B 之间产生作用。

为探讨在不同的 $DD(B)$ 与 SI 的交互情境下项目组合管理者适宜的决策方案,本书将 $DD(B)$ 在 $(0,1)$ 之间的取值等间距划分为十个档次,将 SI 在 $[0.5\%,1.5\%]$ 之间的取值等间距划分为一百个档次,以求在较宽的数据范围内进行仿真实验。研究发现,在不同的 $DD(B)$ 与 SI 的组合下,项目组合决策者所应采取的决策方案是不同的。图 5-23 所示为当 $DD(B)$ 的均值为 0.5 时,不同的 SI 水平对采取决策方案的影响。

图 5-23 所示的总收益的差额,是指当项目组合采取资源调整策略(方案 2),为项目 B 追加投资后,项目组合产生的总收益与不采取任何措施(方案 1)产生的总收益的差额,用差额的数值占方案 1 产生总收益的百分比表示。当总收益的差额小于 0 时,表示采取纠偏措施对项目组合反而带来了负面作用,这样一种对 B 项目追加投资的行为反而造成了整体收益的下降,因为 B 项目夺取 A 项目资源所带来的损失无法用 B 项目收益的增加来弥补;当总收益的差额大于 0 时,即表示应当采取措施追加项目 B 的资金投入,在这种情况下,由于协同收益的作用,项目单位资源产生的收益比项目 A 高。因此,本书定义战略投资回报率的概念,提出决定是否采取追加投资的行为应当依据项目之间的相对战略投资回报率决定,而非目前单项目

控制逻辑所强调的偏差大小决定。传统的基于偏差进行项目的调控,反而是将资源浪费在了失败的项目上,承诺升级行为将导致组织整体收益的减少。

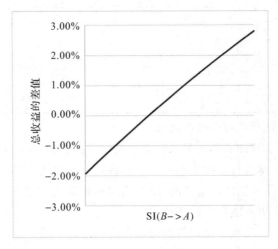

图 5-23 决策方案 2 与方案 1 产生的总收益的差值(与方案 1 产生收益对比)

定义 5.3 战略投资回报率:项目消耗单位资源所能产生的实际收益,由其实施的现实收益及产生的协同收益共同决定。

由于项目产生的协同收益往往是非线性的,因此项目实际的战略投资回报率难以衡量,采取仿真的方法能够较为直观地进行决策制定。表 5-24 列出了在不同的不确定性水平下,项目组合决策者应该采取什么样的措施,当 SI 取值超过平衡点数值时,应当采取方案 2;当 SI 取值低于平衡点数值时,则采取方案 1,即不采取任何行动。可以看出,随着不确定性的提升,平衡点取值越来越高,因为由不确定性对项目 B 收益创造能力带来的损失需要用更高的协同收益来补充。

表 5-24 项目组合调控决策的平衡点

不确定性水平	DD(≤0.3)	DD(0.4)	DD(0.5)	DD(0.6)	DD(≥0.7)
平衡点的 SI 取值	在 SI 的取值范围内均采取纠偏措施	0.58%	0.88%	1.32%	在 SI 的取值范围内不采取纠偏措施

在以下针对行为因素扰动效应的研究中,本章通过将不同的不确定性水平与收益协同水平进行组合,设定 9 种实施情(见表 5-25)。其中,各水平的取值如下:

DD 高水平:RANDOM NORMAL(0,1,0.7,0.3,0.7);
DD 中等水平:RANDOM NORMAL(0,1,0.5,0.2,0.5);
DD 低水平:RANDOM NORMAL(0,1,0.3,0.1,0.3);
SI 高水平:1.5%;
SI 中等水平:1.0%;
SI 低水平:0.5%。

表 5-25　决策情境的设定

情境	DD	SI	情境	DD	SI
1	高	高	6	中	低
2	高	中	7	低	高
3	高	低	8	低	中
4	中	高	9	低	低
5	中	中			

(2)汇报误差的影响。为研究汇报误差对项目组合实施过程决策影响,本章利用随机数设定以下两种误差类型:

1)正向误差。用 RANDOM NORMAL(0,1,0.2,0.1,0.2)表示,正向误差是指项目 B 的经理夸大目前项目的实施偏差,以求得更多的资源用于项目 B 的实施。通常情况下,正向偏差的汇报者是保守主义者或者利己者,他们希望能够尽可能地保证自己项目的有效实施。

2)负向误差。用 RANDOM NORMAL(0,1,-0.2,0.1,-0.2)表示,负向误差是指项目经理隐瞒项目的实施偏差,他们往往持观望态度,认为项目出现的问题是可控的或者情况可以自己回转。他们或许是受到乐观偏差的干扰或者害怕受到惩罚等。

从这两种误差类型的分析来看,若项目经理持有正向误差,即保守主义思想,那么采取纠偏措施时,应当有更多的资源流入项目 B;反之,若负向误差为主导,那么追加给项目 B 的资金比原本应该的投入要少。表 5-26 给出了在 9 种情境下,当汇报者分别持有正向误差、负向误差,以及没有误差时所能产生的总收益。为了统一对比标准,将所有的收益按照占平衡态收益(5 000)的百分比形式呈现。从表中可以看出,在高水平不确定性下,持有正向误差比负向误差损失更多的收益,即向项目 B 投资更多的资金时,反而导致整个项目组合收益的降低;而在中等不确定水平下,当协同收益为高等或中等水平时,正向误差对项目组合有促进作用;在协同收益为低等水平时,正向误差则阻碍项目组合实施;在低水平不确定性下,正向误差有利于组合收益的提升。负向误差与正向误差的趋势恰好相反。这些结果反映了汇报误差对项目组合收益的最终实现有扰动效应,其影响作用积极与否受具体实施情境的限制。

表 5-26　不同的汇报误差产生的组合总收益(与平衡态总收益对比)

单位:%

情境	正向误差	负向误差	无汇报误差
1	73.58	74.32	73.91
2	61.63	64.10	62.78
3	67.61	69.21	68.35
4	96.84	95.06	95.96
5	87.87	87.49	87.67
6	78.89	79.93	79.37
7	116.79	112.60	114.72

续表

情境	正向误差	负向误差	无汇报误差
8	105.46	103.16	104.30
9	94.12	93.73	93.89

(3) 预算短缺与实施优先级的变更。系统动力学应用于项目管理中的一个重要特征是将项目或项目组合的初始预算看作进行持续计划与控制的基础,认为它对项目或项目组合的实施成果产生重要的影响。因此初始预算通常被考虑到系统模型之中,被看作是项目成果产生的原因,不同的预测值可能导致不同的项目行为,进而创造不同的项目收益。前期的预算错误将导致项目实施过程中需要更多的资源,进而加剧资源竞争。这样的竞争或者冲突将引发组合内项目应当以谁优先实施的争论。通常情况下,在项目组合构建阶段,项目组合管理者将设定多个项目的实施优先级,当项目组合得以实施时,尽管变更实施优先级可能会产生更优异的总收益,组合决策者可能出于惯性或者锚定效应等影响,而维持初始制定的实施优先级不变。因此,在本小节将探讨在预算估计发生错误的情况下,实施优先级的改变可能带来的影响。实际上,在对纠偏措施的选择介绍时,已经体现了资源竞争与实施优先级设置的思想:当不确定性产生时,项目 B 需要追加更多的资源以满足需要,导致总体资源的短缺,这实际上是由于对于风险估计过于乐观,因而缺乏资源缓冲;在两项目竞争的情况下,如果采取措施追加项目 B 的资源,则实施优先级更高,如果不采取措施,项目 A 仍能够获得所需的资源,意味着项目 A 具有较高的实施优先级。而本部分则更为系统地突出预算短缺和实施优先级变更的影响作用,设定实践中常见的场景,即在初始预算时估计的成本比实际成本低,导致项目组合资源短缺,进行进一步决策的过程。

若项目 B 的实际需求成本比原计划的高,则项目组合决策者有三种选择:一是仍维持固有的实施优先级,以项目 B 为优先实施的项目,为它追加更多的资源;二是不管资源短缺的情况,使两项目照常实施;三是变更优先级,以项目 A 的完成为主。三种行为的描述如下:

1)保持固有的实施优先级:以项目 B 的有效实施为优先,当不确定性产生时,优先为项目 B 追加更多的资源。

2)维持现状:两项目同时实施,消耗各自所需资源,并不以某一个项目为优先,这样造成的结果是项目并行创造收益,但是在实施的后期资源消耗殆尽。

3)变更实施优先级:以项目 A 的有效实施为优先,保证每一阶段项目 A 都能获取所需资源。为了保证这一点,我们提出阶段性投资的思路,即将总投资的数额分配到各个阶段,在项目 A 获得所需投资额后,将剩余的资源分配给项目 B。

表 5-27 给出了不同情境下,三种决策方案各自产生的组合总收益。为了统一,该总收益仍以占平衡态总收益的百分比表示。由表 5-27 可知,不确定性对项目 B 的扰动效果越强,项目 B 越趋于失败,变更实施优先级的策略越能够产生积极的效果。当协同收益非常高时,如情境7,则采取固有的实施优先级实施。在不同的情境下设定不同的项目实施优先级将对项目组合总收益产生影响,尤其是在单项目即将失败时(不确定性的扰动很强),变更项目实施的优先级能够有效降低承诺升级行为,保证项目组合总收益的实现。

表 5-27　不同的实施优先级策略下的组合总收益（与平衡态总收益对比）　单位：%

情境	固有实施优先级	维持现状	变更实施优先级
1	67.00	70.04	71.62
2	61.68	66.35	68.52
3	56.37	62.66	65.42
4	87.78	86.51	75.81
5	79.76	80.34	80.98
6	71.76	74.20	75.81
7	105.80	102.98	100.72
8	95.63	94.35	93.47
9	85.46	85.73	86.23

3. 结果分析与讨论

（1）以战略的视角看待项目组合收益管理过程。长期以来，项目实施过程的控制都受到单项目的孤立视角所左右，决策者往往依据单个项目的偏差大小决定追加的资源量，并未考虑对组织中其他项目的影响。本书提出，对于项目组合资源的调配，应当站在战略的视角，依据项目的战略投资回报率决定项目实施的优先级与资源的投入。单项目视角中依据项目与初始计划的偏差制定纠偏措施的方式是与组织总收益的实现逻辑不一致的，容易导致资源流入到表现不佳的项目中，进而导致承诺升级、项目与项目组合失败等现象。对于项目来说，对它的调整究竟是合理的控制还是不客观的承诺升级，并不取决于它本身，而是与组合中的其他项目息息相关。只有当项目的纠偏措施能够促进组合整体收益的产生时，这样的调控措施才真正具有价值。

此外，还通过实验呈现了项目组合中风险分担（见表 5-22）以及风险传递（见表 5-23）的现象，对这些现象的探讨促使我们正视项目间协同关系的作用。在很多组织实践中，一旦构建了项目组合，项目之间的协同关系就被束之高阁，很少在实施过程中加以探讨。无论是项目的中止还是新项目的加入，抑或是资源的调整，由协同关系产生的影响被管理者忽略，从而导致一系列损失。虽然本书设定了通用的模型，以非常简单的方式描述了项目之间的协同关系——资源竞争与收益协同，但是这二者对组合收益产生的影响也是非常明显的，也直接左右着管理者的决策制定。如在表 5-27 中，不同的收益协同水平将导致不同的资源调配策略。因此，关注项目间的协同关系是项目组合得以有效实施的保证，这些关系不能仅仅写在报告中，而是应当不断地被感知、变更，并集成于项目组合的实施流程之中。

（2）以系统性思维和工具实施项目组合。以战略的视角看待项目组合、集成项目间的相关关系，离不开系统性思维的保障。系统思考帮助理解项目与项目之间复杂的相互作用，并有助于拓宽思路，避免"短视（myopic）"以及竖井"（silo approach）"行为的危害。对于前者，在项目组合实施中体现在采取行动补救现在的收益偏差，但是这些行动可能埋下隐患，在未来产生更为严重的问题；而后者则是体现在对于单个项目组合部件的过度关注，导致弥补了一个项目的漏洞，而造成其他项目产生更大的损失，进而导致整个项目组合失败。这些行为在项目组合实施中很常见。项目组合管理者与研究者在关注项目失败、风险控制的同时,更要从更深层次地改变思维模式的方法着手,以全局的观念看待整个组织中的所有项目。

到目前为止,支持项目组合过程决策的实用性工具还很缺乏,实现项目组合的系统性治理较为困难。本书对系统动力学模型的探索在一定程度上证实了该方法在项目组合实施过程中的适用性:首先,对项目组合系统模型的描述与解构,能够促进组织学习与交流,使项目组合参与者了解项目的实施结构及其与其他项目之间的关系,有助于参与主体采取系统化思维。其次,它能够系统性地集成组合中的诸多扰动因素,如不确定性的影响、组合部件的相关关系、扰动因素等,并能够帮助决策者在应对复杂环境时制定适宜的决策。如在表 5-24 中,在同时考虑不确定性与协同关系的情况下,提出以收益协同平衡点作为决策的选择依据。此外,该方法能够预测未来的项目组合整体行为的变化,并能集成非线性的相关关系,这较好地克服了决策者只关注眼前收益及简单的线性关系的思维偏差,有助于通过预见未来的成果解决多项目之间的冲突、支持科学的决策。如表 5-27 中的数据,可以较好地用定量化的方法解决项目 A 与项目 B 在实施优先级上的争端问题。最后,该方法能够作为项目组合实施"实验室"的角色,对比不同的决策方案、应对不同的决策场景,有助于组织适应不断变化的内外部环境并进行灵活应对。项目组合管理者需要在实践中对系统动力学方法的应用进行改进与修缮。

(3)重视项目组合的社会系统特性,注重行为因素的影响。传统的项目管理重视对"事"的完成,即产品的进度、质量、成本达到计划要求即可。而在项目组合中,应当意识到项目及项目组合的社会系统特性。"人"才是项目组合所有活动核心的主导者,项目组合的成功实施涉及多个层级不同参与主体的协作,这些参与主体之间可能存在信息的不对称性、契约的不完备性,或者自身的行为偏差。如果无法考虑这些行为因素,哪怕有再完美的计划、再精确的控制,都可能因为管理者不恰当的行为而导致失败。

本书探究了汇报误差、预算错误以及固化优先级这三种行为对项目组合实施系统带来的扰动。对于项目型组织来说,需要将可控性的行为偏差降到最低,形成一个透明、协作的团队环境。可采取的措施包括:改变奖惩策略,激励项目经理如实汇报项目的实施情况,不以项目失败与否作为项目参与者的评判标准;当项目或项目组合发生问题时,由多层级利益相关者共同探讨问题产生的原因并制定相关策略,降低单个决策者的决策压力与行为偏差;项目/项目组合的监察人员应负起职责,实时监控项目的收益实现情况,这些第三方人员最好由高层管理者担任,他们与项目的实施者不存在利益的冲突,从而从制度层面保障项目组合的实施;形成一个有效沟通的工作文化,在项目级与项目组合级、项目组合级与战略级,以及多个项目之间构建灵活、通畅的沟通渠道,预防因信息不对称性产生的严重影响。

5.5 本章小结

面向战略的项目组合全过程收益动态管理是保证项目成功、实现组织目标的综合方式,是承载组织战略和实现商业价值的重要管理过程。本章主要内容是研究面向战略的项目组合全过程收益管理,从项目组合总体管理出发,通过研究项目组合收益管理过程,构建项目组合全过程收益管理总体框架,探明面向战略的项目组合全过程收益管理的核心内容;通过研究项目组合收益配置过程,构建项目组合收益均衡配置模型,解决项目组合构建过程中项目组合方案与目标收益关联的问题;通过研究项目组合实施管理中的不确定因素及协同要素,利用系统动力学方法构建项目收益动态管理系统,阐明在项目组合层面、项目间的协同关系与环境中的不确定性产生交互作用机理,为考虑收益协同及不确定性环境下的战略实施提供建议。

本章主要内容如下：

(1)关注收益管理在匹配项目组合与组织战略中的创新视角,明确项目组合收益管理的组织结构；基于集成思想的框架设计思路,通过收益管理与项目组合生命周期的横向集成以及与多管理层级的纵向集成两个维度；构建面向战略的项目组合收益管理框架,实现在动态环境中有效进行项目组合收益管理目标,为项目组合收益动态管理奠定基础。

(2)选取在均衡资源约束前提下目标协同的项目方案,组建项目群与项目组合,提出并分析了战略贡献相似度概念；通过模糊聚类分析法完成项目组合收益均衡配置模型构建,为项目组合评价与选择研究提供了新工具。

(3)总结环境中不确定因素,确定纠偏流程与措施,构建项目收益动态管理的系统动力学模型,分析持续性风险、突发扰动事件对项目收益的影响及集成扰动事件对项目内部组件影响的方式,对不确定性环境下的实施项目收益动态管理具有重要意义。

(4)明确具体的项目组合实施流程以及各层级参与主体的决策活动,分析项目组合层面的协同关系,考虑动态环境中不确定性及行为因素对项目组合的影响,构建项目组合收益动态管理的系统动力学模型,揭示个体项目行为对项目组合整体收益产生的影响,为考虑收益协同的战略项目组合实施提供建议。

第六章 总 结

战略管理经过多年的发展，已经形成了科学完善的系统理论，为组织发展提供了良好的支撑。然而，随着组织多项目管理趋势的不断加强，组织公司层级的战略管理却不足以支持项目组合的有效配置，造成了组织公司战略在组织资源、能力和功能方面配置不足，无法实现组织公司目标的有效落地。

面对激烈的市场竞争环境，如何提升项目投资的有效性和效率、最大化实现战略价值，是组织关注的重要问题。管理实践中，战略与项目所处层次与决策主体的差异增加了组合方案与战略衔接的难度；环境中的不确定性、结构的复杂性与参与主体的行为，更对项目组合的实施过程造成了不可忽略的干扰，使其偏离战略预期，最终导致失败。项目组合管理是对组织战略目标进行层层分解和承接的有效手段，在实现对项目自身有效配置的同时，实现了对组织公司战略的有效承载，实现了项目目标和组织公司目标的合理统一，能够为组织战略目标实施和控制提供不竭动力，因此项目组合管理是承接和实现组织最高层战略的有效手段之一。

本书以项目组合管理为实现公司战略目标的载体，研究了组织战略导向下的项目组合配置，提出组织战略通过项目组合配置的实施路径和项目组合战略导向下的配置框架、模式及核心要素，分析项目组合配置的战略导向目标及组织资源、风险约束条件，分别设计、求解并验证了项目组合多目标权衡配置模型、分期战略导向下的项目组合滚动配置模型和多元战略导向下的项目组合配置与协同模型；研究了项目组合配置战略贴近度的度量和优化，定量反映组合配置方案中各组成项目的配置优化情况，形成与组织战略目标贴近的组织项目、业务和资源能力动态优化配置模型，为组织在变化中保证战略目标实现程度最大化提供保障；同时，基于组织战略、项目组合管理、系统分析、运筹优化等管理理论与方法，结合对组织和项目广泛的研究，分析组织项目组合配置优化中存在的问题，探索组织项目组合配置优化的方法模型及关键技术，提出有效实现组织项目组合配置方法模型，并最终通过企业实践，对所提出方法模型的实际有效性进行验证，所得研究成果具有较好的可操作性；识别项目组合治理的内涵、职能及治理层次，提出基于项目组合动态治理的项目化实施路径，以及以战略收益度量项目组合战略匹配度的指标体系，结合收益管理、价值链、动态能力等理论构建项目组合的动态治理框架，明确项目组合的战略角色，并分析如何从项目组合配置与实施两个阶段，以及战略层、项目组合层与执行层三个层次实现项目组合的战略导向，引入模糊聚类分析与系统动力学方法，结合项目组合动态治理的核心职能，分别构建项目组合的均衡配置模型以及项目、项目组合的动态实施系统，以实现战略收益为目标，支撑项目组合全过程的治理决策。

如何确保项目目标与组织战略目标的一致，如何在资源有限而项目众多的情况下使项目组合配置最优等成为影响组织发展的重要问题，归结起来就是组织战略层面的项目组合管理，尤其是战略导向的项目组合配置的模式与方法。本书的主要研究结论有以下三方面。

1. 组织战略导向下的项目组合配置研究

在组织战略导向下的项目组合配置研究方面，主要结论如下：

(1) 借鉴 SAM 与 CSFs 项目战略对应度的评估思路和框架，引入 BSC 分解组织战略目标，筛选项目组合的战略对应度评估指标，将组织的战略目标通过 BSC 转化为相对具体的、明确的、可以执行的评估指标，实现项目组合目标与组织战略目标紧密对应。项目组合收益是项目组合对应组织战略目标之外的另一个目的，体现出项目组合效益大于组织各单个项目的收益累计。针对传统评价方法在不确定条件进行决策分析存在的不足，本书引入实物期权理论与方法，对不确定性进行处理和转换，将价值评估投资决策问题转化为项目实物期权定价问题，以便于应对项目组合的风险和不确定性，克服传统方法在灵活性方面的不足。

(2) 构建了组织战略导向下的项目组合模糊多目标权衡配置模型，通过双层模型的建立、模糊数的转换和目标的权衡处理方法对模型进行求解，并引入实例对构建的模型及设计的求解方法进行验证。结果表明综合考虑项目组合配置的组织战略目标对应度和组合收益的权衡配置最优解比单独考虑某个单一目标兼顾并提升了项目组合配置各方利益，权衡处理后更加合理。

(3) 构建了分期战略导向下的项目组合滚动配置模型，考虑项目组合滚动效益、资源增益和风险累积，并设计了启发式-遗传算法作为模型求解方法，通过实例和 MATLAB 软件对上述分期战略导向下的项目组合滚动配置模型进行模拟和求解。结果表明本书提出的分期战略导向下的项目组合整体滚动配置效果好于传统的分阶段单次项目组合配置决策效果，具有明显优势。

(4) 建立多元战略导向下的项目组合配置与协同模型，将多元化战略导向的项目组合配置问题归结为数学上的多背包问题，并考虑多项目组合的资源公用与风险管理，设计贪心法的混合遗传算法，通过实例验证模型和算法的可行性；借用生态学上的 Logistic 模型来描述组织多元化战略导向下的项目组合战略协同关系，在模型中将项目组合所经历的产出变化简化为产出水平，通过对产出水平变化的刻画来描述组织中的项目组合战略协同两种模式的稳定性条件及演变过程。

2. 项目组合配置战略贴近度研究

在项目组合配置战略贴近度研究方面，主要结论如下：

(1) 提出并分析了广义含义项目组合配置战略贴近度概念，在综合以往研究的基础上设计了基于战略贴近度的项目组合配置流程模型，并以此为基础综合了考虑组织财务和非财务评价指标，提出了项目组合配置战略贴近度指标体系，为从模糊情境下目标协同、要素协同和组件协同适配等角度度量项目组合配置战略贴近度提供了分析对象和计算依据。

(2) 在项目组合配置战略贴近度指标体系的基础上，提出了模糊情境视角下的项目组合配置战略贴近度狭义概念，利用模糊物元和复合模糊物元，构建了项目组合配置的从优隶属度，并借鉴熵权思想设计了项目组合配置战略贴近度求解公式和决策模型，通过 M 公司项目组合配置管理实践结果验证了该模型和方法在求解战略贴近度问题上的实用性和有效性，为项目组合配置战略贴近度研究提供了新工具。

(3) 为解决模糊情境视角下的项目组合配置战略贴近度未能全面考虑所有要素协同关系的弊端，本书以 QFD 为理论出发点，在定义协同度函数和适配率等概念的基础上，对项目组合配置中项目与项目、项目与战略贴近度评价指标、战略贴近度评价指标之间的协同关系进行了定量分析，构建了基于要素协同的项目组合配置战略贴近度模型，并通过HD公司企业实践，对模型的有效性进行了验证，不仅为企业多项目组合管理提供了新的思路和方法，也弥补了以往项目组合配置与战略目标关系研究的不足。

(4)为了解决基于目标和要素协同项目组合配置战略贴近度模型无法精确反映项目组合各层配置组件之间的协同关系，也不能有效反映各拟配置组件适配度的研究缺陷等问题，在项目组合配置战略贴近度指标体系的基础上，以协同学、系统论和熵为依据，通过适配序参量、适配度、适配熵概念的定义以及配置组件各层协同关系矩阵的分析，构建基于协同适配的项目组合配置与组织战略贴近度度量优化模型，为企业进行项目组合配置管理提供决策依据。

3. 面向战略实施的项目收益治理研究

在面向战略实施的项目收益治理研究方面，主要结论如下：

(1)综合考虑战略的多维度属性与项目组合协同特性，构建基于模糊聚类的项目组合均衡配置模型，有效衔接项目组合与战略收益。首先，基于战略桶模型的思想构建项目组合均衡配置模型，集成高层管理者与项目管理者的信息，通过资源与战略需求的匹配约束，拉动项目方案与多维度战略目标的匹配；提出依据战略贡献相似度划分备选项目集合，构建相应的项目群方案，并根据总体的战略需求进行项目群的调整，以项目群内目标相似性协同，项目群之间目标互补性协同的方式实现项目组合整体对战略的支撑；然后，基于模糊聚类分析方法构建项目组合均衡配置模型，运用模糊C-均值算法实现以战略需求相似度为依据的"软划分"，为项目组合方案的构建、调整与反馈提供定量化的决策支持；最后，用具体的案例验证，结果说明该模型在促进项目组合均衡实现多维度战略上具有有效性，并能为决策者提供直观的、全局的决策信息。

(2)在动态环境下，构建了面向战略执行的单项目实施系统动力学模型。首先，以最大化实现项目战略收益为目标，以"战略变更"及"扰动与延迟"两个变量分别表示不确定性在战略层与执行层的影响；其次，在分析项目实施的反馈模型与纠偏路径的基础上构建系统动力学模型，用于集成不确定性以及行为因素的干扰；再次，从持续性风险与突发性扰动两个角度，设置项目实施的不确定情境，对比基于经验的纠偏措施与基于前景理论的纠偏措施的作用，同时探索汇报误差对该过程的影响；最后，从纠偏措施的应用情境、汇报模型的完善以及对突发性事件的管控三个角度为管理者提供建议。本部分研究，创新地将不确定环境下的项目实施从关注执行层面如何将项目恢复到初始计划目标的线性视角转变为关注项目收益变更的系统化与动态的视角，并促进了"软"性行为因素与"硬"性操作数据的结合。

(3)系统性地集成了项目间的相关关系、环境中的不确定性以及行为扰动因素的影响，构建了面向战略协同的项目组合系统动力学实施模型。以最大化实现项目组合整体收益为目标，首先，构建了多层次的项目组合实施系统，强调了在项目组合层，决策者不应过多地干预单项目层级的活动，而是通过资源调配的方式实现对多个项目的"有限控制"；然后，界定了资源竞争与收益协同两种相关关系，提出了应对不确定性的项目组合调控流程，以及分析了行为因素对项目组合实施产生的影响；最后，构建了项目组合实施的系统动力学模型，探讨了协同收益与不确定性的交互作用，分析了组合内风险分担、协同收益的非线性增长与风险传播行为，制定了应对复杂环境的项目组合纠偏策略，提出了基于战略投资回报率进行资源调配的新思路，并探讨了参与主体行为对组合收益实现情况的干扰。本部分研究，对于拓宽项目组合管理者的战略化与系统化思维、提供支持项目组合过程决策的定量化分析工具，以及系统动力学方法在项目组合管理领域的应用,都具备贡献与价值。

对于面向战略实施的项目组合管理的研究仍处于起步探索阶段,无论是思路、理论,还是方法模型的构建上还有广阔的研究空间。虽然本书已经对基于战略的项目组合配置、战略贴近度和项目组合收益管理进行了初步研究,研究者仍然需要结合具体的项目管理实践,对它进行开创性的探讨,以推动组织项目化进程的发展。

现将国家自然科学基金(71172123)"基于战略导向的项目组合管理及其优化模型研究"项目的研究成果罗列如下:

[1] CHEN Z, DEMEULEMEESTER E, BAI S J, et al. Efficient priority rules for the stochastic resource-constrained project scheduling problem[J]. European Journal of Operational Research, 2018, 270(3): 957–967.

[2] WANG L, KUNC M, BAI S J. Realizing value from project implementation under uncertainty: An exploratory study using system dynamics[J]. International Journal of Project Management, 2017, 35(3): 341–352.

[3] LUO S J, BAI S J, Li S K. Multi-stage Rolling Optimization Model of Project Portfolio Configuration Under Phased Strategy Scenarios[J]. International Journal of Plant Engineering and Management, 2015, 20(2): 65–77.

[4] WANG X B, BAI S J, BAI L B, et al. Attribute Collaboration of Aerospace Project Portfolio Allocation Based on Intuitionistic Trapezoidal Fuzzy Number[J]. Journal of Astronautics, 2014, 35(12): 1396–1404.

[5] WANG L, BAI S J, GUO Y T. Project Portfolio Ranking based on the Strategic Contribution Efficiency[J]. International Journal of Plant Engineering and Management, 2014, 19(4): 212–219.

[6] LI S K, BAI S J, WANG X B, et al. Remote Collaboration and Simulation Model for Weapons Development Based on Logistic[J]. The Open Mechanical Engineering Journal, 2014, 8(1): 53–57.

[7] CHAO S Y, LI S K, GUO Y T. Projectization-based Enterprise Value Realization Approaches[J]. International Journal of Plant Engineering and Management, 2014, 19(1): 33–38.

[8] WANG H M, YANG Z J, LI S K. An Organizational Performance Appraisal System Construction Based on Key Elements[J]. International Journal of Plant Engineering and Management, 2014, 19(1): 1–5.

[9] BAI L B, SONG H Y, BAI S J, et al. Resource-constrained Project Scheduling with Overlapping Activities Based on Extended Dependency Structure Matrix[J]. International Journal of Plant Engineering and Management, 2013, 18(4): 204–211.

[10] LI S K, BAI S J, WANG X B. Competency Evaluation and Promotion for Portfolio Management Based on Organizational Project Management Maturity Model[J]. International Journal of Plant Engineering and Management, 2013, 18(3): 152–158.

[11] HUANG Y, LI S K. Research on Risk Evaluation Method for International Engineering Projects[J]. International Journal of Plant Engineering and Management, 2013, 18

(3): 140-145.

[12] LI S K, BAI S J, Guo YT. Schedule model for project portfolio based on design structure matrix[J]. International Journal of Plant Engineering and Management, 2013, 18(1): 50-57.

[13] 王林. 面向战略实施的项目组合动态治理模型研究[D]. 西安: 西北工业大学, 2017.

[14] 王续伯. 战略导向下航天型号项目组合配置优化与协同研究[D]. 西安: 西北工业大学, 2016.

[15] 罗淑娟. 基于协同阀的交互项目组合优化研究[D]. 西安: 西北工业大学, 2016.

[16] 郭晓丹. 研发项目组合实施过程评价研究[D]. 西安: 西北工业大学, 2016.

[17] 马骋远. 基于战略导向的企业研发项目组合选择研究[D]. 西安: 西北工业大学, 2016.

[18] 王林. 战略导向下基于扰动的项目组合选择研究[D]. 西安: 西北工业大学, 2015.

[19] 杨少廷. 进度间断情况下项目进度度量研究[D]. 西安: 西北工业大学, 2015.

[20] 白礼彪. 项目组合配置战略贴近度研究[D]. 西安: 西北工业大学, 2015.

[21] 陈志. 广义优先关系条件下资源柔性约束项目调度研究[D]. 西安: 西北工业大学, 2014.

[22] 梁斌. 基于战略导向的项目组合计划及优化[D]. 西安: 西北工业大学, 2014.

[23] 曹涛. 基于战略导向的项目组合管理模式研究[D]. 西安: 西北工业大学, 2014.

[24] 李随科. 组织战略导向下的项目组合配置研究[D]. 西安: 西北工业大学, 2013.

[25] 王亚萍. 基于组织战略导向的项目组合管理流程设计与优化研究[D]. 西安: 西北工业大学 2013.

[26] 宋红艳. 基于战略导向的项目组合资源配置优化研究[D]. 西安: 西北工业大学, 2013.

[27] 任立娣. 资源约束条件下的项目组合进度管理研究[D]. 西安: 西北工业大学, 2012.

[28] 张玉朝. 基于OPM3的工程项目计划与控制管理评价研究[D]. 西安: 西北工业大学, 2011.

[29] 李随科. 基于DSM与关键链的项目组合进度管理研究[D]. 西安: 西北工业大学, 2011.

[30] 吴闻川. 国防科研院所项目管理成熟度模型研究[D]. 西安: 西北工业大学, 2011.

[31] 梁斌, 白思俊, 郭云涛. 基于模糊网络的项目工期计算及优化[J]. 管理工程学报, 2015, 29(2): 217-222.

[32] 白礼彪, 白思俊, 郭云涛. 基于改进蚁群算法的项目组合工期-成本优化[J]. 计算机工程与应用, 2015, 51(2): 250-254.

[33] 任建华, 郭云涛, 白思俊. 基于战略联盟的通航产业协同发展模式研究[J]. 科技与经济, 2015, 28(6): 96-100.

[34] 白思俊, 王续伯, 李随科. 战略导向下的项目组合管理模式与流程[J]. 项目管理技术, 2015, 13(1): 9-14.

[35] 王续伯, 白思俊, 白礼彪, 郭云涛. 基于协同学的航天型号项目组合配置战略贴近度研究[J]. 航天器环境工程, 2015, 32(2): 217-223.

[36] 白礼彪, 白思俊, 郭云涛. 基于QFD的项目组合配置战略贴近度优化研究[J]. 管理工程学报, 2014, 28(04): 201-206.

[37] 郭云涛, 陈志, 白思俊. 转移资源受限多项目调度的改进量子遗传算法[J]. 工业工程与

管理,2014,19(03):33-39.

[38] 曹涛,白思俊,郭云涛.基于战略导向的企业项目组合管理流程研究[J].科技管理研究,2014,34(10):206-208,218.

[39] 李随科,白思俊,黄依,王续伯.基于TRIZ理论的项目型企业知识创新研究[J].科技管理研究,2014,34(1):151-154+158.

[40] 王续伯,白思俊,白礼彪,郭云涛.直觉梯形模糊数航天项目组合配置属性协同研究[J].宇航学报,2014,35(12):1396-1404.

[41] 郭云涛,陈志,白思俊.求解资源受限项目调度问题的人工鱼群算法[J].运筹与管理,2014,23(05):86-92.

[42] 白礼彪,白思俊,郭云涛.基于粗集模糊物元的项目组合配置战略贴近度研究[J].运筹与管理,2014,23(05):250-256.

[43] 李随科,白思俊,郭云涛,王续伯.基于Logistic模型的型号研制异地协同模式[J].工业工程,2014,17(1):50-54.

[44] 梁斌,白思俊,郭云涛.资源受限项目组合调度优化研究[J].项目管理技术,2014,12(2):16-20.

[45] 白思俊,雷梦轩,李聪聪,王林.基于博弈模型的航空型号异地协同知识共享激励研究[J].航空科学技术,2014,25(11):70-73.

[46] 宋红艳,郭云涛,白思俊.基于战略导向的项目组合配置研究[J].科技管理研究,2013,33(16):186-189.

[47] 王亚萍,白思俊,郭云涛.基于全生命周期的国内飞机型号项目管理成熟度模型研究[J].航空制造技术,2013,426(6):70-72.

[48] 郭云涛,宋红艳,白思俊.粒子群算法在具有迭代关系资源受限项目调度中的应用[J].工业工程,2013,16(5):74-78.

[49] 白思俊.项目管理工程硕士与工程管理硕士培养目标及差异化探讨[J].项目管理技术,2013,11(4):22-25.

[50] 郭庆军,白思俊.建筑企业项目组合管理成熟度模型研究述评[J].项目管理技术,2013,11(4):35-40.

[51] 李随科,白思俊.企业战略导向及资源约束下的项目组合模型[J].项目管理技术,2013,11(9):17-21.

[52] 白泽龙.航天企业多项目管理组织模式研究[J].项目管理技术,2013,11(9):104-107.

[53] 李随科,白思俊,黄依.基于Logistic的项目型组织知识流动与和谐共生模型[J].世界科技研究与发展,2013,35(6):779-783.

[54] 唐亚锋,白礼彪,郭云涛.基于战略导向的项目组合选择研究[J].项目管理技术,2012,10(2):21-25.

[55] 严杰,白思俊.基础设施ABS项目融资模式风险评价研究[J].项目管理技术,2012,10(4):33-37.

[56] 白礼彪,白思俊,郭云涛.基于改进蚁群算法的项目组合工期——成本优化的研究[J].计算机与现代化,2012(7):9-13.

参 考 文 献

[1] ANDERSON D K, MERNA T. Project management strategy—project management represented as a process based set of management domains and the consequences for project management strategy[J]. International Journal of Project Management, 2003, 21(6): 387-393.

[2] ARTTO K, KUJALA J, DIETRICH P, et al. What is project strategy? [J]. International Journal of Project Management, 2008, 26(1): 4-12.

[3] ASHURST C, DOHERTY N F. Towards the formulation of a "best practice" framework for benefits realisation in IT projects[J]. Electronic Journal of Information Systems Evaluation, 2003, 6(2): 1-10.

[4] AYTUG H, LAWLEY M A, MCKAY K, et al. Executing production schedules in the face of uncertainties: A review and some future directions[J]. European Journal of Operational Research, 2005, 161(1): 86-110.

[5] BADEWI A, SHEHAB E. The impact of organizational project benefits management governance on ERP project success: Neo-institutional theory perspective[J]. International Journal of Project Management, 2016, 34(3): 412-428.

[6] BARDHAN I, BAGCHI S, SOUGSTAD R. Prioritizing a Portfolio of Information Technology Investment Projects[J]. Journal of Management Information Systems, 2004, 21(2): 33-60.

[7] BHATTACHARYYA R, KUMAR P, KAR S. Fuzzy R&D portfolio selection of interdependent projects[J]. Computers and Mathematics with Applications, 2011, 62(10): 3857-3870.

[8] CHAO R O, KAVADIAS S S. A theoretical framework for managing the new product development portfolio: When and how to use strategic buckets[J]. Management Science, 2008, 54(5): 907-921.

[9] CHAO R O, KAVADIAS S. R&D intensity and the new product development portfolio[J]. IEEE Transactionson Engineering Management, 2013, 60(4): 664-675.

[10] CHIH Y, ZWIKAEL O. Project benefit management: A conceptual framework of target benefit formulation[J]. International Journal of Project Management, 2015, 33(2): 352-362.

[11] COOPER R G. Where Are All the Breakthrough New Products?: Using Portfolio Management to Boost Innovation[J]. Research-Technology Management, 2013, 56(5): 25-33.

[12] COSTA H R, BARROS M D O, TRAVASSOS G H. Evaluating software project portfolio risks[J]. Journal of Systems and Software, 2007, 80(1): 16-31.

[13] GHAPANCHI A H, TAVANA M, KHAKBAZ M H, et al. A methodology for selec-

ting portfolios of projects with interactions and under uncertainty[J]. International Journal of Project Management, 2012, 30(7): 791-803.

[14] GUNAWAN I, AHSAN K. Project scheduling improvement using design structure matrix[J]. International Journal of Project Organisation and Management, 2010, 2(4): 311-327.

[15] GUTJAHR W J. Optimal dynamic portfolio selection for projects under a competence development model[J]. OR Spectrum, 2011, 33(1): 173-206.

[16] HYVARI I. Project Portfolio Management in a Company Strategy Implementation, a Case Study[J]. Procedia - Social and Behavioral Sciences, 2014, 119: 229-236.

[17] KESTER L, HULTINK E J, LAUCHE K. Portfolio decision-making genres: A case study[J]. Journal of Engineering & Technology Management, 2009, 26(4): 327-341.

[18] KHALILI-DAMGHANI K, SADI-NEZHAD S, LOTFI F H, et al. A hybrid fuzzy rule-based multi-criteria framework for sustainable project portfolio selection[J]. Information Sciences, 2013, 220(1): 442-462.

[19] KORNFELD B J, KARA S. Project portfolio selection in continuous improvement[J]. International Journal of Operations & Production Management, 2011, 31(10): 1071-1088.

[20] LAURSEN M, SVEJVIG P. Taking stock of project value creation: A structured literature review with future directions for research and practice[J]. International Journal of Project Management, 2016, 34(4): 736-747.

[21] LEE S H, PE A-MORA F, PARK M. Dynamic planning and control methodology for strategic and operational construction project management[J]. Automation in Construction, 2006, 15(1): 84-97.

[22] LIN C, PERVAN G. The practice of IS/IT benefits management in large Australian organizations[J]. Information & Management, 2004, 41(1): 13-24.

[23] MANFRED S. Mastering complexity and changes in projects, economy, and society via Project Management Second Order (PM-2)[J]. Project Management Journal, 2010, 41(5): 4-20.

[24] MARTINSUO M, LEHTONEN P I. Role of single-project management in achieving portfoliomanagement efficiency[J]. International Journal of Project Management, 2007, 25(1): 56-65.

[25] MAVROTAS G, DIAKOULAKI D, KOURENTZIS A. Selection among ranked projects under segmentation, policy and logical constraints[J]. European Journal of Operational Research, 2008, 187(1): 177-192.

[26] MCDONOUGH E F, SPITAL F C. Managing Project Portfolios[J]. Research Technology Management, 2003, 46(46): 40-46.

[27] MEDAGLIA A L, HUETH D. A multiobjective model for the selection and timing of public enterprise projects[J]. Socio-Economic Planning Sciences, 2008, 42(1): 31-45.

[28] MESKENDAHL S. The influence of business strategy on project portfolio management and its success — A conceptual framework[J]. International Journal of Project Management, 2010, 28(8): 807-817.

[29] MITEREV M, ENGWALL M, JERBRANT A. Exploring program management competences for various program types[J]. International Journal of Project Management, 2016, 34(3): 545-557.

[30] MULLER R, MARTINSUO M, BLOMQUIST T. Project Portfolio Control and Portfolio Management Performance in Different Contexts[J]. Project Management Journal, 2008, 39(3): 28-42.

[31] OBIAJUNWA C C. A framework for the evaluation of turnaround maintenance projects[J]. Journal of Quality in Maintenance Engineering, 2012, 18(4): 368-383.

[32] OLSSON N O E. External and internal flexibility - aligning projects with the business strategy and executing projects efficiently[J]. International Journal of Project Organisation and Management, 2008, 1(1): 47-64.

[33] PETIT Y, HOBBS B. Project Portfolio in Dynamic Environments: Sources of Uncertainty and Sensing Mechanisms[J]. Project Management Journal, 2010, 41(4): 46-58.

[34] PETIT Y. Project portfolios in dynamic environments: Organizing for uncertainty[J]. International Journal of Project Management, 2012, 30(5): 539-553.

[35] PICH M T, LOCH C H, DE MEYER A. On Uncertainty, Ambiguity, and Complexity in Project Management[J]. Management Science, 2002, 48(8): 1008-1023.

[36] PINTO J K, PRESCOTT J E. Planning and Tactical Factors in the Project Implementation Process[J]. Journal of Management Studies, 1990, 27(3): 305-327.

[37] RAMASESH R V, BROWNING T R. A conceptual framework for tackling knowable unknown unknowns in project management[J]. Journal of Operations Management, 2014, 32(4): 190-204.

[38] SAMSET K, VOLDEN G H. Front-end definition of projects: Ten paradoxes and some reflections regarding project management and project governance[J]. International Journal of Project Management, 2016, 34(2): 297-313.

[39] SAPOUNTZIS S, YATES K, KAGIOGLOU M, et al. Realising benefits in primary healthcare infrastructures[J]. Facilities, 2009, 27(3/4): 74-87.

[40] SERRA C E M, KUNC M. Benefits Realisation Management and its influence on project success and on the execution of business strategies[J]. International Journal of Project Management, 2015, 33(1): 53-66.

[41] SHENHAR A J. One size does not fit all projects: Exploring classical contingency domains[J]. Management Science, 2001, 47(3): 394-414.

[42] SMITH-PERERA A, GARCIA-MELON M, POVEDA-BAUTISTA R, et al. A Project Strategic Index proposal for portfolio selection in electrical company based on the Analytic Network Process[J]. Renewable & Sustainable Energy Reviews, 2010, 14

(6): 1569-1579.

[43] STINGL V, GERALDI J. Errors, lies and misunderstandings: Systematic review on behavioural decision making in projects[J]. International Journal of Project Management, 2017, 35(2): 121-135.

[44] TELLER J, KOCK A. An empirical investigation on how portfolio risk management influences project portfolio success[J]. International Journal of Project Management, 2013, 31(6): 817-829.

[45] TELLER J, UNGER B N, KOCK A, et al. Formalization of project portfolio management: The moderating role of project portfolio complexity[J]. International Journal of Project Management, 2012, 30(5): 596-607.

[46] THIRY M. Combining value and project management into an effective programme management model[J]. International Journal of Project Management, 2002, 20(3): 221-227.

[47] TURNER J R. Towards a theory of project management: The nature of the project governance and project management[J]. International Journal of Project Management, 2006, 24(2): 93-95.

[48] VERMA D, SINHA K K. Toward a theory of project interdependencies in high tech R & D environments[J]. Journal of Operations Management, 2002, 20(5): 451-468.

[49] ZWIKAEL O, SMYRK J. A General Framework for Gauging the Performance of Initiatives to Enhance Organizational Value[J]. British Journal of Management, 2012, 23(SUPPL. 1): 6-22.

[50] 李彦斌, 陈静, 杨静, 等. 企业项目化管理模式探究——基于大唐新能源公司的案例分析[J]. 管理案例研究与评论, 2012, 5(6): 463-474.

[51] 戚安邦, 顾静, 焦旭东. 我国创新型企业面向创新战略实施的项目组合全过程集成管理方法研究[J]. 科学学与科学技术管理, 2010(05): 106-110.

[52] 王勇胜, 梁昌勇, 鞠彦忠. 不确定多期滚动项目组合选择优化模型[J]. 系统工程理论与实践, 2012, 32(6): 1290-1297.

[53] 尹贻林, 郑小侠, 徐志超. 基于收益管理的项目群拉式管理机制研究[J]. 软科学, 2016, 30(2): 139-144.

[54] KAPLAN R S, NORTON D P. The Execution Premium: Linking Strategy to Operations for Competitive Advantage[J]. Accounting Review, 2011, 85(4): 99-101.

[55] ABBASIANJAHROMI H, RAJAIE H. Developing a project portfolio selection model for contractor firms considering the risk factor[J]. Journal of Civil Engineering and Management, 2012, 18(6): 879-889.

[56] ABEDNEGO M P, OGUNLANA S O. Good project governance for proper risk allocation in public-private partnerships in Indonesia[J]. International Journal of Project Management, 2006, 24(7): 622-634.

[57] ADRIEN P. ERP investment analysis using the strategic alignment model [J]. Management Research News, 2006, 29(5): 273-295.

[58] AFSHAR-NADJAFI B, MAJLESI M. Resource constrained project scheduling problem with setup timesafter preemptive processes[J]. Computers & Chemical Engineering, 2014, 69: 16-25.

[59] AHERN T, LEAVY B, BYRNE P J. Complex project management as complex problem solving: A distributed knowledge management perspective[J]. International Journal of Project Management, 2014, 32(8): 1371-1381.

[60] AHOLA T, RUUSKA I, ARTTO K, et al. What is project governance and what are its origins? [J]. International Journal of Project Management, 2014, 32(8): 1321-1332.

[61] ALDERMAN N, IVORY C. Translation and convergence in projects: An organizational perspective on project success[J]. Project Management Journal, 2011, 42(5): 17-30.

[62] ARBOUI B, DAMAK N, SIARRY P, et al. A combinatorial particle swarm optimization for solving multi-mode resource-constrained project scheduling problems [J]. Applied Mathematics and Computation, 2008, 195(1): 299-308.

[63] ARITUA B, SMITH N J, BOWER D. Construction client multi-projects—A complex adaptive systems perspective[J]. International Journal of Project Management, 2009, 27(1): 72-79.

[64] ATKINSON R, CRAWFORD L, WARD S. Fundamental uncertainties in projects and the scope of project management[J]. International Journal of Project Management, 2006, 24(8): 687-698.

[65] AYAğ Z, SAMANLIOGLU F, BUYUKOZKAN G. A fuzzy QFD approach to determine supply chain management strategies in the dairy industry[J]. Journal of Intelligent Manufacturing, 2013, 24(6): 1111-1122.

[66] BADEWI A. The impact of project management (PM) and benefits management (BM) practices on project success: Towards developing a project benefits governance framework[J]. International Journal of Project Management, 2016, 34(4): 761-778.

[67] BAI Q, NIU D, BAI J. Complex networks economy systems engineering in general synergetic structure[J]. Systems Engineering Procedia, 2012, 4: 252-258.

[68] BLICHFELDT B S, ESKEROD P. Project portfolio management—There's more to it than what management enacts[J]. International Journal of Project Management, 2008, 26(4): 357-365.

[69] BRADLEY J. Management based critical success factors in the implementation of Enterprise Resource Planning systems [J]. Journal of Accounting Information Systems, 2008(1): 175-200.

[70] BUYS A J, STANDER M J. Linking Projects to Business Strategy through Project Portfolio Management[J]. South African Journal of Industrial Engineering, 2012, 21(1): 59-68.

[71] CHIANG I R, NUNEZ M A. Strategic alignment and value maximization for IT project portfolios[J]. Information Technology and Management, 2013, 14(2): 143-157.

[72] CHIH Y Y, ZWIKAEL O. Project benefit management: A conceptual framework of target benefit formulation[J]. International Journal of Project Management, 2015, 33(2): 352-362.

[73] CHILDS P D, TRIANTIS A J. Dynamic R&D Investment Policies[J]. Management Science, 1999, 45(10): 1359-1377.

[74] CICMIL S, WILLIAMS T, THOMAS J, et al. Rethinking project management: Researching the actuality of projects[J]. International Journal of Project Management, 2006, 24(8): 675-686.

[75] COOPER R G. Where Are All the Breakthrough New Products? (cover story)[J]. Research Technology Management, 2013, 56(5): 25-33.

[76] COOPER R G. Your NPD portfolio may be harmful to your business's health[J]. PdmaVisions, 2005(2): 22-26.

[77] CRAWFORD P, BRYCE P. Project monitoring and evaluation: A method for enhancing the efficiency and effectiveness of aid project implementation[J]. International Journal of Project Management, 2003, 21(5): 363-373.

[78] DAMAY J, QUILLIOT A, SANLAVILLE E. Linear programming based algorithms for preemptive and non-preemptive RCPSP [J]. European Journal of Operational Research, 2007, 182(3): 1012-1022.

[79] JONAS D. Empowering project portfolio managers: How management involvement impacts project portfolio management performance [J]. International Journal of Project Management, 2010 (28): 818-831.

[80] POLLARD D, HOTHO S. Crises, scenarios and the strategic management process [J]. Management Decision, 2006, 44(6): 721-736.

[81] DAVIES A, MACAULAY S, DEBARRO T, et al. Making innovation happen in a megaproject: London's crossrail suburban railway system[J]. Project Management Journal, 2015, 45(6): 25-37.

[82] AVISON D, JONES J, POWELL P, et al. Using and validating the strategic alignment model [J]. Strategic Information Systems, 2004, 13: 223-246.

[83] DE MEYER A, LOCH C H, PICH M T. Managing project uncertainty: From variation to chaos[J]. IEEE Engineering Management Review, 2002, 30(3): 91-98.

[84] DE REYCK B, GRUSHKA-COCKAYNE Y, LOCKETT M, et al. The impact of project portfolio management on information technology projects[J]. International Journal of Project Management, 2005, 23(7): 524-537.

[85] DELQUIE P. Optimal conflict in preference assessment [J]. Management Science, 2003, 49(1): 102-116.

[86] DEVAPRIYA K. Governance issues in financing of public-private partnership organisations in network infrastructure industries[J]. International Journal of Project Management, 2006, 24(7): 557-565.

[87] DOBNI C B, LUFFMAN G. Determining the scope and impact of market orientation

profiles on srategy implementation and performance [J]. Strategic Management Journal, 2003, 24 (6): 577 - 585.

[88] DU Y, CAO H, CHEN X, et al. Reuse-oriented redesign method of used products based on axiomatic design theory and QFD[J]. Journal of Cleaner Production, 2013, 39: 79 -86.

[89] DUTTA S, NARASIMHAN O, RAJIV S. Conceptualizing and measuring capabilities: Methodology and empirical application [J]. Strategic Management Journal, 2005, 26(3):277 - 285.

[90] GRIGOROUDIS E, ORFANOUDAKI E, ZOPOUNIDIS C. Strategic performance measurement in a healthcare organisation: A multiple criteria approach based on balanced scorecard [J]. Omega 2012 (40): 104 - 119.

[91] EDEN C, WILLIAMS T, ACKERMANN F, et al. The role of feedback dynamics in disruption and delay on the nature of disruption and delay (D&D) in major projects [J]. Journal of Operational Research Society, 2000, 51(3): 291 - 300.

[92] ELONEN S, ARTTO K A. Problems in managing internal development projects in multi-project environments[J]. International Journal of Project Management, 2003, 21 (6): 395 - 402.

[93] ENGWALL M, JERBRANT A. The resource allocation syndrome: The prime challenge of multi-project management? [J]. International Journal of Project Management, 2003, 21(6): 403 - 409.

[94] FLYVBJERG B. Quality control and due diligence in project management: Getting decisions right by taking the outside view[J]. International Journal of Project Management, 2013, 31(5): 760 - 774.

[95] FORTUNE J, WHITE D. Framing of project critical success factors by a systems model[J]. International Journal of Project Management, 2006, 24(1): 53 - 65.

[96] GONCALVES J F, MENDES J J M, RESENDE M G C. A genetic algorithm for the resource constrained multi-project scheduling problem[J]. European Journal of Operational Research, 2008, 189(3): 1171 - 1190.

[97] GREGORY F D, JOSEPH H S. Spacecraft technology portfolio: Probabilistic modeling and implications for responsiveness and schedule slippage [J]. Acta Astronautica, 2011 (68): 1126 - 1146.

[98] HAKALA H. Strategic orientation in management literature: Three approaches to understanding the interaction between market, technology, entrepreneurial and learning orientations [J]. International Journal of Management Review, 2011, 13(2):199 -217.

[99] HAZIR T. A review of analytical models, approaches and decision support tools in project monitoring and control[J]. International Journal of Project Management, 2015, 33(4): 808 - 815.

[100] HENRIK D, PHILIP K. Headquarters Allocation of Resources to Innovation Transfer Projects within the Multinational Enterprise [J]. Journal of International Manage-

ment, 2011 (17): 263-277.

[101] HOWICK S, EDEN C. On the nature of discontinuities in system dynamics modelling of disrupted projects[J]. Journal of the Operational Research Society, 2004, 55(6): 598-605.

[102] HOWICK S, EDEN C. The Impact of Disruption and Delay When Compressing Large Projects: Going for Incentives? [J]. The Journal of the Operational Research Society, 2001, 52(1): 26-34.

[103] HOWICK S. Using System Dynamics to Analyse Disruption and Delay in Complex Projects for Litigation: Can the Modelling Purposes Be Met? [J]. Journal of Operational Research Society, 2003, 54(3): 222-229.

[104] HREBINIAK L G. Obstacles to effective strategy implementation [J]. Organizational Dynamics, 2006, 35(1): 12-31.

[105] HUANG B, LI H, WEI D. Dominance-based rough set model in intuitionistic fuzzy information systems[J]. Knowledge-Based Systems, 2012, 28: 115-123.

[106] HUANG X, ZHAO T. Project selection and scheduling with uncertain net income and investment cost[J]. Applied Mathematics and Computation, 2014, 247: 61-71.

[107] HUBERT J Z, LENDA A. Connecting Brillouin's principle to a social synergetics probabilistic model. Applications to the binary decision problems[J]. Physica A: Statistical Mechanics and its Applications, 2003, 326(3): 578-593.

[108] HUCHZERMEIER A, LOCH C H. Project management under risk: Using the real options approach to evaluate flexibility in R&D[J]. Management Science, 2001, 47(1): 85-101.

[109] HUTCHISON-KRUPAT J, KAVADIAS S. Strategic Resource Allocation: Top-Down, Bottom-Up, and the Value of Strategic Buckets[J]. Management Science, 2015, 61(2): 391-412.

[110] JEFFERY M. Best practices in IT portfolio management [J]. MIT Sloan Management Review, 2004, 45(3):40-50.

[111] JIA Q, SEO Y. Solving resource-constrained project scheduling problems: Conceptual validation of FLP formulation and efficient permutation-based ABC computation [J]. Computers & Operations Research, 2013, 40(8): 2037-2050.

[112] CHEN J, RONALD G A. Project selection, scheduling and resource allocation with time dependent returns [J] European Journal of Operational Research, 2009(193): 23-34.

[113] GERALDI J G. The balance between order and chaos in multi-project firms: A conceptual model[J]. International Journal of Project Management, 2008 (26):348-356.

[114] JOHNSON L K. Execute your strategy—without killing it [J]. Harvard Management Update, 2004, 9(12): 3-5.

[115] JUGDEV K, MULLER R. A retrospective look at our evolving understanding of project success [J]. Project Management Journal, 2005, 36(4):19-31.

[116] KAHNEMAN D, TVERSKY A. Prospect Theory: An Analysis of Decision under Risk[J]. Econometrica. 1979, 47(2): 263 – 291.

[117] KE H, LIU B. Fuzzy project scheduling problem and its hybrid intelligent algorithm [J]. Applied Mathematical Modelling, 2010, 34(2): 301 – 308.

[118] KEIL M, MANN J, RAI A. Why Software Projects Escalate: An Empirical Analysis and Test of Four Theoretical Models[J]. MIS Quarterly, 2000, 24(4): 631 – 664.

[119] KHOSHJAHAN Y, NAJAFI A A, AFSHAR-NADJAFI B. Resource constrained project scheduling problem with discounted earliness – tardiness penalties: Mathematical modeling and solving procedure[J]. Computers & Industrial Engineering, 2013, 66(2): 293 –300.

[120] KIM Y J, SANDERS G L. Strategic actions in information technology investment based on real option theory [J]. Decision Support Systems, 2002, 33:1 – 11.

[121] KOH A, CRAWFORD L. Portfolio Management: The Australian Experience[J]. Project Management Journal, 2012, 43(6): 33 – 42.

[122] KUNC M, MORECROFT J. managerial decision making and firm performance under a resource-based paradigm[J]. Academy of Management Journal, 2008, 51(2): 315 – 334.

[123] KUTSCH E, MAYLOR H, WEYER B, et al. Performers, trackers, lemmings and the lost: Sustained false optimism in forecasting project outcomes — Evidence from a quasi-experiment[J]. International Journal of Project Management, 2011, 29(8): 1070 –1081.

[124] LAGER T. A structural analysis of process development in process industry[J]. R&D Management, 2002, 32(1): 87 – 95.

[125] FERNANDEZ L. A diversified portfolio: joint management of non-renewable and renewable resources offshore [J]. Resource and Energy Economics, 2005 (27): 65 –82.

[126] LIU B, LIU Y, ZHANG J, et al. Application of the synergetic algorithm on the classification of lymph tissue cells[J]. Computers in Biology and Medicine, 2008, 38(6): 650 – 658.

[127] LIU C H, HSIAO M Y. A finite time synergetic control scheme for robot manipulators[J]. Computers & Mathematics with Applications, 2012, 64(5): 1163 – 1169.

[128] LIU H W, WANG G J. Multi-criteria decision-making methods based on intuitionistic fuzzy sets [J]. European Journal of Operational Research, 2007, 179 (1): 220 –233.

[129] LOCATELLI G, MANCINI M, ROMANO E. Systems Engineering to improve the governance in complex project environments[J]. International Journal of Project Management, 2014, 32(8): 1395 – 1410.

[130] LOCH C H, KAVADIAS S. Dynamic portfolio selection of NPD programs using marginal returns[J]. Management Science, 2002, 48(10): 1227 – 1241.

[131] LOVE P E D, HOLT G D, SHEN L Y, et al. Using systems dynamics to better un-

derstand change and rework in construction project management systems[J]. International Journal of Project Management, 2002, 20(6): 425-436.

[132] LYNEIS J M, FORD D N. System dynamics applied to project management: a survey, assessment, and directions for future research[J]. System Dynamics Review, 2007, 23(2): 157-189.

[133] MAGHSOUD A, MOSTAFA E, MEHDI Y. Nadir compromise programming: A model for optimization of multi-objective portfolio problem [J]. Expert Systems with Applications, 2011 (38):7222-7226.

[134] MAJAZI D V, RANJBAR V. Multi-projects scheduling with resource constraints & Priority rules by the use of Simulated Annealing Algorithm[J]. Tehnički vjesnik, 2012, 19(3): 493-499.

[135] MAJID R, FARHAD K. A scenario tree approach to multi-period project selection problem using real-option valuation method[J]. The International Journal of Advanced Manufacturing Technology, 2011. 56(1-4): 411-420.

[136] MANKINS M C, STEELE R. Turning great strategy into great performance [J]. Harvard Business Review, 2005, 2:60-71.

[137] MARIS M, ROBERT D, DENNIS T. The balanced scorecard: a foundation for the strategic management for information systems [J]. Decision Support Systems, 1999 (25):71-88.

[138] MARTIN L, PATRICK S. Innovation Project Portfolio Management: A Qualitative Analysis [J]. Engineering Management, 2012, 23:1-12.

[139] MENKE M M. Making R&D Portfolio Management More Effective[J]. Research Technology Management, 2015, 56(5): 34-44.

[140] MESKENDAHL S. The influence of business strategy on project portfolio management and its success - A conceptual framework[J]. International Journal of Project Management, 2010, 28(8): 807-817.

[141] MEYER W G. The Effect of Optimism Bias on the Decision to Terminate Failing Projects[J]. Project Management Journal, 2014, 45(4): 7-20.

[142] MICHAEL W. Toward a plurality of methods in project evaluation: acontextualised approach to understanding impact trajectories and efficacy[J]. Journal of Development Effectiveness, 2009, 1(1): 1-14.

[143] MIIA M, PIVI L. Role of single-project management in achieving portfolio management efficiency[J]. International Journal of Project Management, 2007, 25(1): 56-65.

[144] MIKA M, WALIGORA G, WEGLARZ J. Tabu search for multi-mode resource-constrained project scheduling with schedule-dependent setup times [J]. European Journal of Operational Research, 2008, 187(3): 1238-1250.

[145] MIKKOLA J H. Portfolio management of R&D projects: implications for innovation management[J]. Technovation, 2001, 21(7): 423-435.

[146] MILLER R, HOBBS B. Governance regimes for large complex projects[J]. Project Management Journal, 2005, 36(3): 42-50.

[147] MORRIS P W G, JAMIESON H A. Moving From Corporate to Project Strategy [J]. Project Management Journal, 2005, 36(4):5-18.

[148] NARASIMHAN R, TALLURI S. Perspectives on risk management in supply chains [J]. Journal of Operations Management, 2009, 27(2): 114-118.

[149] NIKNAZAR P, BOURGAULT M. Theories for classification vs. classification as theory: Implications of classification and typology for the development of project management theories[J]. International Journal of Project Management, 2017, 35(2): 191-203.

[150] PAUL L D, AKLAS P K. Clarifying the conditions and Limits of the contributions of Ordinary and Dynamic Capabilities to Relative Firm Performance [J]. Strategic Management Journal, 2011, 32:601-619.

[151] PEDERSEN K, NIELSEN J A. Managing uncertainty and conflict in IT project portfolio management[J]. Journal of Information Technology Case & Application Research, 2011, 13(4):51-83.

[152] PEERASIT P, DRAGAN M. The effectiveness in managing a group of multiple projects: Factors of influence and measurement criteria[J]. International Journal of Project Management, 2009, 27(3): 216-233.

[153] HAO Q, SHEN W, XUE YUNJIAO, et al. Task network-based project dynamic scheduling and schedule coordination [J]. Advanced Engineering Informatics, 2010, 24: 417-427.

[154] PADHY R K, SAHU S. A Real Option-based Six Sigma project evaluation and selection model [J]. International Journal of Project Management, 2011 (29):1091-1102.

[155] REPENNING N P, STERMAN J D. Capability traps and self-confirming attribution errors in the dynamics of process improvement[J]. Administrative Science Quarterly, 2002, 47(June): 265-295.

[156] ROBERTS E B. Making system dynamics useful: a personal memoir[J]. System Dynamics Review, 2007, 23(2-3): 119-136.

[157] WANG S M, CHEN J C, WANG K J. Resource portfolio planning of make-to-stock products using a constraint programming-based genetic algorithm [J]. Omega, 2007 (35): 237-246.

[158] Sascha Meskendahl. The influence of business strategy on project portfolio management and its success—A conceptual framework [J]. International Journal of Project Management, 2010 (28): 807-817.

[159] SHE Y H, WANG G J. An axiomatic approach of fuzzy rough sets based on residuated lattices[J]. Computers & Mathematics with Applications, 2009, 58(1): 189-201.

[160] SINGH A. Resource Constrained Multi-project Scheduling with Priority Rules & Analytic Hierarchy Process[J]. Procedia Engineering, 2014, 69: 725-734.

[161] SODERLUND J. Building theories of project management: Past research, questions future [J]. International Journal of Project Management, 2004 (22):183-191.

[162] SOLAK S, CLARKE J P B, JOHNSON E L, et al. Optimization of R&D project portfolios under endogenous uncertainty[J]. European Journal of Operational Research, 2010, 207(1): 420-433.

[163] SON J, ROJAS E M. Impact of Optimism Bias Regarding Organizational Dynamics on Project Planning and Control[J]. Journal of Construction Engineering and Management, 2011, 137(2): 147-157.

[164] STARKE J, ELLSAESSER C, FUKUDA T. Self-organized control in cooperative robots using a pattern formation principle[J]. Physics Letters A, 2011, 375(21): 2094-2098.

[165] STAWICKI J,李志民. 项目组合管理：关键概念，过程与工具 [J]. 项目管理技术, 2008, 6(11): 70-73.

[166] STEYN H. Project management applications of the theory of constraints beyond critical chain scheduling[J]. International Journal of Project Management, 2002, 20(1): 75-80.

[167] TANG L, SHEN Q, CHENG E W L. A review of studies on Public-Private Partnership projects in the construction industry[J]. International Journal of Project Management, 2010, 28(7): 683-694.

[168] THIRY M. For DAD: a programme management life-cycleprocess [J]. International Journal of Project Management, 2004, 22(3): 245-252.

[169] TIIYSIIZ F, KAHRAMAN C. Project risk evaluation using a fuzzy analytic hierarchy process: An application to information technology projects [J]. Inter Journal of Intelligent Systems, 2006, 21(6):559-584.

[170] TURNER J R, KEEGAN A E. Mechanisms of Governance in the Project-based Organization: Roles of the Broker and Steward[J]. European Management Journal, 2001, 19(3): 254-267.

[171] UNGER B N, KOCK A, GEMUNDEN H G, et al. Enforcing strategic fit of project portfoliosby project termination: An empirical study on senior management involvement[J]. International Journal of Project Management, 2012, 30(6): 675-685.

[172] VANHOUCKE M, DEBELS D. The impact of various activity assumptions on the lead time and resource utilization of resource-constrained projects [J]. Computers & Industrial Engineering, 2008, 54(1): 140-154.

[173] CHRISTIAN W. Enterprise strategy management systems: current and next generation [J]. Journal of Strategic Information Systems, 2004, 13 (2):105-128.

[174] WANG C L, AHMED P K. Dynamic capabilities: A review and research agenda[J]. International Journal of Management Reviews, 2007, 9(1): 31-51.

[175] WANG W, WANG X, GE X, et al. Multi-objective optimization model for multi-project scheduling on critical chain[J]. Advances in Engineering Software, 2014, 68:

33-39.

[176] WERNER G M. The Effect of Optimism Bias on the Decision to Terminate Failing Projects[J]. Project Management Journal, 2014, 45(4): 7-20.

[177] WHITE A S. A control system project development model derived from System Dynamics[J]. International Journal of Project Management, 2011, 29(6): 696-705.

[178] WILLEMS L L, VANHOUCKE M. Classification of articles and journals on project control and earned value management[J]. International Journal of Project Management, 2015, 33(7): 1610-1634.

[179] WILLIAMS T, ACKERMANN F, EDEN C. Structuring a delay and disruption claim: An application of cause-mapping and system dynamics[J]. European Journal of Operational Research, 2003, 148(1): 192-204.

[180] WILSON H, CLARK M, SMITH B. Justifying CRM projects in a business-to-business context: The potential of the Benefits Dependency Network[J]. Industrial Marketing Management, 2007, 36(6): 770-783.

[181] WOODS M A. Contingency theory perspective on the risk management control system within Birmingham city Council [J]. Management Accounting Research, 2009, 20(1): 69-81.

[182] YOUNG R, GRANT J. Is strategy implemented by projects? Disturbing evidence in the State of NSW[J]. International Journal of Project Management, 2015, 33(1): 15-28.

[183] YVAN P. Project portfolios in dynamic environments: Organizing for uncertainty [J]. International Journal of Project Management, 2012, 30(5): 539-553.

[184] ZAPATA J C, REKLAITIS G V. Valuation of project portfolios: An endogenously discounted method[J]. European Journal of Operational Research, 2010, 206(3): 653-666.

[185] ZHANG X, WU Y, SHEN L, et al. A prototype system dynamic model for assessing the sustain ability of construction projects[J]. International Journal of Project Management, 2014, 32(1): 66-76.

[186] ZOHAR L. Project portfolio management: An integrated method for resource planning and scheduling to minimize planning/scheduling-dependent expenses [J]. International Journal of Project Management, 2010 (28): 609-618.

[187] 安会刚,郭鹏,马贤娣. 考虑相互影响的R&D项目组合选择模型研究[J]. 科学学与科学技术管理, 2007(3):10-13.

[188] 安雪芳,毛旭艳. 项目组合管理视角下的矿业设计院战略实施过程分析[J]. 中国矿业, 2013, 22(4):12-14.

[189] 白思俊. 国内外现代项目管理学科体系的发展[J]. 世界科技研究与发展, 2007, 29(1):81-84.

[190] 白思俊. 现代项目管理(升级版)[M]. 北京:机械工业出版社, 2010.

[191] 白思俊. 现代项目管理概论[M]. 北京:电子工业出版社, 2006.

[192] 白思俊.项目管理案例教程[M].2版.北京:机械工业出版社,2009.
[193] 白思俊.项目管理为企业带来的管理变革[J].项目管理技术,2004,3:5-8.
[194] 白思俊.中国项目管理的发展现状及趋向[J].项目管理技术,2003,7:7-11.
[195] 白松浩.系统效能指数和效能因子的计算模型与方法[J].系统工程理论与实践,2010(011):2112-2120.
[196] 卜广志,张宇文.基于三参数区间数的灰色模糊综合评判[J].系统工程与电子技术,2001,23(9):43-45,62.
[197] 曹秀英,梁静国.基于粗集理论的属性权重确定方法[J].中国管理科学,2002(10):53~56.
[198] 曾朝京.项目组合管理在IT治理中的作用[J].通信世界,2006,20:2.
[199] 曾玉成,王俊川,任佩瑜.基于企业战略的项目组合管理流程研究[J].统计与决策,2010,9:177-181.
[200] 曾玉成,李敏榆,曾粟.基于企业战略的多项目资源配置优先级评价[J].统计与决策,2011,(11):38-40.
[201] 陈国华,陈收,房勇.带有模糊收益率的投资组合选择模型[J].系统工程理论与实践,2009,29(7):8-15.
[202] 陈劲,伍蓓.研发项目管理[M].北京:机械工业出版社,2009.
[203] 陈宁,章雪岩,周国华,等.多项目管理中企业资源配置效率模型[J].工业工程,2006(9):92-95.
[204] 陈炜,张润彤,杨玲.基于改进粒子群算法的投资组合选择模型[J].计算机科学,2009,36(1):146-147.
[205] 陈雪松,韩秀华.平衡计分卡和关键成功要素在战略管理中的运用与整合[J].西安交通大学学报,2003(9):11-14.
[206] 陈媛,陈卫东,彭佳,等.六西格玛项目选择的TOPSIS方法.工业工程,2005,8(4):90-92.
[207] 杜茂华,刘锡荣,付启敏.基于平衡计分卡的化工项目综合评价模型研究[J].科技管理研究,2010(19):50-52.
[208] 杜先进,孙树栋,司书宾,等.不确定条件下多目标R&D项目组合选择优化[J].系统工程理论与实践,2008(02):98-104.
[209] 方炜,孙树栋,郭云涛.基于产品创新程度的NPD项目关键成功因素研究[J].科学学研究,2007,25(5):996-1002.
[210] 方炜,孙树栋,刘林奇.信息系统项目的关键成功因素及其管理对策研究[J].生产力研究,2007,18:88-89,130.
[211] 方炜,孙树栋.新产品研发项目关键成功因素实证研究:基于不同的企业创新战略[J].科研管理,2007,28(5):102-109.
[212] 冯米,路江涌,林道谧.战略与结构匹配的影响因素——以我国台湾地区企业集团为例[J].管理世界,2012,2:73-80,147.
[213] 耿显民,刘志嘉.多项目管理中依据资源的马氏链择优[J].系统工程理论与实践,2012(09):1953-1957.

[214] 管杜鹃,郭鹏. 交互效应及其影响度量下的项目组合关系分类[J]. 软科学,2014:125-129.

[215] 郭宝柱. 航天工程管理的系统观点与方法[J]. 中国工程科学,2011,13(4):43-47.

[216] 郭莉,苏敬勤. 基于Logistic增长模型的工业共生稳定分析[J]. 预测,2005,24(1):25-29.

[217] 郭鹏,梁俊俊,杜涛. R&D项目组合:概念,产生范式及分类[J]. 科学学与科学技术管理,2008(6):40-43.

[218] 郭鹏,潘女兆,赵静. 高新技术项目组合的双模式风险预警机制研究[J]. 管理学报,2011,8(10):1524-1529.

[219] 郭庆军,李慧民,赛云秀. 多项目关键链进度优化算法分析[J]. 工业工程与管理,2008(6):41-50.

[220] 郭庆军,赛云秀. 基于熵权决策的项目方案评价[J]. 统计与决策,2007(11):50-51.

[221] 郭研,李南,李兴森. 多项目多资源均衡问题及其基于Pareto的向量评价微粒群算法[J]. 控制与决策,2010,25(5):789-793.

[222] 郭志尧. 传统投资决策法和实物期权对比[J]. 中国外资,2014,307(2):154-155.

[223] 郭子雪,李小彦. 实物期权理论在研发项目投资决策中的应用[J]. 河北大学学报(自然科学版),2013,33(2):118-123.

[224] 何大义,高建伟. 基于可能性理论的模糊运输规划研究[J]. 系统工程理论与实践,2012,32(2):30-40.

[225] 黄瑾. 科研项目风险管理与评价研究[J]. 武汉理工大学学报,2008,30(8):193-196.

[226] 黄漫丽,蓝海林,王晓健. 企业国际化战略与结构的关系:文献回顾与评述[J]. 华南理工大学学报(社会科学版),2012,12(6):22-28.

[227] 黄敏镁,罗荣桂. 柔性资源约束下的产品开发项目优化调度研究[J]. 管理工程学报,2010,24(4):143-147.

[228] 纪文宝. 核电工程项目化管理框架体系研究[J]. 项目管理技术,2014,12(8):85-88.

[229] 贾军,张卓,张伟. 中国高技术产业技术创新系统协同发展实证分析——以航空航天器制造业为例[J]. 科研管理,2013,4:9-15.

[230] 姜卉,邹积峰. 项目组合管理在企业多元化战略中的应用研究[J]. 项目管理技术,2007,9:30-34.

[231] 蒋翠清,马坤. 基于证据理论的项目战略符合度评价研究[J]. 合肥工业大学学报(自然科学版),2008,31(10):1660-1663.

[232] 蒋定福,熊励,岳众. 基于协同熵的评价模型[J]. 计算机集成制造系统,2012,18(11):2522-2529.

[233] 兰卫国,张永安,杨丽. 企业多元化战略与目标行业选择研究[J]. 软科学,2009,2(4):7-12.

[234] 李伯晓. 企业战略联盟的战略执行力影响因素探析[J]. 山东纺织经济,2012(4):36-37.

[235] 李丹. 从天士力管理实践探讨项目办公室的作用[J]. 项目管理技术,2008,6(9):36-41.

[236] 李冬,王要武,宋晖,等. 基于协同理论的政府投资项目跟踪审计模式[J]. 系统工程理论与实践,2013,33(2):405-412.

[237] 李红兵,李红,陈瑜. 基于项目组合管理的投标决策研究[J]. 武汉理工大学学报,2008,6:170-173.

[238] 李红权,马超群. 风险的频度、累积性及与 Hurst 指数关系的研究[J]. 系统工程,2005,23(2):82-85.

[239] 李慧. 对提升陕西装备制造业技术创新能力的思考[J]. 技术与创新管理,2007,3:22-25.

[240] 李敬花. 遗传蚁群融合算法求解多目标资源能力平衡问题[J]. 计算机集成制造系统. 2010,16(3):643-650.

[241] 李林. 战略导向的文献综述[J]. 经营管理者,2013,6:107-110.

[242] 李文. 天士力股份项目化管理高效的组织艺术[J]. 商学院,2004,10:26-27.

[243] 李彦斌,陈静,杨静等. 企业项目化管理模式探究——基于大唐新能源公司的案例分析[J]. 管理案例研究与评论,2012,5(6):463-474.

[244] 李枝勇,马良,张慧珍. 蝙蝠算法在多目标多选择背包问题中的应用[J]. 计算机仿真,2013,30(10):350-354.

[245] 梁江,刘冀生. 试论战略管理学科的研究框架及发展趋势[J]. 中国软科学,2002(6):63-66.

[246] 梁隆. 项目化管理在企业管理中的应用基础分析[J]. 生产力研究,2010,1:233-234

[247] 林鸣,沈玲. 基于全寿命周期的项目成功标准的体统思考[J]. 工业工程与管理,2005,(1):101-105.

[248] 刘津明. 工程项目进度计划优化方法的研究[J]. 天津大学学报(自然科学与工程技术版),2003,36(5):610-613.

[249] 刘晓峰,陈通,吴绍艳. 工程项目多目标协同优化研究[J]. 中国工程科学,2010,12(3):90-94,99.

[250] 刘亚昆. 基于帕累托最优的大中型工程项目群进度激励博弈分析[J]. 项目管理技术,2013(07):27-32.

[251] 刘亚旭,汪应洛. 具有不对称风险交互效应的 R&D 项目组合选择方法[J]. 系统工程,2007,25(2):18-21.

[252] 卢向华. 基于战略对应的信息系统项目决策研究[J]. 计算机集成制造系统,2006,12(10):1668-1673.

[253] 卢新元,张金隆,丛国栋. 基于粗集的 IT 项目风险因素多元组合权重研究与聚类分析[J]. 管理学报,2005,2(5):527-531.

[254] 吕建辉,张义宏,史岚. 基于绝对贪心和预期效率的 0-1 背包问题优化[J]. 计算机应用研究,2013,11(31):1-5.

[255] 吕萍,胡欢欢,郭淑苹. 政府投资项目利益相关者分类实证研究[J]. 工程管理学报,2013,1(27):39-44.

[256] 麻兴斌,韩传普. 战略实施过程中的战略执行模式和战略修正模式[J]. 东岳论丛,2010(6):130-133.

[257] 马国丰,潘开灵. 项目进度制约因素管理理论的基本原理[J]. 技术经济与管理研究,2001(2):57-57.

[258] 马忠,刘宇. 企业多元化经营受政府干预、企业资源的影响[J]. 中国软科学,2010(1):116-127,174.

[259] 欧立雄,吴伟仁,傅郁琪. 企业R&D项目组合评价与选择方法[J]. 工业工程,2008,1(11):71-75.

[260] 欧立雄,余文明. 企业项目化管理中战略层次的项目组合选择模型[J]. 科学技术与工程,2007,7(9):2182-2186.

[261] 潘杰义,刘西林. 科研项目评价指标体系及其模糊优选决策模型研究[J]. 科学学与科学技术管理,2004(1):9-11.

[262] 彭武良,王成恩. 关键链项目调度模型及遗传算法求解[J]. 系统工程学报,2010(01):123-131.

[263] 戚安邦,顾静,焦旭东. 我国创新型企业面向创新战略实施的项目组合全过程集成管理方法研究[J]. 科学学与科学技术管理,2010,5:106-120.

[264] 戚安邦,刘俊业. 项目挣值的绩效差异分析方法缺陷与解决方案[J]. 数量经济技术经济研究,2012(02):152-161.

[265] 戚安邦. 项目风险与不确定性成本集成管理方法研究[J]. 科学学与科学技术管理,2003,24(12):98-101.

[266] 瞿燕舞,华志忠,马剑虹. 战略导向的概念、先行因素及其绩效影响机制研究综述[J]. 管理学报,2009,6(3):420-426.

[267] 任嵘嵘,祝丹梅. R&D项目组合选择的决策分析与思考——基于模糊集理论和启发调度视角[J]. 科学学研究,2009,10(10):1518-1522.

[268] 任郑杰. 供应商优选的多目标混合整数规划[J]. 管理学报,2005,2(6):671-675.

[269] 沈洁. 企业多元化战略的协同效应分析[J]. 经济与管理,2009,23(2):49-54.

[270] 施品贵,郭鹏. 以全寿命周期集成的航空武器装备项目风险管理体系研究[J]. 航空科学与技术,2004:132-174.

[271] 史鱼海. 多元化行业选择的实证研究[J]. 科技情报开发与经济,2005(17):76-79.

[272] 寿涌毅,姚伟建. 信息不确定下项目组合选择问题的鲁棒优化[J]. 系统工程,2009,27(7):90-95.

[273] 寿涌毅. 资源约束下多项目调度的迭代算法[J]. 浙江大学学报(工学版),2004,38(8):1095-1099.

[274] 舒湘沅,秦现生,董亮. 基于多色集合理论的R&D项目组合选择研究[J]. 企业管理与信息化,2010,11(39):13-15.

[275] 宋海生,傅仁毅,徐瑞松,等. 求解多背包问题的混合遗传算法[J]. 计算机工程与应用,2009,45(20):45-48.

[276] 宋文豪. 战略导向与组织创新作用机制研究[J]. 科技管理研究,2013,7:1-6.

[277] 苏丽雅. 企业多元化经营与项目管理实施[J]. 内蒙古科技与经济,2008,14:278-281.

[278] 孙永风,李垣,廖貅武. 基于不同战略导向的创新选择与控制方式研究[J]. 管理工程学报,2007,21(4):24-30.

[279] 唐志豪,计春阳,胡克瑾.IT项目组合选择决策框架[J].情报杂志,2008,3:29-35.

[280] 田廓,郑琳,曾鸣,等.电网建设项目投资组合优化模型研究[J].华东电力,2008,36(10):161-164.

[281] 王布衣,沈红波.公司多元化战略国外文献综述[J].技术经济与管理研究,2007,2:70-71.

[282] 王恩列.运用现代项目管理知识促进企业战略发展[J].管理工程学报,2005,19(S1):163-165.

[283] 王井祥.谈项目组合管理——项目导向型企业的管理方式[J].项目管理技术,2003(3):37-39.

[284] 王军强,张松飞,陈剑,等.一种求解资源受限多项目调度问题的分解算法[J].计算机集成制造系统,2013(01):83-96.

[285] 王磊,张庆普.动态环境下企业知识能力的自组织演化分析[J].图书情报工作,2009,53(20):80-83.

[286] 王丽.企业项目组合管理模式研究[J].经营管理者,2011(13):82.

[287] 王良,杨乃定,姜继娇.基于卖空成本的证券投资基金投资组合选择问题[J].系统管理学报,2009,18(3):291-296.

[288] 王亮,周晓宏,王业球.项目利益相关者影响力评价研究综述[J].项目管理技术,2012,10(9):56-60.

[289] 王茜,杨传栋,刘泓.基于模糊集的隐私保护方法研究[J].计算机应用研究,2013,30(2):518-520.

[290] 王勇胜,梁昌勇.资源约束项目调度鲁棒性研究与展望[J].中国科技论坛,2009,8:95-99.

[291] 王勇胜,梁昌勇,鞠彦忠.不确定多期滚动项目组合选择优化模型[J].系统工程理论与实践,2012,32(6):1290-1296.

[292] 王勇胜,梁昌勇.两阶段双情景项目组合选择整体优化研究[J].系统工程,2010,28(8):46-50.

[293] 吴春诚,齐红卫,岳超源,等.大型工程项目进度评价研究[J].华中科技大学学报(自然科学版),2007,35(5):127-129.

[294] 吴贵生,杨艳,朱恒源.产品创新中的战略导向:基于对已有研究评述的一个新框架[J].研究与发展管理,2011,23(6):45-54.

[295] 吴卫红,李小伟,张爱美.基于战略层次的项目导向型企业项目组合选择[J].技术经济,2013,32(4):89-93.

[296] 吴忠,夏志杰.面向不同利益相关者的IT投资决策模型[J].计算机工程与应用,2009,45(15):15-19,33.

[297] 夏志杰,胡克瑾.面向战略对应的IT项目组合决策模型[J].同济大学学报(自然科学版),2008,36(9):1301-1306.

[298] 薛云奎,齐大庆,韦华宁.中国企业战略执行现状及执行力决定因素分析[J].管理世界,2006(9):88-98.

[299] 闫锟,黎涓.虚拟企业风险管理中模糊综合评判法的应用[J].工业工程,2004,(3):

40-44.

[300] 闫希军,李文.运用项目管理推动实现中药现代化[J].中国药事,2004,18(4):218-220.

[301] 杨波,申琼.战略制定与战略实施[J].管理科学文摘,2006:17-19.

[302] 杨海峰,崔莹莹,崔巍.基于多目标函数的电网项目投资组合[J].电力科学与技术学报,2013,28(2):75-79,84.

[303] 杨敏,董纪昌,霍国庆.基于多因素分析的IT项目组合选择模型[J].管理科学,2006,19(2):55-62.

[304] 杨敏.基于多因素分析的IT项目组合选择模型[J].管理科学,2006,19(2):55-61.

[305] 杨小平,何江波.项目群构建中的协同效应潜能素质分析与预测模型[J].西北农林科技大学学报(社会科学版),2012,12(3):44-50.

[306] 杨颖,杨善林,马英等.改进的基于多依赖性的R&D项目组合选择模型[J].系统工程学报,2011,26(6):834-841.

[307] 杨有志.基于模糊聚类的企业项目群管理应用[J].统计与决策,2011(20):180-181.

[308] 杨跃,叶金金.连锁董事与企业绩效关系研究:基于多元化战略选择视角[J].科学决策,2011(9):36-48.

[309] 杨智,张茜岚,谢春燕.企业战略导向的选择:市场导向或创新导向——基于湖南省高新技术开发区企业的实证研究[J].科学学研究,2009,27(2):278-288.

[310] 于明洁,郭鹏,朱煜明.基于方法集的棕地再开发项目组合评价研究[J].运筹与管理,2011(03):119-126.

[311] 袁家军.中国航天系统工程与项目管理的要素与关键环节研究[J].宇航学报,2009,30(2):428-431.

[312] 翟磊,戚安邦.基于战略的企业项目组合设计与管理[J].项目管理技术,2008,2:17-21.

[313] 张汉鹏,邱菀华.资源约束下多项目调度的改进遗传算法[J].中国管理科学.2007,15(5):78-82.

[314] 张建君,李宏伟.私营企业的企业家背景、多元化战略与企业业绩[J].南开管理评论,2007,10(5):12-25.

[315] 张沙清,陈新度,陈庆新,等.基于优化资源流约束的模具多项目反应调度算法[J].系统工程理论与实践,2011(08):1571-1580.

[316] 张铁男,曾庆成.企业再造与协同进化[J].管理科学,2003,16(1):21-24.

[317] 张兴芳,管恩瑞,孟广武.区间值模糊综合评判及其应用[J].系统工程理论与实践,2001(12):81-84,116.

[318] 张兴平,陈玲,武润莲.加权CVaR下的发电商多时段投标组合模型[J].中国电机工程学报,2008,28(16):79-83.

[319] 赵凤,王铁男,张良.多元化战略对企业绩效影响的实证研究[J].中国软科学,2012,11:111-122.

[320] 赵静,郭鹏,潘女兆.基于交互效应的项目组合风险度量及选择优化[J].运筹与管理,2011,20(6):120-126.

[321] 中国(双法)项目管理研究委员会(PMRC). 中国项目管理知识体系(C‐PMBOK2006)[M]. 修订版. 北京:电子工业出版社,2008.

[322] 仲勇,陈智高,周钟. 大型建筑工程项目资源配置模型及策略研究——基于系统动力学的建模和仿真[J]. 中国管理科学,2016(03):125‐132.